财 政 部 规 划 教 材

全国高等院校会计系列教材

高级财务会计

（第二版）

侯文哲　吴丽娜　杨明　主编

中国财经出版传媒集团
中国财政经济出版社

图书在版编目（CIP）数据

高级财务会计/侯文哲，吴丽娜，杨明主编．—2 版．—北京：中国财政经济出版社，2019.5

财政部规划教材　全国高等院校会计系列教材

ISBN 978-7-5095-8947-2

Ⅰ.①高…　Ⅱ.①侯…②吴…③杨…　Ⅲ.①财务会计-高等学校-教材　Ⅳ.①F234.4

中国版本图书馆 CIP 数据核字（2019）第 068768 号

责任编辑：陈　冰　　　　责任校对：李　丽

封面设计：陈　瑶

中国财政经济出版社 出版

URL：http：//www.cfeph.cn

E-mail：cfeph@cfeph.cn

社址：北京市海淀区阜成路甲 28 号　邮政编码：100142

营销中心电话：010-88191537

北京富生印刷厂印刷　各地新华书店经销

787×1092 毫米　16 开　14 印张　337 000 字

2019 年 5 月第 2 版　2021 年 7 月北京第 2 次印刷

定价：38.00 元

ISBN 978-7-5095-8947-2

（图书出现印装问题，本社负责调换）

本社质量投诉电话：010-88190744

打击盗版举报热线：010-88191661　QQ：2242791300

前　言

本书是在第一版《高级财务会计》的基础上，根据《企业会计准则》和税法的相关规定，结合课程教学需要，并充分考虑了使学生全面理解和掌握本课程的要求修订而成的。修订过程中，我们注重理论与实践相结合，内容安排上兼顾现实性和前瞻性，突出实用性。本书共十一章，介绍了非货币性资产交换、债务重组、外币业务、租赁、或有事项、所得税、资产减值、借款费用、会计政策及会计估计变更与差错更正、资产负债表日后事项、每股收益等内容。

本书在修订过程中，力求突出以下特点：

1. 内容安排突出实用性，充分考虑普通院校会计学、财务管理和其他经济管理类专业对该门课程的教学需要，结合了使学生全面理解和掌握该课程的要求，使该书内容能与中级财务会计自然衔接。

2. 内容编排结合现行企业会计准则和国际会计发展的新动态，对新经济条件下出现的经济业务进行会计核算。

3. 教学内容安排由浅入深，强调系统性与合理性。各章均安排“学习目标”“学习指导”“思考与练习”等相关内容，便于学生在学习过程中把握重点和难点，提高其专业实务处理能力和对复杂问题的分析判断能力。

本次修订由哈尔滨商业大学侯文哲、黑龙江财经学院吴丽娜、东北农业大学杨明担任主编；哈尔滨商业大学宋永和、黑龙江财经学院孙振娟、杨淑媛担任副主编。修订分工如下：侯文哲负责第一至第四章；吴丽娜负责第六、第七、第九章；宋永和负责第八章；杨明负责第十章；孙振娟负责第五章；杨淑媛负责第十一章。最后由侯文哲和杨明总纂定稿。

本书为用书学校任课老师提供了课后习题答案，如有需要，可通过 caijingjiaocai@ 163. com 索取。

由于编者水平和时间有限，书中内容难免存在错漏之处，敬请广大读者批评指正，以便进一步修订完善。

编　者

2019 年 4 月

目　录

第一章　非货币性资产交换 ………………………………（1）

第一节　非货币性资产交换概述 ………………………………（1）

第二节　换入资产基于公允价值计价的会计处理 ………………………………（5）

第三节　换入资产基于换出资产账面价值计价的会计处理 ………………………………（12）

第二章　债务重组 ………………………………（22）

第一节　债务重组概述 ………………………………（22）

第二节　债务重组的会计处理 ………………………………（24）

第三节　债务重组的信息披露 ………………………………（32）

第三章　外币业务 ………………………………（39）

第一节　外币业务概述 ………………………………（39）

第二节　外币交易的会计处理 ………………………………（44）

第三节　外币财务报表折算 ………………………………（50）

第四节　外币业务的信息披露 ………………………………（54）

第四章　租赁 ………………………………（60）

第一节　租赁概述 ………………………………（60）

第二节　经营租赁的会计处理 ………………………………（65）

第三节　融资租赁的会计处理 ………………………………（68）

第四节　租赁的信息披露 ………………………………（77）

第五章　或有事项 ………………………………（83）

第一节　或有事项概述 ………………………………（83）

第二节　或有事项的确认和计量 ………………………………（87）

第三节　或有事项的会计处理 ………………………………（90）

第四节　或有事项的信息披露 ………………………………（96）

第六章　所得税 ………………………………（104）

第一节　所得税会计概述 ………………………………（104）

第二节　资产、负债的计税基础与暂时性差异 …………………… (107)
第三节　递延所得税负债和递延所得税资产的确认和计量 ………… (114)
第四节　所得税费用的确认和计量 …………………… (117)
第五节　所得税会计信息的披露 …………………… (120)

第七章　资产减值 …………………… (127)
第一节　资产减值概述 …………………… (127)
第二节　单项固定资产减值 …………………… (130)
第三节　资产组减值 …………………… (134)
第四节　商誉减值 …………………… (141)

第八章　借款费用 …………………… (151)
第一节　借款费用概述 …………………… (151)
第二节　借款费用的确认 …………………… (153)
第三节　借款费用的计量 …………………… (156)

第九章　会计政策、会计估计变更和差错更正 …………………… (166)
第一节　会计政策及其变更 …………………… (166)
第二节　会计估计变更及其更正 …………………… (175)
第三节　前期差错更正 …………………… (179)

第十章　资产负债表日后事项 …………………… (188)
第一节　资产负债表日后事项概述 …………………… (188)
第二节　资产负债表日后调整事项的会计处理 …………………… (190)
第三节　资产负债表日后非调整事项的会计处理 …………………… (196)

第十一章　每股收益 …………………… (203)
第一节　每股收益概述 …………………… (203)
第二节　基本每股收益 …………………… (205)
第三节　稀释每股收益 …………………… (206)
第四节　每股收益列报 …………………… (210)

参考资料 …………………… (215)

第一章

非货币性资产交换

学习目标

□ 明确货币性资产和非货币性资产的概念
□ 掌握非货币性资产交换的认定和计量原则
□ 熟练掌握商业实质的判断标准
□ 掌握非货币性资产交换业务的会计处理
□ 了解非货币性资产交换信息披露的内容

学习指导

本章主要阐述非货币性资产交换的会计确认、计量、账务处理和信息披露等问题。通过本章学习，学生应理解我国现行会计准则对于非货币性资产交换的认定以及对于换入资产入账金额的确定；掌握非货币性资产交换是否具有商业实质的判断、非货币性资产交换业务的会计处理方法，特别是对于收到或支付的补价、支付的相关税费的会计处理。

学习重点

非货币性资产交换的认定；非货币性资产交换的计量原则；非货币性资产交换是否具有商业实质的认定原则；单项和多项非货币性资产交换的会计处理。

学习难点

非货币性资产交换是否具有商业实质的认定原则；换入资产入账成本的确定方法；多项非货币性资产交换的会计处理。

第一节　非货币性资产交换概述

一、非货币性资产交换的认定

（一）非货币性资产与货币性资产

资产按未来经济利益流入（表现形式是货币资金）是否固定或可确定，分为货币性资产与非货币性资产。

货币性资产，是指企业持有的货币资金和将以固定或可确定的金额收取的资产，包括现金、银行存款、应收账款和应收票据以及准备持有至到期的债券投资等。

非货币性资产，是指货币性资产以外的资产，包括存货、长期股权投资、投资性房地产、固定资产、在建工程、工程物资、无形资产，以及不准备持有至到期的债券投资等。

非货币性资产与货币性资产之间的本质差别在于：非货币性资产在将来为企业带来的经济利益，即货币金额，是不固定的或不可确定的。例如，库存现金和银行存款作为货币资金，属于货币性资产。应收账款作为企业的债权，有相应的发票等原始凭证作为收款的依据，虽然有可能发生坏账损失，但企业可以根据以往与购货方交往的经验等，估计出发生坏账的可能性以及坏账金额，因而企业的应收账款是将以固定或可确定的金额收取的资产，也属于货币性资产。而对于企业在生产中使用的设备来说，企业持有这类非货币性资产的主要目的是用于生产经营，它们的价值在使用过程中逐渐磨损，并通过折旧等方式转移到所生产的产品成本中去。设备为企业带来的经济利益要通过所生产产品的销售才能实现，其货币金额是不固定的，甚至是不可确定的，因此，生产用设备属于非货币性资产。

（二）非货币性资产交换的概念

基于货币性资产与非货币性资产的分类，可以将一个企业在日常经营过程中与另一个企业之间的资产交换分为四类：

一是以货币性资产与另一个主体的货币性资产相交换，如以人民币从银行兑换其他货币；

二是以货币性资产与另一个主体的非货币性资产相交换，如以银行存款从另一家公司购入设备；

三是以非货币性资产与另一个主体的货币性资产相交换，如出售本公司的商品给另一家公司并收到货款存入银行；

四是以非货币性资产与另一个主体的非货币性资产相交换。

前三种情况，通常是基于货币性资产或以货币性资产为主导进行资产计价的，包括对所取得的非货币性资产计价；第四种情况则基于双方的非货币性资产。

企业在生产经营过程中所发生的各项交换，按交换对象的属性可分为货币性交换和非货币性交换。

货币性资产交换，是指以让渡货币性资产的方式取得另一个企业的货币性或非货币性资产。涉及货币性资产、负债的交换属于货币性交换。

非货币性资产交换，是指交换双方主要以存货、固定资产、无形资产和长期股权投资等非货币性资产进行的交换。非货币性资产交换仅包括企业之间主要以非货币性资产形式进行的互惠转让。即企业若取得一项非货币性资产，必须以付出自己拥有的非货币性资产为代价。本着实质重于形式的原则，当交易中涉及少量的货币资产（即补价）时，也将其归为非货币性资产交换。

（三）补价的界定

在认定涉及少量货币性资产的交换为非货币性资产交换时，通常以补价占整个资产交换金额的比例低于 25% 作为参考比例。也就是说，支付的货币性资产占换入资产公允价值（或占换出资产公允价值与支付的货币性资产之和）的比例，或者收到的货币性资产占换出资产公允价值（或占换入资产公允价值和收到的货币性资产之和）的比例低于 25% 的，视为非货币性资产交换；高于25%（含25%）的，则视为货币性资产交换。

二、非货币性资产交换的计量原则

非货币性资产交换涉及两个相互联系的根本性问题：一是换入资产如何计价；二是应否确认交换损益。相应地，解决这两个问题的可供选择的方法主要有两种：一是换入资产基于公允价值（换入或换出资产的公允价值）计价，确认交换损益；二是换入资产基于换出资产的账面价值计价，不确认交换损益。我国《企业会计准则第7号——非货币性资产交换》规定，上述两种方法适用于不同类型的非货币性资产交换，而方法的适用条件强调：交换是否具有商业实质，以及换入或换出资产的公允价值是否能够可靠地计量。

（一）换入资产基于公允价值计价，并确认交换损益

1. 基本条件。《企业会计准则第7号——非货币性资产交换》规定，非货币性资产交换同时满足以下两个条件的，应当以公允价值和应支付的相关税费作为换入资产的成本，公允价值与换出资产账面价值的差额计入当期损益：

（1）该项交换具有商业实质。

（2）换入或换出资产的公允价值能够可靠地计量。

2. 商业实质的判断。根据《企业会计准则第7号——非货币性资产交换》的规定，符合下列条件之一的，视为具有商业实质：

（1）换入资产的未来现金流量在风险、时间和金额方面与换出资产显著不同。这种情形主要包括：

①未来现金流量的风险、金额相同，时间不同。如企业以一批商品存货换入一台生产用设备，因商品存货的流动性强，能够而且只能在较短的时间内产生现金流量，而生产用设备将在较长的时间内陆续独立地或与其他资产一起为企业带来现金流量。在这种情况下，即使两者产生的未来现金流量的风险和总额都相同，但由于两者产生现金流量的时间跨度相差较大，也可以判断上述商品存货与生产用设备的未来现金流量显著不同，因而可以认定这两项资产的交换具有商业实质。

②未来现金流量的时间、金额相同，风险不同。如企业将其拥有的一幢用于出租的写字楼换入一幢酒店，两幢楼房的使用年限相同，预计未来现金流量的总金额与时间分布也基本相同。但是，写字楼主要是租给信用状况良好的大公司作为办公用房，租金收入比较有保障，而酒店的租住客人主要是散客，入住状况与租金水平等更易受市场环境因素的影响，未来现金流量具有较大的不确定性。由于写字楼和酒店现金流量的风险或不确定性程度存在明显差异，因此可以认为两者的未来现金流量显著不同，从而认定这两项资产的交换具有商业实质。

③未来现金流量的风险、时间相同，金额不同。如企业以一项特许使用权换入一项专利技术，预计这两项资产的使用寿命相同，预计在使用寿命内为企业带来的现金流量总额也相同。但是，由于换入的专利技术是新开发的，预计在使用的初期产生的现金流量明显少于后期，而特许使用权每年产生的现金流量比较均衡，因而可以认为这两项资产每年产生的现金流量在金额上存在明显差异，从而认定这两项资产的交换具有商业实质。

（2）换入资产与换出资产的预计未来现金流量现值不同，且其差额与换入资产和换出资产的公允价值相比是重大的。对换入资产与换出资产的预计未来现金流量现值的确定，企

业可根据自身的评价，选择恰当的折现率对预计产生的税后现金流量进行折现。

一般来说，按照上述第一项条件就可以判定某项非货币性资产交换是否具有商业实质。但如果企业按照上述第一项条件难以判定某项非货币性资产交换是否具有商业实质，就可以根据第二项条件加以判断。在确定非货币性资产交换是否具有商业实质时，企业应当关注交易各方之间是否存在关联方关系。关联方关系的存在可能导致发生的非货币性资产交换不具有商业实质。

3. 公允价值的可靠计量。属于以下三种情形之一的，公允价值视为能够可靠计量：

（1）换入资产或换出资产存在活跃市场。换入或换出资产存在活跃市场的，表明该资产的公允价值能够可靠计量。对于存在活跃市场的交易性证券、存货、长期股权投资、固定资产、无形资产等非货币性资产，应当以资产的市场价格为基础确定其公允价值。

（2）换入资产或换出资产不存在活跃市场，但同类或类似资产存在活跃市场。换入或换出资产本身不存在活跃市场，但类似资产存在活跃市场的，表明该资产的公允价值能够可靠计量。对于类似资产存在活跃市场的存货、长期股权投资、固定资产、无形资产等非货币性资产，应当以调整后的类似资产市场价格为基础确定其公允价值。

（3）换入资产或换出资产不存在同类或类似资产的可比市场交易，其公允价值采用估值技术确定。对于不存在同类或类似资产可比市场交易的长期股权投资、固定资产、无形资产等非货币性资产，应当参照《企业会计准则第22号——金融工具确认和计量》等，采用估值技术确定其公允价值。采用估值技术确定的公允价值估计数的变动区间很小，或者在公允价值估计数变动区间内，各种用于确定公允价值估计数的概率能够合理确定的，视为公允价值能够可靠计量。

换入资产和换出资产公允价值均能够可靠计量的，应当以换出资产的公允价值作为确定换入资产成本的基础，但有确凿证据表明换入资产的公允价值更加可靠的除外。

换入资产或换出资产的公允价值能够可靠确定的，非货币性资产交换才能以公允价值计量，确认产生的损益。

（二）换入资产基于换出资产的账面价值计价，不确认交换损益

对于不具有商业实质或交换涉及的资产公允价值均不能可靠计量的非货币性资产交换，要以换出资产的账面价值和应支付的相关税费作为换入资产的入账金额，不确认交换损益。如果涉及补价，则以收到或支付的补价作为确定换入资产入账金额的调整因素。即在以换出资产账面价值为基础确定换入资产成本时，不论是否收到补价，交易各方均不确认交换损益。

三、非货币性资产交换的信息披露

企业至少应该在报表附注中披露如下有关非货币性资产交换的信息：换入资产与换出资产的类别、换入资产成本的确定方式、换入资产与换出资产的公允价值以及换出资产的账面价值、非货币性资产交换确认的损益。

第二节　换入资产基于公允价值计价的会计处理

一、基本处理原则

（一）换入资产成本的确定

非货币性资产交换具有商业实质且公允价值能够可靠计量的，应当以换出资产的公允价值和应支付的相关税费作为换入资产的成本，除非有确凿证据表明换入资产的公允价值比换出资产的公允价值更加可靠。

（二）换出资产损益的确定

在换入资产基于公允价值计价的情况下，不论是否涉及补价，只要换出资产的公允价值与其账面价值不同，就会涉及损益的确认问题。在进行损益的具体会计处理时，应视换出资产的类别不同而有所区别：

1. 换出资产为存货的，应当视同销售处理，根据《企业会计准则第14号——收入》的规定确定交易价格，确认销售收入。同时结转销售成本，确认的收入和结转的成本之间的差额在利润表中作为营业利润的构成部分予以列示。

2. 换出资产为固定资产、无形资产的，换出资产公允价值和换出资产账面价值的差额，计入资产处置损益。

3. 换出资产为长期股权投资的，换出资产公允价值和换出资产账面价值的差额，计入投资收益。

换入资产与换出资产涉及相关税费的，如换出存货视同销售而计算的增值税销项税额，换入资产作为存货、固定资产应当确认的可抵扣增值税进项税额，按照相关税收法规的规定计算确定。

二、不涉及补价情况的会计处理

在不涉及补价的情况下，若以公允价值计价，以换出（或换入）资产的公允价值加上应支付的相关税费作为换入资产的成本，换出（或换入）资产的公允价值与换出资产账面价值的差额计入当期损益，即：

换入资产的成本＝换出（或换入）资产的公允价值＋应支付的相关税费

应确认的损益＝换出（或换入）资产的公允价值－换出资产的账面价值

【例1－1】 盛恒公司以库存商品换入鑫润公司一台设备，两公司均将换入资产作为固定资产管理，用于增值税应税项目。两公司均为一般纳税人，适用的增值税税率为13%，库存商品在交换日的账面余额为180万元，已计提存货跌价准备20万元，公允价值为200万元。设备在交换日的账面原值为190万元，已计提折旧20万元，公允价值为200万元，计税价格等于市场价格。鑫润公司未对设备计提减值准备，且整个交易过程中没有发生除增值税以外的其他税费。

分析：库存商品和设备均为非货币性资产，且交换资产公允价值能够可靠计量；两项资产交换后对换入企业的特定价值显著不同。此交换具有商业实质，符合公允价值计量的两个条件，因此属于按照公允价值计量的非货币性资产交换。

（1）盛恒公司的账务处理如下：

换出库存商品的增值税销项税额 =200×13% =26（万元）

换入设备的增值税进项税额 =200×13% =26（万元）

换入设备成本 =200 +200×13% −200×13% =200（万元）

应确认的损益 =200 −（180 −20）=40（万元）

借：固定资产	2 000 000	
应交税费——应交增值税（进项税额）	260 000	
贷：主营业务收入		2 000 000
应交税费——应交增值税（销项税额）		260 000
借：主营业务成本	1 600 000	
存货跌价准备	200 000	
贷：库存商品		1 800 000

（2）鑫润公司的账务处理如下：

换入资产的增值税进项税额 =200×13% =26（万元）

换出设备的增值税销项税额 =200×13% =26（万元）

换入资产成本 =200 +200×13% −200×13% =200（万元）

应确认的损益 =200 −（190 −20）=30（万元）

借：固定资产清理	1 700 000	
累计折旧	200 000	
贷：固定资产		1 900 000
借：固定资产	2 000 000	
应交税费——应交增值税（进项税额）	260 000	
贷：固定资产清理		1 700 000
资产处置损益		300 000
应交税费——应交增值税（销项税额）		260 000

【例1−2】 盛恒公司以其拥有的一项专利权与鑫润公司拥有的对远大公司的长期股权投资进行交换。交换后盛恒公司对远大公司由重大影响变为控制关系，鑫润公司换入的专利权能够解决生产中的技术难题。专利权的账面价值为108万元，公允价值为128万元。长期股权投资的账面价值为160万元，公允价值为128万元。两项资产未来现金流量的风险、时间和金额均相同。假设整个交易过程没有发生相关税费。

分析：盛恒公司以一项专利权换入鑫润公司拥有的长期股权投资，该项专利权与该项长期股权投资的公允价值相同，两项资产未来现金流量的风险、时间和金额亦相同。但对盛恒公司而言，换入该项长期股权投资使该企业对被投资方由重大影响变为控制关系，从而在换入企业的特定价值（即预计未来现金流量现值）与换出的专利权方面有较大差异。鑫润公司换入的专利权能够解决生产中的技术难题，从而使换入企业的特定价值（即预计未来现金流量现值）与换出的长期股权投资存在明显差异，因而两项资产的交换具有商业实质。

因此，该交换属于不涉及补价的非货币性资产交换。

（1）盛恒公司的账务处理如下：

换入资产成本 =128 +0 =128（万元）

应确认的损益 =128 -108 =20（万元）

借：长期股权投资——远大公司	1 280 000	
贷：无形资产——专利技术		1 080 000
资产处置损益		200 000

（2）鑫润公司的账务处理如下：

换入资产成本 =128 +0 =128（万元）

应确认的损益 =128 -160 = -32（万元）

借：无形资产——专利技术	1 280 000	
投资收益	320 000	
贷：长期股权投资——远大公司		1 600 000

三、涉及补价情况的会计处理

在以公允价值确定换入资产入账金额的情况下，发生补价时，支付补价方和收到补价方应当分别处理。

1. 支付补价方：应当以换出资产的公允价值加上支付的补价（换入资产的公允价值）和应支付的相关税费，作为换入资产的成本；换入资产入账金额与换出资产账面价值加支付的补价、应支付的相关税费之和的差额，应当计入当期损益，即：

换入资产成本 = 换出资产公允价值 + 支付的补价 + 应支付的相关税费

应确认的损益 = 换出资产公允价值 - 换出资产账面价值

2. 收到补价方：应当以换入资产的公允价值（或换出资产的公允价值减去补价）和应支付的相关税费，作为换入资产的成本；换入资产入账金额加收到的补价之和与换出资产账面价值加应支付的相关税费之和的差额，应当计入当期损益，即：

换入资产成本 = 换出资产公允价值 - 收到的补价 + 应支付的相关税费

应确认的损益 = 换出资产公允价值 - 换出资产账面价值

【例 1 -3】 盛恒公司经协商以其拥有的一幢自用写字楼与鑫润公司持有的对远大公司长期股权投资交换。在交换日，该幢写字楼的账面原价为 1 200 万元，已计提折旧 240 万元，未计提减值准备，在交换日的公允价值为 1 350 万元；鑫润公司持有的对远大公司长期股权投资账面价值为 900 万元，没有计提减值准备，在交换日的公允价值为 1 200 万元。鑫润公司支付 271.5 万元（含增值税补价 121.5 万元）给盛恒公司。鑫润公司换入写字楼后用于经营、出租，并拟采用成本计量模式。盛恒公司换入对远大公司的投资后仍然将其作为长期股权投资，并采用成本法核算。盛恒公司转让不动产的增值税率为 9%，该项交易过程中不涉及其他相关税费。

分析：该项资产交换涉及收付货币性资产，即补价 150 万元。对盛恒公司而言，收到的补价 150 万元 ÷ 换出资产的公允价值 1 350 万元（或换入长期股权投资公允价值 1 200 万元 + 收到的补价 150 万元）=11.11% <25%，属于非货币性资产交换。

对鑫润公司而言，支付的补价 150 万元 ÷ 换入资产的公允价值 1 350 万元（或换出长期股权投资公允价值 1 200 万元 + 支付的补价 150 万元）= 11.11% < 25%，属于非货币性资产交换。

该笔业务属于以固定资产交换长期股权投资。由于两项资产的交换具有商业实质，且长期股权投资和固定资产的公允价值均能够可靠计量，因此，两公司均应当以公允价值为基础确认换入资产的成本，并确认产生的损益。

（1）盛恒公司的账务处理如下：

换入资产成本 = 1 350 - 150 + 0 = 1 200（万元）

应确认的损益 = 1 350 - （1 200 - 240）- 67.5 = 322.5（万元）

借：固定资产清理	9 600 000	
累计折旧	2 400 000	
贷：固定资产——写字楼		12 000 000
借：固定资产清理	675 000	
贷：应交税费——应交营业税		675 000
借：长期股权投资——远大公司	12 000 000	
银行存款	1 500 000	
贷：固定资产清理		13 500 000
借：固定资产清理	3 225 000	
贷：营业外收入		3 225 000

（2）鑫润公司的账务处理如下：

换入资产成本 = 1 200 + 150 + 0 = 1 350（万元）

应确认的损益 = 1 200 - 900 = 300（万元）

借：投资性房地产——房屋	13 500 000	
贷：长期股权投资——远大公司		9 000 000
银行存款		1 500 000
投资收益		3 000 000

【例 1-4】 盛恒公司以其一辆汽车换入鑫润公司的一台设备。换入后均作为固定资产核算，鑫润公司的房屋作为企业的固定资产进行管理。汽车原值 120 万元，折旧 10 万元，公允价值为 100 万元；设备的原值为 160 万元，在交换日的累计折旧为 90 万元，公允价值为 80 万元。鑫润公司向盛恒公司另外支付银行存款 22.6（含增值税补价 2.6 万元）万元。增值税率 13%，假设整个交易过程没有发生其他相关税费。

分析：盛恒公司以其汽车换入生产用设备，两者现金流量的风险或不确定性程度存在明显差异。

支付的货币性资产占换入资产公允价值（或占换出资产公允价值与支付的货币性资产之和）的比例 = 20 ÷ 100 = 20% < 25%，因此，该交换属于涉及补价的非货币性资产交换。

（1）盛恒公司的账务处理如下：

换入资产成本 = 100 - 20 + 0 = 80（万元）

应确认的损益 = 100 - 110 = -10（万元）

借：固定资产清理	1 100 000	
累计折旧	100 000	

贷：固定资产——汽车 1 200 000

借：固定资产——设备 800 000

应交税费——应交增值税（进项税额） 104 000

银行存款 226 000

贷：固定资产清理 1 000 000

应交税费——应交增值税（销项税额） 130 000

借：资产处置损益 100 000

贷：固定资产清理 100 000

（2）鑫润公司的账务处理如下：

换入资产成本 = 80 + 20 + 0 = 100（万元）

应确认的损益 = 80 - （160 - 90） = 10（万元）

借：固定资产清理 700 000

累计折旧 900 000

贷：固定资产——设备 1 600 000

借：固定资产——汽车 1 000 000

应交税费——应交增值税（进项税额） 130 000

贷：固定资产清理 700 000

应交税费——应交增值税（销项税额） 104 000

银行存款 226 000

资产处置损益 100 000

四、同时换入多项资产时的会计处理

企业发生的非货币性资产交换，有时可能会同时涉及多项资产，即企业以一项非货币性资产同时换入另一企业的多项非货币性资产，或同时以多项非货币性资产换入另一企业的一项非货币性资产，或以多项非货币性资产同时换入多项非货币性资产。其基本处理方法与单项非货币性资产交换的处理方法相同。非货币性资产交换同时换入多项资产的，可先视为换入单项资产，首先确定换入资产成本的计量基础，再确定换入各项资产的成本总额，然后分摊确定各项换入资产的成本。

在以公允价值确定换入资产成本的情况下，应当按照换入各项资产的公允价值占换入资产公允价值总额的比例，对换入资产的成本总额进行分配，确定各项换入资产的成本。

每项换入资产成本

= 该项资产的公允价值 ÷ 换入资产公允价值总额 × 换入资产的成本总额

应确认的损益 = 换出资产的公允价值 - 换出资产的账面价值

【例 1 - 5】 为适应业务发展的需要，经与鑫润公司协商，盛恒公司决定以生产经营过程中使用的办公楼、机器设备和库存商品换入鑫润公司生产经营过程中使用的 10 辆货运车、5 辆轿车和 15 辆客运汽车。

盛恒公司办公楼的账面原价为 450 万元，在交换日的累计折旧为 90 万元，公允价值为 320 万元。机器设备是盛恒公司 20 × 1 年购入的，账面原价为 360 万元，在交换日的累计折旧为 180 万元，公允价值为 240 万元。库存商品的账面余额为 900 万元，市场价格为 1 050

万元。

鑫润公司的货运车、轿车和客运汽车均为 20×2 年年初购入，货运车的账面原价为 450 万元，在交换日的累计折旧为 150 万元，公允价值为 450 万元；轿车的账面原价为 600 万元，在交换日的累计折旧为 270 万元，公允价值为 500 万元；客运汽车的账面原价为 900 万元，在交换日的累计折旧为 240 万元，公允价值为 720 万元。

鑫润公司另外收取盛恒公司以银行存款支付的 80.6 万元，其中包括由于换出和换入资产的公允价值不同而支付的补价 60 万元，以及换出资产销项税额与换入资产进项税额的差额 20.6 万元。

假设两公司都没有为换出资产计提减值准备；盛恒公司换入的货运车、轿车、客运汽车均作为生产经营固定资产使用和管理；鑫润公司换入的办公楼、机器设备作为固定资产使用和管理，换入的库存商品作为原材料使用和管理。两公司均为增值税一般纳税人，适用的增值税税率均为 13%。转让不动产增值税率为 9%，计税价格等于相关资产的公允价值或市场价格。

分析： 两公司交换资产的未来现金流量显著不同，公允价值均能够可靠计量。支付的货币性资产占换入资产公允价值（或占换出资产公允价值与支付的货币性资产之和）的比例 =60÷（320+240+1 050+60）=3.59%<25%。因此，该交换属于涉及补价的多项非货币性资产交换，两公司均应当以公允价值为基础确定换入资产的总成本，确认产生的相关损益，并按照各单项换入资产的公允价值占换入资产公允价值总额的比例，确定各单项投入资产的成本。

（1）盛恒公司的账务处理如下：

- 计算换入资产、换出资产的各项税额：

换出办公楼的增值税税额 =320×9% =28.8（万元）

换出设备的增值税销项税额 =240×13% =31.2（万元）

换出库存商品的增值税销项税额 =1 050×13% =136.5（万元）

换入货运车、轿车和客运汽车的增值税进项税额 =（450+500+720）×13%
=217.1（万元）

- 计算换入资产、换出资产公允价值总额：

换出资产公允价值总额 =320+240+1 050=1 610（万元）

换入资产公允价值总额 =450+500+720=1 670（万元）

- 计算换入资产总成本：

换入资产总成本 =1 610+60+0=1 670（万元）

- 计算确定换入各项资产的成本：

货运车成本 =1 670×（450÷1 670×100%）=450（万元）

轿车成本 =1 670×（500÷1 670×100%）=500（万元）

客运汽车成本 =1 670×（720÷1 670×100%）=720（万元）

应确认的损益

=（320+240+1 050）-［（450-90）+（360-180）+900］=170（万元）

借：固定资产清理	5 400 000
累计折旧	2 700 000

贷：固定资产——办公楼　　4 500 000
　　　　　　——机器设备　　3 600 000

借：固定资产——货运车　　4 500 000
　　　　　　——轿车　　5 000 000
　　　　　　——客运汽车　　7 200 000
　　应交税费——应交增值税（进项税额）　　2 171 000
　　贷：固定资产清理　　5 560 000
　　　　主营业务收入　　10 500 000
　　　　应交税费——应交增值税（销项税额）　　1 965 000
　　　　银行存款　　806 000
　　　　资产处置损益　　200 000

借：主营业务成本　　9 000 000
　　贷：库存商品　　9 000 000

（2）鑫润公司的账务处理如下：

- 计算换入设备、换入原材料的增值税进项税额：

换入办公楼的增值税进项税额 = 320 × 9% = 28.8（万元）

换入设备的增值税进项税额 = 240 × 13% = 31.2（万元）

换入原材料的增值税进项税额 = 1 050 × 13% = 136.5（万元）

- 计算换入资产、换出资产公允价值总额：

换出资产公允价值总额 = 450 + 500 + 720 = 16 700（万元）

换入资产公允价值总额 = 320 + 240 + 1 050 = 1 610（万元）

- 确定换入资产总成本：

换入资产总成本 = 1 670 − 60 + 0 = 1 610（万元）

- 计算确定换入各项资产的成本：

办公楼成本 = 1 610 ×（320 ÷ 1 610 × 100%）= 320（万元）

机器设备成本 = 1 610 ×（240 ÷ 1 610 × 100%）= 240（万元）

原材料成本 = 1 610 ×（1 050 ÷ 1 610 × 100%）= 1 050（万元）

应确认的损益

=（450 + 500 + 720）−［（450 − 150）+（600 − 270）+（900 − 240）］= 380（万元）

借：固定资产清理　　12 900 000
　　累计折旧　　6 600 000
　　贷：固定资产——货运车　　4 500 000
　　　　　　　　——轿车　　6 000 000
　　　　　　　　——客运汽车　　9 000 000

借：固定资产——办公楼　　3 200 000
　　　　　　——机器设备　　2 400 000
　　原材料　　10 500 000
　　应交税费——应交增值税（进项税额）　　1 849 800
　　应交税费——待抵扣进项税额　　115 200

银行存款　　806 000
　贷：固定资产清理　　16 700 000
　　应交税费——应交增值税（销项税额）　　2 171 000
借：固定资产清理　　3 800 000
　贷：资产处置损益　　3 800 000

第三节　换入资产基于换出资产账面价值计价的会计处理

一、基本处理原则

非货币性资产交换不具有商业实质，或者虽然具有商业实质但换入资产和换出资产的公允价值均不能可靠计量的，应当以换出资产账面价值加上相关税费来确定换入资产的成本，无论是否支付补价，均不确认损益。

一般来讲，换入资产和换出资产的公允价值都不能可靠计量时，该项非货币性资产交换通常不具有商业实质。因为在这种情况下，很难比较两项资产产生的未来现金流量在时间、风险和金额方面的差异，也很难判断两项资产交换后对企业经济状况改变所起到的不同作用。

二、不涉及补价情况的会计处理

换入资产成本 = 换出资产的账面价值 + 应支付的相关税费

【例1-6】 盛恒公司以其持有的长期股权投资交换鑫润公司拥有的商标权。在交换日，盛恒公司持有的长期股权投资账面余额为1 400万元，已计提长期股权投资减值准备余额为400万元，该长期股权投资在市场上没有公开报价，公允价值也不能可靠计量。鑫润公司商标权的账面原价为1 200万元，累计已摊销金额为200万元，其公允价值也不能可靠计量，鑫润公司没有为该项商标权计提减值准备。鑫润公司将换入的投资仍作为长期股权投资，并采用成本法核算。整个交易过程中没有发生其他相关税费。

（1）盛恒公司的账务处理如下：

换入资产成本 = 1 400 - 400 = 1 000（万元）

借：无形资产——商标权　　10 000 000
　长期股权投资减值准备　　4 000 000
　贷：长期股权投资　　14 000 000

（2）鑫润公司的账务处理如下：

换入资产成本 = 1 200 - 200 = 1 000（万元）

借：长期股权投资　　10 000 000
　累计摊销　　2 000 000
　贷：无形资产——专利权　　12 000 000

三、涉及补价情况下的会计处理

1. 支付补价方应当以换出资产的账面价值，加上支付的补价和应支付的相关税费，作为换入资产的成本，不确认损益，即：

换入资产成本 = 换出资产账面价值 + 支付的补价 + 应支付的相关税费

2. 收到补价方应当以换出资产的账面价值，减去收到的补价，加上应支付的相关税费，作为换入资产的成本，不确认损益，即：

换入资产成本 = 换出资产账面价值 − 收到的补价 + 应支付的相关税费

【例 1－7】 盛恒公司用其拥有的仓库交换鑫润公司的长期股权投资。该仓库账面原价 1 300 万元，已计提折旧 700 万元。鑫润公司长期股权投资账面价值 500 万元。两项资产均未计提减值准备。仓库的公允价值不能可靠计量，鑫润公司拥有的长期股权投资在活跃市场中没有报价，其公允价值也不能可靠计量。双方商定，鑫润公司以两项资产账面价值的差额为基础，支付盛恒公司 100 万元补价，以换取盛恒公司拥有的仓库。交易中没有涉及其他相关税费。

（1）盛恒公司的账务处理如下：

换入资产成本 = 1 300 − 700 − 100 = 500（万元）

借：固定资产清理	6 000 000	
累计折旧	7 000 000	
贷：固定资产		13 000 000
借：长期股权投资	5 000 000	
银行存款	1 000 000	
贷：固定资产清理		6 000 000

（2）鑫润公司的账务处理如下：

换入资产成本 = 500 + 100 = 600（万元）

借：固定资产	6 000 000	
贷：长期股权投资		5 000 000
银行存款		1 000 000

四、同时换入多项资产时的会计处理

在以账面价值确定换入资产成本的情况下，不论是否涉及补价，都应当按照换入各项资产的原账面价值占换入资产原账面价值总额的比例，对换入资产的成本总额进行分配，确定各项换入资产的成本。

每项换入资产成本

= 该项资产的原账面价值 ÷ 换入资产原账面价值总额 × 换入资产的成本总额

【例 1－8】 盛恒公司因经营战略发生较大转变，产品结构发生较大调整，原生产其产品的专有设备、专利技术等已不符合生产新产品的需要。经与鑫润公司协商，将其专用设备连同专利技术与鑫润公司正在建造过程中的一幢建筑物、对远大公司的长期股权投资进行交换。

盛恒公司换出的专有设备的账面原价为 2 400 万元，已计提折旧 1 500 万元；专利技术账面原价为900万元，已摊销金额为540万元。

鑫润公司在建工程截至交换日的成本为1 050万元，对远大公司的长期股权投资账面余额为300万元。

由于盛恒公司持有的专有设备和专利技术在市场上已不多见，其公允价值不能可靠计量；鑫润公司的在建工程因完工程度难以合理确定，其公允价值不能可靠计量；由于远大公司不是上市公司，鑫润公司对其长期股权投资的公允价值也不能可靠计量。假定两公司均未对上述资产计提减值准备。假设不考虑交换过程中的相关税费。

分析：本例不涉及收付货币性资产，属于非货币性资产交换。由于换入资产、换出资产的公允价值均不能可靠计量，两公司均应当以换出资产账面价值总额作为换入资产的成本。各项换入资产的成本应当按其账面价值占换入资产账面价值总额的比例分配后确定。

（1）盛恒公司的账务处理如下：

- 计算换入资产、换出资产账面价值总额：

换入资产账面价值总额 =1 050 +300 =1 350（万元）

换出资产账面价值总额 =（2 400 -1 500）+（900 -540）=1 260（万元）

- 确定换入资产总成本：

换入资产总成本 =1 260（万元）

- 计算各项换入资产账面价值占换入资产账面价值总额的比例：

在建工程占换入资产账面价值总额的比例 =1 050 ÷1 350 =77.8%

长期股权投资占换入资产账面价值总额的比例 =300 ÷1 350 =22.2%

- 确定各项换入资产成本：

在建工程成本 =1 260 ×77.8% =980.28（万元）

长期股权投资成本 =1 260 ×22.2% =279.72（万元）

借：固定资产清理	9 000 000	
累计折旧	15 000 000	
贷：固定资产——专有设备		24 000 000
借：在建工程	9 802 800	
长期股权投资	2 797 200	
累计摊销	5 400 000	
贷：固定资产清理		9 000 000
无形资产——专利技术		9 000 000

（2）鑫润公司的账务处理如下：

- 计算换入资产、换出资产账面价值总额：

换入资产账面价值总额 =（2 400 -1 500）+（900 -540）=1 260（万元）

换出资产账面价值总额 =1 050 +300 =1 350（万元）

- 确定换入资产总成本：

换入资产总成本 =1 350（万元）

- 计算各项换入资产账面价值占换入资产账面价值总额的比例：

专有设备占换入资产账面价值总额的比例 =900 ÷1 260 =71.4%

专利技术占换入资产账面价值总额的比例 =360 ÷1 260 =28.6%

- 确定各项换入资产成本：

专有设备成本 =1 350×71.4% =963.9（万元）

专利技术成本 =1 350×28.6% =386.1（万元）

借：固定资产——专有设备　　9 639 000

　　无形资产——专利技术　　3 861 000

　　贷：在建工程　　10 500 000

　　　　长期股权投资　　3 000 000

思考与练习

一、单项选择题

1. 下列项目中，属于货币性资产的是（　　）。

A. 准备持有至到期的债券投资　　B. 长期股权投资

C. 存货　　D. 交易性金融资产

2. 关于商业实质的判断条件，下列说法不正确的是（　　）。

A. 换入资产的未来现金流量在风险、时间和金额方面与换出资产显著不同

B. 换入资产的未来现金流量的风险和金额与换出资产相同，但时间不同

C. 换入资产与换出资产的预计未来现金流量现值不同，且其差额与换入资产和换出资产的公允价值相比是重大的

D. 在确定非货币性资产交换是否具有商业实质时，不应当考虑交易各方是否存在关联方关系

3. 盛恒公司以一台甲设备换入鑫润公司的一台乙设备。甲设备的账面原价为 44 万元，已计提折旧 6 万元，已计提减值准备 5 万元。甲设备和乙设备的公允价值均无法可靠计量，鑫润公司另向盛恒公司支付补价 4 万元。盛恒公司换入的乙设备的入账价值为（　　）万元。

A. 30　　B. 29

C. 29.4　　D. 28.6

4. 下列关于非货币性资产交换的处理，不正确的是（　　）。

A. 在同时换入多项资产，具有商业实质且换入资产的公允价值能够可靠计量的情况下，应当按照换入各项资产的公允价值占换入资产账面价值总额的比例，对换入资产的成本总额进行分配，确认各项换入资产的成本

B. 企业持有的应收账款、应收票据以及持有至到期投资，均属于企业的货币性资产

C. 在具有商业实质且其公允价值能够可靠计量的非货币性资产交换中，换出资产的公允价值和账面价值之间的差额计入当期损益

D. 在不具有商业实质的情况下，交换双方不确认损益

5. 非货币性资产的本质特征是（　　）。

A. 其市场价格保持稳定

B. 其市场价格的变化没有规律

C. 将以固定或可确定的金额收取

D. 将来为企业带来的经济利益不固定或不可确定

6. 按照《企业会计准则》的规定，将涉及少量货币性资产的交换认定为非货币性资产交换，应具备的基本条件是（　　）。

A. 支付的货币性资产占换入资产公允价值的比例低于20%

B. 支付的货币性资产占换入资产公允价值的比例低于25%

C. 支付的货币性资产占换出资产公允价值的比例低于20%

D. 支付的货币性资产占换出资产公允价值的比例低于25%

7. 在非货币性资产交换的交易各方之间存在关联方关系的情况下，下列说法正确的是（　　）。

A. 这种关联方关系的存在不会影响对该项非货币性资产交换是否具有商业实质的判断

B. 这种关联方关系的存在可能导致发生的非货币性资产交换不具有商业实质

C. 由于存在这种关联方关系，非货币性资产交换不具有商业实质

D. 会计准则规定，在认定非货币性资产交换是否具有商业实质时，不需要考虑交易各方之间是否存在关联方关系

8. 如果在一项非货币性资产交换中换入资产与换出资产属于在资产负债表上归为同一类别的资产，则下列说法正确的是（　　）。

A. 该交换不具有商业实质

B. 该交换可能具有商业实质，也可能不具有商业实质

C. 换入资产应当基于公允价值确定其成本

D. 换入资产应当基于换出资产的账面价值确定其成本

9. 如果按照我国现行会计准则的规定，对某项非货币性资产交换中的换入资产必须基于换出资产的账面价值来确定其成本，那么下列说法中不正确的是（　　）。

A. 不涉及补价时，换入资产的成本 = 换出资产的账面价值 + 应支付的相关税费

B. 涉及补价时，支付补价方换入资产的成本 = 换出资产的账面价值 + 支付的补价 + 应支付的相关税费

C. 涉及补价时，收到补价方换入资产的成本 = 换出资产的账面价值 − 收到的补价 + 应支付的相关税费

D. 收到补价的一方，可以按照收到的补价占换出资产公允价值的比例确认换出资产的损益

10. 如果按照我国现行会计准则的规定，对某项非货币性资产交换中的换入资产必须基于换出资产的账面价值来确定其成本，而且同时换入多项资产，那么下列说法中不正确的是（　　）。

A. 无论是否涉及补价，都不确认损益

B. 收到补价方换入资产的成本总额 = 换出资产的账面价值 − 收到的补价 + 应支付的相关税费

C. 应当按照换入各项资产的公允价值占换入资产公允价值总额的比例，对换入资产的成本总额进行分配，确定各项换入资产的成本

D. 应当按照换入各项资产的原账面价值占换入资产原账面价值总额的比例，对换入资产的成本总额进行分配，确定各项换入资产的成本

二、多项选择题

1. 下列项目中，属于非货币性资产的有（　　）。

A. 存货　　B. 固定资产

C. 交易性金融资产　　D. 无形资产

E. 准备持有至到期的债券投资

2. 要对非货币性资产交换中的换入资产基于公允价值计量，必须同时具备的条件有（　　）。

A. 该项交换不涉及补价　　B. 该项交换具有商业实质

C. 该项交换不涉及相关税费　　D. 换出资产的公允价值大于账面价值

E. 换入或换出资产的公允价值能够可靠计量

3. 表明在非货币性资产交换中换入或换出资产的公允价值能够可靠计量的标志有（　　）。

A. 换入或换出资产存在活跃市场

B. 换入或换出资产本身不存在活跃市场，但类似资产存在活跃市场

C. 交换涉及补价

D. 采用估值技术确定的公允价值估计数的变动区间很小

E. 在采用估值技术确定的公允价值估计数的变动区间内，各种用于确定公允价值估计数的概率能够合理确定

4. 按照《企业会计准则》的规定，只涉及少量货币性资产的交换可以认定为非货币性资产交换的情况包括（　　）。

A. 支付的货币性资产占换入资产公允价值的比例低于25%

B. 支付的货币性资产占换出资产公允价值与支付的货币性资产之和的比例低于25%

C. 收到的货币性资产占换出资产公允价值的比例低于25%

D. 收到的货币性资产占换入资产公允价值和收到的货币性资产之和的比例低于25%

E. 支付的货币性资产占换入资产公允价值的比例低于30%

5. 下列关于一项非货币性资产交换具有商业实质的说法正确的有（　　）。

A. 换入资产的未来现金流量在风险方面与换出资产显著不同

B. 换入资产的未来现金流量在时间方面与换出资产显著不同

C. 换入资产的未来现金流量在金额方面与换出资产显著不同

D. 换入资产与换出资产的账面价值显著不同

E. 换入资产与换出资产的预计未来现金流量现值不同，且其差额与换入资产和换出资产的公允价值相比是重大的

6. 在确定一项非货币性资产交换是否具有商业实质时，企业应当关注的内容包括（　　）。

A. 交易是否涉及补价

B. 换入资产的未来现金流量在风险、时间和金额方面是否与换出资产显著不同

C. 换入资产与换出资产的预计未来现金流量现值是否不同，且其差额与换入资产和换出资产的公允价值相比是否是重大的

D. 换入方按照其他相关会计准则的规定对换入资产拟采用的计量模式

E. 交易各方之间是否存在关联方关系

7. 在确定一项非货币性资产交换中换入资产的成本时，应当考虑（　　）。

A. 该项交换是否具有商业实质

B. 该项交换是否涉及补价

C. 换入或换出资产的公允价值是否能够可靠计量

D. 换入方按照其他相关会计准则的规定对换入资产拟采用成本模式还是公允价值模式进行计量

E. 交换是否涉及应交税费

8. 在非货币性资产交换中，以换出资产的公允价值和应支付的相关税费作为换入资产的入账价值，其应同时满足的条件有（　　）。

A. 该项交换具有商业实质

B. 换入资产或换出资产的公允价值能够可靠计量

C. 换入资产的公允价值大于换出资产的公允价值

D. 换入资产的公允价值小于换出资产的公允价值

E. 换入资产的账面价值大于换出资产的账面价值

9. 在不具有商业实质、涉及补价的非货币性资产交换中，影响换入资产入账价值的因素有（　　）。

A. 换出资产的账面价值　　B. 换出资产计提的减值损失

C. 为换入资产支付的相关税费　　D. 换出资产收到的补价

E. 换入资产的账面价值

10. 盛恒公司用房屋换取鑫润公司的专利。盛恒公司的房屋符合投资性房地产的定义，但盛恒公司未采用公允价值模式计量。在交换日，盛恒公司房屋账面原价为120万元，已计提折旧20万元，公允价值110万元。鑫润公司专利账面价值10万元，无公允价值。盛恒公司另向鑫润公司支付30万元。假设不考虑资产交换过程中产生的相关税费，下列会计处理中正确的有（　　）。

A. 盛恒公司确认营业外收入10万元

B. 盛恒公司换入专利的入账价值为130万元

C. 盛恒公司换入专利的入账价值为140万元

D. 鑫润公司确认资产处置损益130万元

E. 盛恒公司确认营业外支出10万元

三、判断题

1. 非货币性资产的根本特征是，其在将来为企业带来的经济利益是不固定的，甚至是不可确定的。（　　）

2. 无论是为换出资产而发生的相关税费，还是为换入资产而发生的相关税费，均计入换入资产的成本。（　　）

3. 任何资产之间进行交换，如果涉及补价的，只要补价占整个资产交换金额的比例低于25%，都按照非货币性资产交换的处理原则进行核算。（ ）

4. 在不具有商业实质的非货币性资产交换中，收到补价方应当按照换出资产的账面价值减去收到的补价加上为换入资产支付的相关税费，作为换入资产的入账价值，不确认交易损益。（ ）

5. 在不具有商业实质的情况下，涉及补价的多项资产交换与单项资产交换的主要区别在于：单项资产交换按照公允价值确定入账价值，多项资产交换按照账面价值确定入账价值。（ ）

6. 如果在非货币性资产交换中换入的是交易性金融资产，且符合按公允价值计量的条件，则应该以该交易性金融资产的公允价值作为入账金额。（ ）

7. 在非货币性资产交换中，如果换入或换出资产不存在活跃市场，类似资产也不存在活跃市场，则表明该资产的公允价值不能够可靠计量。（ ）

8. 如果按照会计准则的规定在非货币性资产交换中换入的某项资产只能基于换出资产的账面价值计价，则只有在涉及补价的情况下才可确认交换损益。（ ）

9. 企业之间交换的一项资产，对换出方和换入方而言，要么都属于货币性资产，要么都属于非货币性资产。（ ）

10. 非货币性资产交换的交易各方之间关联方关系的存在，可能导致发生的非货币性资产交换不具有商业实质。（ ）

四、计算分析与账务处理题

1. 甲公司以已使用三年的一项设备交换乙公司生产的一批原材料，乙公司换入的设备作固定资产使用。甲公司设备的账面原价为400万元，在交换日的累计折旧为100万元，公允价值为320万元，以银行存款支付清理费0.4万元。甲公司没有为该设备计提资产减值准备。乙公司材料的账面价值为240万元，在交换日的市场价格为320万元，计税价格等于市场价格。乙公司没有为该批材料计提存货跌价准备。假设两公司均为增值税一般纳税人，适用的增值税税率为13%。在整个交易过程中没有发生除增值税以外的其他税费，并均开具了增值税专用发票。

【要求】

（1）该笔交易是否属于非货币性资产交换？为什么？如果属于非货币性资产交换，判断其类型及换入资产成本的计价基础。

（2）编制甲、乙公司相关会计分录。

2. 甲公司以其拥有的房屋与乙公司持有的长期股权投资交换。在交换日，该房屋的账面原价为1 800万元，已提折旧640万元，未计提减值准备，在交换日的公允价值为1 400万元。乙公司持有的长期股权投资账面价值为1 000万元，没有计提减值准备，在交换日的公允价值为1 300万元。乙公司支付26万元（含增值税补价126万元）给甲公司。乙公司换入房屋后用于经营出租目的，并拟采用成本计量模式。甲公司换入的投资仍作为长期股权投资，并采用成本法核算。该项交易过程中不涉及其他相关税费。

【要求】

（1）该笔交易是否属于非货币性资产交换？为什么？如果属于非货币性资产交换，判断其类型及换入资产成本的计价基础。

（2）编制甲、乙公司相关会计分录。

3. 甲公司拥有一台专有设备，该设备账面原价 900 万元，已计提折旧 660 万元。乙公司拥有一项长期股权投资，账面价值 180 万元。两项资产均未计提减值准备。甲公司决定以其专有设备交换乙公司的长期股权投资，该专有设备是生产某种产品必需的设备。由于专有设备是当时专门制造的，性质特殊，所以其公允价值不能可靠计量。乙公司拥有的长期股权投资在活跃市场中没有公开报价，其公允价值也不能可靠计量。经双方商定，乙公司支付甲公司 40 万元补价。假定交易不考虑相关税费。

【要求】

（1）判断该笔交易是否属于非货币性资产交换？为什么？如果属于非货币性资产交换，判断其类型及换入资产成本的计价基础。

（2）编制甲、乙公司相关会计分录。

4. 甲公司和乙公司均为增值税一般纳税人，适用的增值税税率均为 13%。20×3 年 8 月，为适应业务发展的需要，经协商，甲公司决定以生产经营过程中使用的厂房、设备以及库存商品换入乙公司生产经营过程中使用的办公楼、小汽车、客运汽车。

甲公司厂房的账面原价为 3 000 万元，在交换日的累计折旧为 600 万元，公允价值为 2 000万元；设备的账面原价为 1 200 万元，在交换日的累计折旧为 960 万元，公允价值为 200 万元；库存商品的账面余额为 600 万元，交换日的市场价格为 700 万元，市场价格等于计税价格。

乙公司办公楼的账面原价为 4 000 万元，在交换日的累计折旧为 2 000 万元，公允价值为 2 200 万元；小汽车的账面原价为 600 万元，在交换日的累计折旧为 380 万元，公允价值为 319 万元；客运汽车的账面原价为 600 万元，在交换日的累计折旧为 360 万元，公允价值为 300 万元。

乙公司另外向甲公司支付银行存款 99.53 万元，其中包括由于换出和换入资产公允价值不同而支付的补价 81 万元，以及换出资产销项税额与换入资产进项税额的差额 18.53 万元。

假定两公司都没有为换出资产计提减值准备。甲公司换入的办公楼、小汽车、客运汽车均作为固定资产使用和管理；乙公司换入的厂房、设备作为固定资产使用和管理，换入的库存商品作为原材料使用和管理。甲公司开具了增值税专用发票。

【要求】

（1）判断该笔交易是否属于非货币性资产交换？为什么？如果属于非货币性资产交换，判断其类型及换入资产成本的计价基础。

（2）编制甲、乙公司相关会计分录。

5. 甲公司因经营战略发生较大转变，产品结构发生较大调整，原生产其产品的专有设备、生产该产品的专利技术等已不符合生产新产品的需要。经与乙公司协商，将其专用设备连同专利技术与乙公司正在建造过程中的一幢建筑物、对远大公司的长期股权投资进行交换。

甲公司换出专有设备的账面原价为 2 400 万元，已提折旧 1 500 万元；专利技术账面原价为 900 万元，已摊销金额为 540 万元。乙公司在建工程截至交换日的成本为 1 050 万元，对远大公司的长期股权投资账面余额为 300 万元。

由于甲公司持有的专有设备和专利技术在市场上已不多见，公允价值不能可靠计量；乙公司的在建工程因完工程度难以合理确定，其公允价值不能可靠计量；由于远大公司不是上市公司，乙公司对远大公司长期股权投资的公允价值也不能可靠计量。

假定甲公司和乙公司均未对上述资产计提减值准备。

【要求】

（1）判断该笔交易是否属于非货币性资产交换？为什么？如果属于非货币性资产交换，判断其类型及换入资产成本的计价基础。

（2）编制甲、乙公司相关会计分录。

第二章

债务重组

学习目标

□ 明确债务重组的基本概念和债务重组方式

□ 掌握各种债务重组方式下债务人和债权人的会计处理方法

□ 了解债务人和债权人债务重组会计信息的披露要求

学习指导

本章主要阐述债务重组的会计确认、计量、账务处理和信息披露的相关问题。通过本章学习，学生应当理解债务重组的基本概念、债务重组带来的特殊会计问题以及解决问题的可能方法；掌握债务重组的方式以及各种债务重组方式下债务人和债权人的会计处理方法；了解债务重组会计信息的披露要求。

学习重点

债务重组的基本概念和债务重组方式；在以非现金资产清偿债务、将债务转为资本、以混合重组方式清偿债务的情况下，债务人债务重组收益的确定方法和债务重组的会计处理方法。

学习难点

在以混合重组方式清偿债务的情况下，债务人债务重组收益的确定方法和债务重组的会计处理方法。

第一节 债务重组概述

一、债务重组的概念

在市场经济条件下，竞争日趋激烈，企业为此需要不断地根据环境的变化调整经营策略，防范和控制经营及财务风险。但有时，由于各种内部和外部因素的影响，企业可能出现一些暂时性的财务困难，致使资金周转不灵，难以按期偿还债务。此时，作为债权人，一种方式是通过法律程序要求债务人破产，以清偿债务；另一种方式是通过债务重组，债权人作出某些让步，使债务人减轻负担，渡过难关。

根据我国《企业会计准则第 12 号——债务重组》的定义，**债务重组**是指在债务人发生财务困难的情况下，债权人按照其与债务人达成的协议或法院的裁定作出让步的事项。其中，“债务人发生财务困难”，是指因债务人出现资金周转困难、经营陷入困境或者其他原因，导致其无法或者没有能力按原定条件偿还债务；“债权人作出让步”是指债权人同意发生财务困难的债务人现在或将来以低于重组债务账面价值的金额或价值偿还债务。让步的结果是债权人发生债务重组损失，债务人获得债务重组收益。“债权人做出让步”的情形主要包括债权人减免债务人部分债务本金或者利息、降低债务人应付债务的利率等。

这里所说的“债务重组”不包括债务人不存在财务困难情况下的债务重组，以及虽因债务人处于财务困难而修改了债务条件，但实质上债权人并没有作出让步的重组事项。也就是说，债务人发生财务困难是债务重组的前提条件，而债权人作出让步是债务重组的必要条件。不满足上述认定要求的债务重组，如债务人破产清算时发生的债务重组、债务人改组过程中发生的债务重组都不属于本章讨论的债务重组范围。

二、债务重组的方式

1. 以资产清偿债务。以资产清偿债务是指债务人转让其资产给债权人以清偿债务的债务重组方式。债务人用于偿债的资产主要有现金、存货、金融资产、固定资产、无形资产、股权投资等。这里的现金，是指货币资金，即库存现金、银行存款和其他货币资金。在债务重组的情况下，以现金清偿债务，通常是指以低于债务的账面价值的现金清偿债务。如果以等量的现金偿还所欠债务，则不属于本章所指的债务重组。

2. 债务转为资本。债务转为资本是指债务人将债务转为资本，同时债权人将债权转为股权的债务重组方式。对股份有限公司而言，这种债务重组方式是将债务转为股本，对其他企业这种债务重组方式则是将债务转为实收资本。但应注意，对于股份有限公司，债务人以债务转为资本时，必须严格遵守国家有关法律的规定，只有符合相应条件的，才能采取这种方式。如果债务人根据转换协议，将应付可转换公司债券转为资本的，则属于正常情况下的债务转资本，不能作为债务重组处理。

3. 修改其他债务条件。修改其他债务条件是指修改不包括上述情形 1 和 2 在内的债务条件进行债务重组的方式，如减少债务本金、降低利率、免去应付未付的利息、延长偿还期限等。

4. 以上三种方式的混合重组。以上三种方式的混合重组是指采用以上三种方式共同清偿债务的债务重组方式。例如，债务的一部分以资产清偿，一部分转为资本，另一部分通过修改其他债务条件进行债务重组。

三、重组损益的确认、计量和报告

理论界关于债务重组损益的确认和计量观点不尽相同。我国《企业会计准则第 12 号——债务重组》要求债务人和债权人用转让（受让）非现金资产的公允价值确认重组过程中的利得或损失，即将债务人和债权人转让非现金资产的公允价值与其账面价值的差异确认为债务重组损益。

关于重组损益的报告问题，我国在制定企业会计准则时，借鉴了国际会计准则理事会（IASB）和财务会计准则委员会（FASB）的理念，考虑到信息使用者需要重组过程中财产转让损益和债务重组损益方面的信息，将重组损益包含在当期利润表中，在利润表中分别列示财产转让损益和债务重组损益。

第二节　债务重组的会计处理

一、以资产清偿债务的会计处理

在债务重组中，企业以资产清偿债务的，通常包括以现金清偿债务和以非现金资产清偿债务这两种方式。

（一）以现金资产清偿债务的会计处理

1. 债务人的会计处理。债务人以现金清偿债务的，债务人应当在满足金融负债终止确认条件时，予以终止确认重组债务。债务人应当将重组债务的账面价值与实际支付现金之间的差额，确认为债务重组利得，作为“营业外收入——债务重组利得”，计入当期损益。

2. 债权人的会计处理。债权人应当在满足金融资产终止确认条件时，予以终止确认重组债权。债权人应当将重组债权的账面余额与收到的现金之间的差额确认为债务重组损失，作为“营业外支出——债务重组损失”，计入当期损益。如果债权人已对重组债权计提了减值准备的，应当先将该差额冲减已提的减值准备。冲减后仍有损失的，计入营业外支出；冲减后减值仍有余额的，应予转回并抵减当期资产减值损失。

【例2-1】 鑫润公司于20×3年2月15日销售一批材料给盛恒公司，开具的增值税专用发票上的价款为60万元，增值税税额为7.8万元。按合同规定，盛恒公司应于20×3年5月15日前偿付价款，由于盛恒公司发生财务困难，无法按合同规定的期限偿还债务，经双方协商于20×4年7月1日进行债务重组。债务重组协议规定，鑫润公司同意减免盛恒公司10万元债务，余额用现金立即清偿。鑫润公司于20×4年7月8日收到盛恒公司通过银行转账偿还的剩余款项。鑫润公司已为该项应收账款计提了6万元坏账准备。

（1）盛恒公司的账务处理如下：

债务重组利得 = 678 000 - 578 000 = 100 000（元）

借：应付账款——鑫润公司	678 000	
贷：银行存款		578 000
营业外收入——债务重组利得		100 000

（2）鑫润公司账务处理如下：

债务重组损失 = 678 000 - 578 000 - 60 000 = 40 000（元）

借：银行存款	578 000	
坏账准备	60 000	
营业外支出——债务重组损失	40 000	
贷：应收账款——盛恒公司		678 000

（3）假设鑫润公司已为该项应收账款计提了12万元坏账准备，鑫润公司账务处理如下：

债务重组损失 =678 000 - 578 000 - 120 000 = - 20 000（元）
即转回资产减值损失 2 万元。

借：银行存款　　578 000
　　坏账准备　　120 000
　　贷：应收账款——盛恒公司　　678 000
　　　　资产减值损失　　20 000

（二）以非现金资产清偿债务的会计处理

1. 债务人的会计处理。以非现金资产清偿某项债务的，债务人应当在满足金融负债终止确认条件时，终止确认重组债务。并将重组债务的账面价值与转让的非现金资产的公允价值之间的差额应确认为债务重组利得，作为营业外收入计入当期损益；转让的非现金资产的公允价值与其账面价值的差额作为转让资产损益，计入当期损益。

非现金资产公允价值与账面价值的差额，应当分别按照以下情况进行处理：

（1）非现金资产为存货的，应当作为销售处理。债务人以存货清偿债务，重组债务账面价值与存货公允价值及增值税销项税额之间的差额应确认为债务重组利得，计入营业外收入。存货公允价值与其账面价值的差额，扣除转让过程中发生的相关税费，作为资产转让损益，体现在营业利润中。

（2）非现金资产为固定资产的，应当视同固定资产处置。债务人以固定资产清偿债务，应将重组债务账面价值与固定资产公允价值之间的差额确认为债务重组利得，计入营业外收入。将固定资产的公允价值与其账面价值之间的差额，扣除转让过程中发生的相关税费，确认为资产转让损益，计入资产处置损益。

（3）非现金资产为无形资产的，应当视同无形资产处置。债务人以无形资产清偿债务，比照以固定资产清偿债务的方式处理。

（4）非现金资产为企业投资的，债务人应将重组债务账面价值与投资公允价值之间的差额确认为债务重组利得，计入营业外收入。投资的公允价值扣除投资的账面价值及直接相关费用之后的余额确认为资产转让损益，计入投资收益。

债务人在转让非现金资产的过程中发生的一些税费，如资产评估费、运杂费等，直接计入转让资产损益。对于增值税应税项目，如果债权人不向债务人另行支付增值税，则债务重组利得应为转让非现金资产的公允价值和该非现金资产的增值税销项税额与重组债务账面价值的差额；如果债权人向债务人另行支付增值税，则债务重组利得应为转让现金资产的公允价值与重组债务账面价值的差额。

2. 债权人的会计处理。债务人以非现金资产清偿某项债务的，债权人应当在满足金融资产终止确认条件时，终止确认重组债权。债权人应当对受让的非现金资产按其公允价值入账，重组债权的账面余额与受让的非现金资产的公允价值之间的差额，计入当期损益。如果债权人已计提减值准备的，应当先将上述差额冲减已计提的减值准备，冲减后仍有损失的，作为债务重组损失计入营业外支出；冲减后减值准备仍有余额的，应予转回并抵减当期资产减值损失。

对于增值税应税项目，如果债权人不向债务人另行支付增值税，则增值税进项税额可以作为冲减重组债权的账面余额处理；如果债权人向债务人另行支付增值税，则增值税进项税额不能作为冲减重组债权的账面余额处理。债权人收到非现金资产时发生的有关运杂费等，应当计入相关资产的价值。

【例 2-2】 盛恒公司向鑫润公司购买了一批货物（双方均为一般纳税人），价款 60 万元，增值税税额 7.8 万元。盛恒公司按合同约定应于 20×3 年 10 月 10 日前支付该价款，但至 20×3 年 10 月 31 日盛恒公司尚未支付且短期内不能偿还债务。经双方协商，鑫润公司同意盛恒公司以其生产的产品偿还债务。该产品的公允价值为 56 万元，实际成本为 48 万元。鑫润公司于 20×3 年 11 月 10 日收到盛恒公司抵债的产品，并作为商品入库。鑫润公司对该项应收账款计提了 1.6 万元坏账准备。

（1）盛恒公司的账务处理如下：

债务重组利得 =678 000 -（560 000 +560 000 ×13%）=45 200（元）

借：应付账款——鑫润公司	678 000	
贷：主营业务收入		560 000
应交税费——应交增值税（销项税额）		72 800
营业外收入——债务重组利得		45 200
借：主营业务成本	480 000	
贷：库存商品		480 000

（2）鑫润公司的账务处理如下：

债务重组损失 =678 000 -16 000 -560 000 -560 000 ×13% =29 200（元）

借：库存商品	560 000	
应交税费——应交增值税（进项税额）	72 800	
坏账准备	16 000	
营业外支出——债务重组损失	29 200	
贷：应收账款——盛恒公司		678 000

【例 2-3】 20×3 年 6 月 5 日，盛恒公司销售一批材料给鑫润公司（双方均为一般纳税人），价款 160 万元，增值税税额 20.8 万元。鑫润公司按合同约定应于 20×3 年 9 月 5 日前支付价款，但至 20×3 年 9 月 30 日鑫润公司尚未支付且短期内不能偿还债务。经过协商，盛恒公司同意鑫润公司用其一台固定资产抵偿债务。该项固定资产的账面原值为 236 万元，累计折旧为 70 万元，公允价值为 154 万元。抵债的固定资产已于 20×3 年 11 月 18 日运抵盛恒公司，盛恒公司将该固定资产投入企业生产使用。

（1）盛恒公司的账务处理如下：

债务重组损失 =1 080 000 -（1 540 000 +1 540 000 ×13%）=67 800（元）

借：固定资产	1 540 000	
应交税费——应交增值税（进项税额）	200 200	
营业外支出——债务重组损失	67 800	
贷：应收账款——鑫润公司		808 000

（2）鑫润公司的账务处理如下：

债务重组利得 =1 080 000 -（1 540 000 +1 540 000 ×13%）=67 800（元）

固定资产清理损益 =1 540 000 -（2 360 000 -700 000）= -120 000（元）

借：固定资产清理	1 660 000	

累计折旧　700 000

贷：固定资产　2 360 000

借：应付账款——盛恒公司　1 808 000

贷：固定资产清理　1 540 000

应交税费——应交增值税（销项税额）　200 200

营业外收入——债务重组利得　67 800

借：资产处置损益　120 000

贷：固定资产清理　120 000

【例2-4】 鑫润公司于20×3年7月1日销售给盛恒公司一批产品，价款100万元（包括应收取的增值税税额）。按购销合同约定，盛恒公司应于20×3年10月1日前支付价款。至20×3年10月20日，盛恒公司尚未支付。由于盛恒公司发生财务困难，短期内无法偿还债务。经过协商，鑫润公司同意盛恒公司以其所持有作为长期股权投资核算的某公司股票抵偿债务。债务重组日，该长期股权投资的账面价值88万元，公允价值为90万元。鑫润公司为该项应收账款提取了坏账准备5万元。用于抵债的股票已于20×3年10月25日办理了相关转让手续；鑫润公司将取得的股票作为长期股权投资核算。假定不考虑相关税费和其他因素。

（1）盛恒公司的账务处理如下：

债务重组利得＝1 000 000－900 000＝100 000（元）

转让股权收益＝900 000－880 000＝20 000（元）

借：应付账款——鑫润公司　1 000 000

贷：长期股权投资　880 000

营业外收入——债务重组利得　100 000

投资收益　20 000

（2）鑫润公司的账务处理如下：

债务重组损失＝1 000 000－900 000－50 000＝50 000（元）

借：长期股权投资　900 000

坏账准备　50 000

营业外支出——债务重组损失　50 000

贷：应收账款——盛恒公司　1 000 000

二、将债务转为资本的会计处理

（一）债务人的会计处理

无论是股份有限公司还是其他企业，债务人应当在满足金融负债终止确认条件时，终止确认重组债务。

1. 债务人为股份有限公司时，债务人应将债权人因放弃债权而享有股份的面值总额确认为股本；股份的公允价值总额与股本之间的差额确认为资本公积。重组债务的账面价值与股份的公允价值总额之间的差额作为债务重组利得，计入当期损益。

2. 债务人为其他企业时，债务人应将债权人因放弃债权而享有的股权份额确认为实收资本；股权的公允价值与实收资本之间的差额确认为资本公积。重组债务的账面价值与股权的公允价值之间的差额作为债务重组利得，计入当期损益。

（二）债权人的会计处理

在满足金融资产终止确认条件时，债权人应当终止确认重组债权。债权人将因放弃债权而享有股份的公允价值确认为对债务人的投资；重组债权的账面余额与股份的公允价值之间的差额确认为债务重组损失，计入营业外支出。债权人已对债权计提减值准备的，应先将该差额冲减减值准备，减值准备不足以冲减的部分，作为债务重组损失计入营业外支出。发生的相关税费，分别按长期股权投资或者金融工具确认计量的规定进行处理。

【例2－5】 假设盛恒公司和鑫润公司均为股份有限公司。20×3年2月10日盛恒公司销售一批材料给鑫润公司，同时收到鑫润公司签发并承兑的一张面值40万元、年利率为7%、6个月期、到期还本付息的票据。20×3年8月10日，鑫润公司财务发生困难，无法兑现票据。经双方协议，盛恒公司同意鑫润公司用其发行的普通股抵偿该债务。鑫润公司用于抵债的普通股为4万股，股票市价为每股9.6元，面值为每股1元。假定印花税税率为4‰。盛恒公司未对债权计提坏账准备。假定不考虑其他税费。

（1）债权人盛恒公司的账务处理如下：

应收票据到期值＝400 000＋400 000×7%÷2＝414 000（元）

长期股权投资金额＝9.6×40 000＋9.6×40 000×4‰＝384 000＋1 536＝385 536（元）

债务重组损失＝414 000－384 000＝30 000（元）

借：长期股权投资	385 536	
营业外支出——债务重组损失	30 000	
贷：应收票据		414 000
银行存款		1 536

（2）债务人鑫润公司的账务处理如下：

债务重组收益＝414 000－384 000＝30 000（元）

借：应付票据	414 000	
贷：股本		40 000
资本公积——股本溢价		344 000
营业外收入——债务重组利得		30 000
借：管理费用——印花税	1 536	
贷：银行存款		1 536

【例2－6】 20×3年2月10日，鑫润公司销售一批材料给盛恒公司，价款40万元（包括应收取的增值税税额），合同约定6个月后结清款项。6个月后，由于盛恒公司发生财务困难，无法支付该价款，与鑫润公司协商进行债务重组。经双方协议，鑫润公司同意盛恒公司将该债务转为盛恒公司的股份。鑫润公司对该项应收账款计提了坏账准备2万元。转股后盛恒公司的注册资本为1 000万元，抵债股份占盛恒公司注册资本的2%。债务重组日，抵债股权的公允价值为30.4万元。20×3年11月1日，相关手续办理完毕。假定不考虑其他相关税费。

（1）债务人盛恒公司的账务处理如下：

应计入资本公积的金额 =304 000 - 10 000 000 × 2% =104 000（元）

债务重组利得 =400 000 - 304 000 =96 000（元）

借：应付账款——鑫润公司　　　　400 000

　　贷：实收资本——鑫润公司　　　　200 000

　　　　资本公积——资本溢价　　　　104 000

　　　　营业外收入——债务重组利得　　　　96 000

（2）债权人鑫润公司的账务处理如下：

债务重组损失 =400 000 - 304 000 - 20 000 =76 000（元）

借：长期股权投资——盛恒公司　　　　304 000

　　坏账准备　　　　20 000

　　营业外支出——债务重组损失　　　　76 000

　　贷：应收账款——盛恒公司　　　　400 000

三、修改其他债务条件清偿债务的会计处理

修改其他债务条件清偿债务，是指债务人不以其资产清偿债务，也不将其债务转为资本，而是与债权人达成债务重组协议，以减少债务本金、降低利率、减少或免除债务利息等方式清偿债务。

企业采用修改其他债务条件进行债务重组的，应当区分是否涉及或有应付（或应收）金额的会计处理。或有应付（或应收）金额，是指需要根据未来某种事项出现而发生的应付（或应收）金额，而该未来事项的出现具有不确定性。

（一）不涉及或有应付（或应收）金额的债务重组会计处理

1. 债务人的会计处理。债务人应将修改其他债务条件后的债务的公允价值作为重组后债务的入账价值。将重组债务的账面价值大于重组后债务的入账价值的差额作为债务重组利得，计入营业外收入。

2. 债权人的会计处理。债权人应当将修改其他债务条件后的债权的公允价值作为重组后债权的账面价值，重组债权的账面余额与重组后债权的账面价值之间的差额作为债务重组损失，计入营业外支出。如果债权人已对该债权计提了减值准备，应当先将该差额冲减减值准备，减值准备不足以冲减的部分，确认为债务重组损失，计入营业外支出。

【例 2-7】 20×3 年 11 月 10 日，盛恒公司销售一批商品给鑫润公司，价款 260 万元（包括应收取的增值税税额）。按双方协议规定，款项应于 20×3 年 12 月 10 日之前付清。由于连年亏损，资金周转发生困难，鑫润公司不能在规定的时间内偿付盛恒公司。经协商，于 20×3 年 12 月 31 日进行债务重组。重组协议如下：盛恒公司同意豁免鑫润公司债务 10 万元，其余款项于重组日起 1 年后付清；债务延长期间，盛恒公司加收余款 2% 的利息（等于实际利率），利息与债务本金一同支付。假定盛恒公司为债权计提的坏账准备为 7.5 万元。

（1）债权人盛恒公司的账务处理如下：

债务重组损失 =260 - 250 - 7.5 =2.5（万元）

- 债务重组时：

借：应收账款——债务重组（鑫润公司） 2 500 000
　　营业外支出——债务重组损失 25 000
　　坏账准备 75 000
　　贷：应收账款——鑫润公司 2 600 000

- 1 年后 20×4 年 12 月 31 日收到本金和利息：

借：银行存款 2 550 000
　　贷：应收账款——债务重组（鑫润公司） 2 500 000
　　　　财务费用 50 000

（2）债务人鑫润公司的账务处理如下：

债务重组利得 = 260 − 250 = 10（万元）

- 债务重组时：

借：应付账款——盛恒公司 2 600 000
　　贷：应付账款——债务重组（盛恒公司） 2 500 000
　　　　营业外收入——债务重组利得 100 000

- 1 年后 20×4 年 12 月 31 日偿还本金和利息：

借：应付账款——债务重组（盛恒公司） 2 500 000
　　财务费用 50 000
　　贷：银行存款 2 550 000

（二）涉及或有应付（或应收）金额的债务重组会计处理

1. 债务人的会计处理。修改后的债务条款如果涉及或有应付金额，且该或有应付金额符合或有事项会计准则中有关预计负债确认条件的，债务人应当将该或有应付金额确认为预计负债。重组债务的账面价值与重组后债务的入账价值和预计负债金额之和的差额，作为债务重组利得，计入营业外收入。如果或有应付金额在随后的会计期间没有发生，企业应当冲销已确认的预计负债，同时确认营业外收入。

2. 债权人的会计处理。修改后的债务条款中涉及或有应收金额的，债权人不应当确认或有应收金额，不得将其计入重组后债权的账面价值。根据谨慎性原则，或有应收金额属于或有资产，或有资产不予确认。只有在或有应收金额实际发生时，才计入营业外收入。

四、以混合重组方式清偿债务的会计处理

（一）债务人的会计处理

债务重组以现金、非现金资产、债务转资本、修改其他债务条件等方式组合进行的，债务人应当依次以支付的现金、转让的非现金资产公允价值、债权人享有股份的公允价值冲减重组债务的账面价值；修改其他债务条件的，应当将修改其他债务条件后债务的公允价值作为重组后债务的入账价值。

重组债务的账面价值（冲减后的重组债务的账面价值）与重组后债务的入账价值之间的差额，作为债务重组利得，计入营业外收入。

修改后的债务条款中如涉及或有应付金额，且该或有应付金额符合预计负债的确认条件

的，债务人应当将该或有应付金额确认为预计负债。重组债务的账面价值与重组后债务的入账价值和预计负债金额之和的差额，确认为债务重组利得，计入营业外收入。

非现金资产的公允价值与其账面价值的差额作为转让资产损益。股权的公允价值与股本（或实收资本）的差额作为资本公积。

（二）债权人的会计处理

债务重组以现金、非现金资产、债务转资本、修改其他债务条件等方式组合进行的，债权人应先以收到的现金、受让的非现金资产公允价值、因放弃债权而享有的股权的公允价值冲减重组债权的账面余额，再将冲减后的差额与应收金额进行比较，据此计算债务重组损失。

债权人已对债权计提减值准备的，应当先将该差额冲减减值准备，减值准备不足以冲减的部分，确认为债务重组损失，计入营业外支出；冲减后，减值准备尚有余额的，应予以转回并抵减当期资产减值损失。

【例 2-8】 20×3 年 1 月 10 日，鑫润公司销售一批产品给盛恒公司，价款 260 万元（包括应收取的增值税税额）。至 20×3 年 12 月 31 日，鑫润公司对该应收账款计提的坏账准备为 3.6 万元。由于盛恒公司发生财务困难，无法偿还债务，与鑫润公司协商进行债务重组。20×4 年 1 月 1 日，盛恒公司与鑫润公司达成债务重组协议如下：

（1）盛恒公司以一批自产产品偿还部分债务，该批产品的账面价值为 56 万元（未提取跌价准备），公允价值为 60 万元，适用增值税率为 13%。假定同日该批产品送抵鑫润公司，盛恒公司开出增值税专用发票，鑫润公司将该批产品作为原材料验收入库。

（2）将 50 万元的债务转为盛恒公司的股份，其中 10 万元为股份面值。假定股份转让手续同日办理完毕，鑫润公司将其作为长期股权投资核算。

（3）鑫润公司同意减免盛恒公司所负全部债务扣除实物抵债和股权抵债后剩余债务的 40%，其余债务的偿还期延长至 20×4 年 6 月 30 日。

（1）债务人盛恒公司账务处理如下：

债务重组后债务的公允价值

$=[2\,600\,000-600\,000\times(1+13\%)-500\,000]\times(1-40\%)=853\,200$（元）

债务重组利得 $=2\,600\,000-678\,000-500\,000-853\,200=568\,800$（元）

借：应付账款——鑫润公司	2 600 000	
贷：主营业务收入		600 000
应交税费——应交增值税（销项税额）		78 000
股本		100 000
资本公积——股本溢价		400 000
应付账款——债务重组（鑫润公司）		853 200
营业外收入——债务重组利得		568 800
借：主营业务成本	560 000	
贷：库存商品		560 000

（2）债权人鑫润公司的账务处理如下：

债务重组损失 $=2\,600\,000-678\,000-500\,000-853\,200-36\,000=532\,800$（元）

借：原材料　600 000
　　应交税费——应交增值税（进项税额）　78 000
　　长期股权投资——盛恒公司　500 000
　　应收账款——债务重组（盛恒公司）　853 200
　　坏账准备　36 000
　　营业外支出——债务重组损失　532 800
　　贷：应收账款——盛恒公司　2 600 000

第三节　债务重组的信息披露

债务人和债权人都应在财务报表附注中披露与债务重组有关的信息。

一、债务人的信息披露

债务人应当披露以下与债务重组有关的信息：

1. 债务重组方式。债务重组方式包括以低于债务账面价值的现金清偿债务、以非现金资产清偿债务、债务转为资本、修改其他债务条件以及混合重组方式等。债务人需要披露债务重组是以哪一种方式进行的。

2. 确认的债务重组利得总额。债务人可能发生多项债务重组，并确认多项债务重组收益。债务重组准则仅要求披露确认的债务重组收益总额，不要求分别披露每项债务重组确认的债务重组收益。

3. 将债务转为资本所导致的股本（实收资本）增加额。对于股份有限公司，披露债务转为资本所导致的股本增加额；对于其他企业，披露债务转为资本所导致的实收资本增加额。债务人可能有多项债务重组涉及债务转为资本，债务重组准则仅要求披露债务转为资本所导致的股本（实收资本）总增加额，不要求分别披露每项债务重组所导致的股本（实收资本）增加额。

4. 或有应付金额。债务人可能有多项债务重组涉及或有应付金额，债务重组准则仅要求汇总披露或有应付金额，不要求分别披露每项或有应付金额。

5. 债务重组中转让的非现金资产的公允价值、由债务转成的股份的公允价值和修改其他债务条件后的公允价值的确定方法及依据。

二、债权人的信息披露

债权人应当披露以下与债务重组有关的信息：

1. 债务重组方式，同债务人的披露要求一致。

2. 债务重组损失总额。在某些债务重组交易中，债权人可能发生债务重组损失。债务重组准则仅要求披露产生的债务重组损失总额，不要求分别披露每项债务重组的损失金额。

3. 债权转为股权所导致的长期股权投资增加额及长期股权投资占债务人股权的比例。

在债权转股权的方式下，债务重组准则要求披露因此而导致的长期股权投资增加总额及长期股权投资总额占债务人股权的比例。

4. 或有应收金额。债权人可能有多项债务重组涉及或有应收金额，债务重组准则仅要求汇总披露或有应收金额，不要求分别披露每项或有应收金额。

5. 债务重组中受让的非现金资产的公允价值、由债权转成的股份的公允价值和修改其他债务条件后债权的公允价值的确定方法及依据。

思考与练习

一、单项选择题

1. 在债务人以非现金资产清偿债务的情况下，下列说法不正确的是（　　）。

A. 债务人应区分债务重组利得和资产转让损益

B. 债务人应将重组债务的账面价值与转让的非现金资产的账面价值之间的差额确认为债务重组损益

C. 债务人应将转让非现金资产的公允价值与其账面价值的差额确认为资产转让损益

D. 债务人应将重组债务的账面价值大于转让的非现金资产的公允价值之间的差额确认为债务重组利得

2. 债务人以债务转为资本清偿债务的，下列对债权人因放弃债权而享有股权的会计处理方法，正确的是（　　）。

A. 按股权的公允价值计入长期股权投资

B. 按股权所对应的债务人净资产账面价值的份额计入长期股权投资

C. 按股权所对应的债务人可辨认净资产公允价值的份额计入长期股权投资

D. 按股权所对应的股票总面值计入长期股权投资

3. 下列中债务人不需要在财务报表附注中披露的与债务重组有关的信息是（　　）。

A. 债务重组方式

B. 每项债务重组确认的债务重组收益

C. 将债务转为资本所导致的股本（实收资本）增加额

D. 或有应付金额

4. 下列中债权人不需要在财务报表附注中披露的与债务重组有关的信息是（　　）。

A. 债务重组方式

B. 确认的债务重组损失总额

C. 债权转为股权所导致的长期股权投资增加额及长期股权投资占债务人股权的比例

D. 每项债务重组的或有应收金额

5. 盛恒公司欠鑫润公司 600 万元货款，到期日为 20×3 年 10 月 30 日。盛恒公司因财务困难，经协商于 20×3 年 11 月 15 日与鑫润公司签订债务重组协议。协议规定：盛恒公司以价值 550 万元的商品抵偿欠鑫润公司上述全部债务。20×3 年 11 月 20 日，鑫润公司收到该批商品并验收入库，20×3 年 11 月 22 日办理了有关债务解除手续。该债务重组的重组日为（　　）。

A. 20×3 年 10 月 30 日
B. 20×3 年 11 月 15 日
C. 20×3 年 11 月 20 日
D. 20×3 年 11 月 22 日

6. 一般情况下，如果债务人以现金清偿某项债务，债权人应将重组债权的账面余额与收到现金之间的差额计入（　　）账户。

A. “营业外支出”
B. “管理费用”
C. “资本公积”
D. “营业外收入”

7. 下列各项以非现金资产清偿全部债务的债务重组中，属于债务人债务重组利得的是（　　）。

A. 非现金资产账面价值小于其公允价值的差额
B. 非现金资产账面价值大于其公允价值的差额
C. 非现金资产公允价值小于重组债务账面价值的差额
D. 非现金资产账面价值小于重组债务账面价值的差额

8. 盛恒公司为增值税一般纳税人，适用的增值税税率为 13%。盛恒公司与鑫润公司就其所欠鑫润公司购货款 450 万元进行债务重组。根据协议，盛恒公司以其产品抵偿债务，盛恒公司交付产品后双方的债权债务结清。盛恒公司已将用于抵债的产品发出，并开出增值税专用发票。盛恒公司用于抵债产品的账面余额为 300 万元，已计提的存货跌价准备为 30 万元，公允价值（计税价格）为 350 万元。盛恒公司对该债务重组应确认的债务重组利得为（　　）万元。

A. 54.5
B. 100
C. 120.5
D. 180

9. 以修改其他债务条件进行债务重组的，如果债务重组协议中附有或有应付金额，该或有应付金额最终没有发生的，应（　　）。

A. 冲减已确认的预计负债，同时确认营业外收入
B. 冲减营业外支出
C. 冲减财务费用
D. 冲减销售费用

10. 盛恒公司销售给鑫润公司一批商品，价款 100 万元，增值税额 13 万元，款未收到。因鑫润公司资金困难，已无力偿还盛恒公司的全部货款，经协商，20 万元延期收回，不考虑货币时间价值因素，剩余款项鑫润公司分别用一批材料和长期股权投资予以抵偿。已知材料的账面余额 25 万元，已计提跌价准备 1 万元，公允价值 30 万元，增值税税率 13%；长期股权投资账面余额 42.5 万元，已提减值准备 2.5 万元，公允价值 45 万元。鑫润公司应该计入营业外收入的金额为（　　）万元。

A. 16
B. 14.1
C. 26.9
D. 0

二、多项选择题

1. 某股份有限公司清偿债务的下列方式中，属于债务重组的有（　　）。

A. 根据转换协议将应付可转换公司债券转为资本
B. 以公允价值低于债务金额的非现金资产清偿

C. 债权人延长债务偿还期限并在展期收取比原利率小的利息

D. 以低于债务账面价值的银行存款清偿

E. 以等于债务账面价值的银行存款清偿

2. 20×3 年 3 月 31 日，盛恒公司应收鑫润公司的一笔货款 700 万元到期，由于鑫润公司发生财务困难，该笔货款预计短期内无法收回。盛恒公司已为该项债权计提坏账准备 150 万元。当日，盛恒公司就该债权与鑫润公司进行协商。下列协商方案中，属于鑫润公司债务重组的有（　　）。

A. 减免 100 万元债务，其余部分立即以现金偿还

B. 减免 100 万元债务，其余部分延期两年偿还

C. 以公允价值为 700 万元的无形资产偿还

D. 以现金 200 万元和公允价值为 500 万元的固定资产偿还

E. 以现金 200 万元和账面价值 500 万元、公允价值 400 万元的固定资产偿还

3. 债务人以现金清偿债务的情况下，债权人进行账务处理可能涉及的科目有（　　）。

A. “库存现金”　　B. “营业外支出”

C. “营业外收入”　　D. “资产减值损失”

E. “坏账准备”

4. 债务重组的方式主要包括（　　）。

A. 以资产清偿债务　　B. 将债务转为资本

C. 修改其他债务条件　　D. 上述三种方式的组合

E. 债务转移

5. 在债务人以债务转为资本清偿债务的情况下，下列说法中正确的有（　　）。

A. 债务人应将重组债务的账面价值与债权人因放弃债权而享有股份的公允价值总额之间的差额，确认为债务重组损益

B. 该项股权的公允价值与股本或实收资本之间的差额作为资本公积处理

C. 债务转为资本时，债务人可能发生的一些税费，有的可以作为抵减资本公积处理（如股票发行），有的计入当期损益

D. 债权人因放弃债权而享有的股权按股权的公允价值计入长期股权投资，发生的一些税费（如印花税）也计入长期股权投资

E. 如果债权人未对债权计提减值准备，那么债权人因放弃债权的账面余额与享有股权的公允价值之间的差额应确认为债务重组损失，计入营业外支出

6. 债务人应在财务报表附注中披露与债务重组有关的信息，主要包括（　　）。

A. 债务重组方式

B. 确认的债务重组利得总额

C. 将债务转为资本所导致的股本或实收资本增加额

D. 或有应付金额

E. 债务重组中转让的非现金资产的公允价值，由债务转成的股份的公允价值和修改其他债务条件后的公允价值的确定方法以及依据

7.《企业会计准则第 12 号——债务重组》所规范的债务重组具有以下特点（　　）。

A. 债务人发生了财务困难

B. 债务人可能发生了财务困难，也可能没有发生财务困难

C. 债权人作出了让步

D. 债务人处于持续经营状况

E. 债务人既可能处于持续经营状况，也可能处于清算状况

8. 债务重组涉及的会计确认、计量和报告问题包括（　　）。

A. 债务人是否应当区分债务重组收益与非现金资产转让损益

B. 债务人的债务重组收益是应当计入当期损益还是计入所有者权益

C. 债权人所确认的债务重组损失是否应当和债务人确认的债务重组收益相一致

D. 债务人在财务报表附注中如何披露与债务重组有关的会计信息

E. 债权人在财务报表附注中如何披露与债务重组有关的会计信息

9. 在债权人已对债权计提减值准备的情况下，关于债权人债务重组损失的确定，下列说法正确的有（　　）。

A. 债权人在确认债务重组损失之前，应先冲减重组债权的减值准备，减值准备不足以冲减的部分，确认为债务重组损失

B. 重组债权的减值准备在冲减后尚有余额的，应予以转回并抵减当期资产减值损失

C. 如果债权人对重组债权不是分别提取减值准备，而是采取一揽子提取减值准备的方法，则债权人应先计算出对应该债务人的减值准备，再确定是否确认债务重组损失

D. 债权人单独确认的债务重组损失不应小于债务人单独确认的债务重组收益

E. 应将重组债权原来确认的减值损失全部转为债务重组损失

10. 债权人应在财务报表附注中披露与债务重组有关的信息，主要包括（　　）。

A. 债务重组方式

B. 确认的债务重组损失总额

C. 债权转为股权所导致的长期股权投资增加额及长期股权投资占债务人股权的比例

D. 或有应收金额

E. 债务重组中受让的非现金资产的公允价值、由债权转成的股份的公允价值和修改其他债务条件后债权的公允价值的确定方法及依据

三、判断题

1. 只要债务重组时确定的债务偿还条件不同于原协议，不论债权人是否作出让步，均属于准则定义的债务重组。（　　）

2. 无论是债务人还是债权人，均不可能由于债务重组而产生营业外收入。（　　）

3. 债务重组方式包括以资产清偿债务、将债务转为资本、修改其他债务条件等，但以上三种方式的组合不属于准则规范的债务重组方式。（　　）

4. 债务重组中，债务人的会计处理不会涉及“资本公积”科目。（　　）

5. 债务人以债务转为资本清偿债务的，债务人应将重组债务的账面价值与债权人因放弃债权而享有股份的公允价值总额之间的差额，确认为债务重组损益。（　　）

6. 债权人已对债权计提减值准备的，应当先冲减减值准备，减值准备不足以冲减的部

分，确认为债务重组损失，计入营业外支出；冲减后，减值准备尚有余额的，应予以转回并抵减当期资产减值损失。（　）

7. 对于同一债务重组事项，债务方单独确认的债务重组利得不可能小于债权方单独确认的债务重组损失。（　）

8. 债权人对重组债权已经计提的减值准备越多，其受到的债务重组损失越小。（　）

9. 如果修改后的债务条款中涉及或有应收金额，债权人应当确认或有应收金额，将其计入重组后债权的账面价值。（　）

10. 在债权人已对重组债权计提减值准备的情况下，债权人应将重组债权原来确认的减值损失全部转为债务重组损失。（　）

四、计算分析与账务处理题

1. 甲公司欠乙公司购货款70万元，由于甲公司发生财务困难，短期内不能支付已于5月30日到期的货款。7月12日，双方协商，甲公司以其生产的产品偿还债务，该产品公允价值为40万元，实际成本为24万元。乙公司于8月15日收到甲公司抵债的产品，并作为原材料验收入库。两公司均为增值税一般纳税人，税率13%。乙公司对该项应收账款计提了坏账准备10万元。假定不考虑其他相关税费。

【要求】计算甲、乙公司相关损益并编制相关会计分录。

2. 甲公司于20×3年1月1日销售给乙公司一批产品，价值25万元（包括应收取的增值税税额）。按购销合同约定，乙公司应于20×3年10月31日前支付货款。由于乙公司发生财务困难，短期内不能支付货款。20×4年2月3日，经过协商，甲公司同意乙公司以一台设备偿还债务。该项设备的账面原价为17.5万元，已提折旧2.5万元，设备的公允价值为18万元。甲公司对该项应收账款提取坏账准备1万元。设备已于20×4年3月10日运抵甲公司。假定不考虑与该项债务重组相关的税费。

【要求】计算甲、乙公司相关损益并编制相关会计分录。

3. 20×4年2月10日，乙公司销售一批产品给甲公司，应收账款20万元（包括应收取的增值税税额），合同约定6个月后结清款项。6个月后，由于甲公司发生财务困难，无法支付货款，与乙公司协商进行债务重组。经双方协议，乙公司同意甲公司将该债务转为甲公司的股份。乙公司对该项应收账款计提了坏账准备1万元。假定转股后甲公司注册资本为1 000万元，净资产的公允价值为1 520万元，抵债股权占甲公司注册资本的1%。假定相关手续已办理完毕，且不考虑其他相关税费。

【要求】计算甲、乙公司相关损益并编制相关会计分录。

4. 甲公司20×3年12月31日应收乙公司票据的账面余额为13.08万元，其中10 800元为累计应收的利息，票面年利率4%。由于乙公司连年亏损，资金周转困难，不能偿付到期的应付票据。经双方协商，于20×4年1月1日进行债务重组。甲公司同意将债务本金减至10万元，免去债务人所欠的全部利息，将利率从4%降低到2%（等于实际利率），并将债务到期日延至20×5年12月31日，利息按年支付。该项债务重组协议从协议签订日起开始实施。两公司已将应收、应付票据转入应收、应付账款。甲公司已为该项应收款项计提了坏账准备5 000元。假定不考虑相关税费。

【要求】计算甲、乙公司相关损益并编制相关会计分录。

5. 20×3 年 5 月 28 日，甲公司从乙公司采购原材料一批，甲公司因暂时无法付款，向乙公司签发并承兑一张面值 25 万元、年利率 10%、1 年期、到期还本付息票据。20×4 年 5 月 28 日，票据到期，但甲公司的财务状况仍没有显著改善，无法按时兑现票据。经与乙公司协商，达成了以下债务重组协议：甲公司支付 10 万元银行存款，用一辆轿车抵偿 7.5 万元的债务，其余债务转作甲公司 1% 的股权，甲公司股票面值 1 元，乙公司共拥有甲公司股票 5 万股。抵债的轿车原值 15 万元，已经计提折旧 5 万元，评估确认的公允价值为 6 万元；用于抵债的股权的公允价值为 6 万元。甲公司将抵债的轿车作为固定资产管理。假定不考虑相关税费。

【要求】计算甲、乙公司相关损益并编制相关会计分录。

第三章

外币业务

学习目标

- □ 明确外汇、汇率与汇兑损益等外币业务的基本概念和基本理论
- □ 理解记账本位币的含义和确定原则
- □ 掌握外币交易业务的主要类型及其会计处理方法
- □ 熟练掌握我国会计准则对外币财务报表折算处理的要求和折算方法
- □ 了解外币业务信息披露的具体内容

学习指导

本章主要阐述外币交易与外币折算等相关概念及其会计处理方法和外币报表折算方法。通过本章学习，学生应当理解记账本位币的确定条件；掌握外币兑换、外币投资、期末外币折算会计处理的内容及其过程；熟练掌握外币交易业务的会计处理方法，以及我国会计准则对外币财务报表折算处理的要求。

学习重点

理解并掌握外币兑换、外币购销、外币借款、接受外币资本投资等业务的初始确认及其会计处理方法；掌握货币性项目和非货币性项目的期末调整；熟练掌握外币财务报表折算方法。

学习难点

外币交易期末调整或结算中汇兑差额的会计处理；外币财务报表折算中折算汇率的选择和折算差额的处理。

第一节　外币业务概述

一、外币与外汇

外币，是指除了本国货币以外的其他国家或地区的货币。

外汇，是外币资金的总称。按照国际货币基金组织的解释，外汇是货币行政管理当局以银行存款、国库券、长短期政府债券等形式保有的在国际收支逆差时可以使用的债权。我国《外汇管理暂行条例》规定，外汇是指以外币表示的用于国际结算的支付手段以及可用于国际支付的特殊债券和其他货币资产。具体包括：（1）外国货币，包括纸币、铸币等；

（2）外币有价证券，包括政府公债、国库券、公司债券、股票、息票等；（3）外汇收支凭证，包括票据、银行存款凭证、邮政储蓄凭证等；（4）其他外汇资金。

外币业务主要包括外币兑换业务、外币购销业务、外币借款业务、接受外币资本投资业务，以及外币报表折算。

二、记账本位币

（一）记账本位币与列报货币

记账本位币，是指作为会计基本计量尺度的货币，它是企业经营所处的主要经济环境中的货币。通常它是企业主要收支现金的经济环境中的货币。对于发生多种货币计价的企业，需要选择一种统一的作为会计基本计量尺度的记账货币，并以该种货币计量和处理经济业务。

列报货币，是指企业列报财务报表时所采用的货币。同一企业的记账本位币与列报货币可能一致，也可能不一致。如我国企业的正式编表货币只能是人民币，而记账本位币是可以选择的，既可以是人民币，也可以是人民币以外的其他货币。

我国《企业会计准则第19号——外币折算》规定，企业通常应选择人民币作为记账本位币，业务收支以人民币以外的货币为主的企业，也可以选定其中一种货币作为记账本位币，但是，编报的财务报表应当折算为人民币。

（二）记账本位币的确定

1. 企业选定记账本位币时应考虑的因素。企业应当根据经营所处的主要经济环境选定记账本位币。在选定记账本位币时，应当考虑下列因素：

（1）该货币主要影响商品和劳务的销售价格的情况下，通常以该种货币进行商品和劳务的计价和结算；

（2）该货币主要影响商品和劳务所需人工、材料和其他费用的情况下，通常以该货币进行上述费用的计价和结算；

（3）融资活动获得的货币以及保存从经营活动中收取款项所使用的货币。

应当指出，在确定企业记账本位币时，上述因素的重要程度因企业的具体情况不同而不同，需要企业管理当局根据实际情况进行判断。但这并不是说企业管理当局可以根据需要随意选择记账本位币，根据实际情况确定的记账本位币只能是一种货币。

2. 企业境外经营记账本位币的确定。所谓境外经营，是指企业在境外的子公司、合营企业、联营企业、分支机构。在境内的子公司、合营企业、联营企业、分支机构，采用不同于本企业记账本位币的，也视同境外经营。

企业在选定境外经营的记账本位币时，还应当考虑下列因素：

（1）境外经营对其所从事的活动是否拥有很强的自主性；

（2）境外经营活动中与企业的交易是否占有较大比重；

（3）境外经营活动产生的现金流量是否直接影响企业的现金流量，是否可以随时汇回；

（4）境外经营活动产生的现金流量是否足以偿还其现有债务和可预期的债务。

（三）记账本位币的变更

企业记账本位币一经确定，不得随意变更，除非企业经营所处的主要经济环境发生重大变化。这里通常是指企业主要收入和支出现金的环境发生了重大变化，使用该环境中的货币最能反映企业的主要交易业务的经济结果。

企业因经营所处的主要经济环境发生重大变化，确实需要变更记账本位币的，应当采用变更当日的即期汇率将所有项目折算为变更后的记账本位币，折算后的金额作为以新的记账本位币计量的历史成本。采用同一即期汇率进行折算时，不会产生汇兑损益。企业因经营所处的主要经济环境发生重大变化，需要提供确凿的证据，并应在报表附注中披露变更的理由。

三、汇率

汇率，是指以一国货币表示另一国货币的价格，也是一国货币折算成另一国货币的比率。

（一）汇率的表述方式

汇率有直接标价法和间接标价法两种表述方式。

1. 直接标价法，又称应付标价法，是指每单位外币可以兑换的本国货币金额。例如，以人民币为本国货币，美元为外币，1 美元 =6.8 元人民币。直接标价法是国际通用的表述方法，我国和世界上大多数国家都采用直接标价法。

2. 间接标价法，又称应收标价法，是指每单位本国货币可以兑换的外币金额。例如，以人民币为本国货币，美元为外币，1 元人民币 =0.147 美元。目前，世界上只有美国和英国采用间接标价法，但美国对英国采用直接标价法。

（二）汇率的种类

汇率的分类可按照不同的标准进行。

1. 固定汇率与浮动汇率。按照汇率的制定和使用方式，汇率可分为固定汇率与浮动汇率。固定汇率，也称法定汇率或官方汇率，是指政府为稳定外汇市场而规定的外汇汇率。在对外汇进行管制的国家，固定汇率通常表示为国家公布的外汇牌价。浮动汇率，也称市场汇率，是指随市场供求关系而变动的汇率。

2. 买入汇率、卖出汇率与中间汇率。依从事外汇经营的银行和经纪人的角度，汇率可分为买入汇率和卖出汇率。买入汇率，又称买入价，是指外汇银行向客户买进外汇的汇率。它表示买入一定数额的外汇需要付出多少本国货币。卖出汇率，又称卖出价，是指外汇银行向客户卖出外汇的汇率。它表示卖出一定数额的外汇要收回多少本国货币。中间汇率，又称中间价，是指买入汇率和卖出汇率的平均价。银行的卖出价一般高于买入价，买入与卖出汇率之间的差额即为经营外汇交易的银行外汇买卖的收益。

3. 即期汇率与远期汇率。按照外汇交易的交割期限，汇率可分为即期汇率与远期汇率。即期汇率，又称现汇汇率，是指买卖外汇双方成交当天或两天以内进行交割的汇率。远期汇率，也称期汇汇率，是指在未来一定时期进行交割的、事先由买卖双方签订合同并达成协议的汇率。

无论买入价，还是卖出价，均是立即交付的结算价格，都属于即期汇率。企业用于记账的即期汇率一般指当日中国人民银行公布的人民币汇率的中间价。但是，在企业发生单纯的货币兑换交易或涉及货币兑换的交易时，仅用中间价不能反映货币买卖的损益，还需要使用买入价或卖出价折算。

4. 现行汇率与历史汇率。按照汇率记入账中的时间，汇率可分为现行汇率和历史汇率。现行汇率，又称记账汇率，是指外币业务发生时入账或编制报表时采用的汇率。历史汇率，又称账面汇率，是指最初取得外币资产或承担外币负债时入账所采用的汇率。历史汇率是相对现行汇率而言的。

四、汇兑损益

（一）汇兑损益的概念

汇兑损益，是指在外币业务折算为记账本位币记账时，由于业务发生的时间不同、所采用的汇率不同而产生的记账本位币的差额；或者是不同货币兑换时，由于两种货币采用的汇率不同而产生的折算为记账本位币的差额。它给企业带来收益或者损失，也是衡量企业外汇风险的一个指标。

（二）汇兑损益的种类

1. 按业务归属划分。汇兑损益根据其业务划分，一般可分为四种经常性汇兑损益：

（1）交易损益，是指在以外币计价或结算的商品交易中，因收回或偿付债权债务而产生的交易汇兑损益。

（2）兑换损益，是指在外币与记账本位币，或一种外币与另一种外币进行兑换时产生的兑换汇兑损益。

（3）调整损益，是指在会计期末将所有外币债权、债务和外币货币资金账户按规定的汇率进行调整时而产生的汇兑损益。

（4）折算损益，是指在会计期末，为了编制合并财务报表或为了重新表述会计记录和财务报表金额，而把按外币计量的金额转化为记账本位币计量的金额的过程中产生的折算汇兑损益。

2. 按本期实现与否划分。汇兑损益按其是否已经在本期实现，可分为以下两类：

（1）已实现的汇兑损益，是指产生汇兑损益的外币业务在本期内已经全部完成所产生的汇兑损益。例如，收到的外币存款已实际支付；应收的外币债权已实际收回；应付的外币债务已实际偿还；不同货币已实际兑换。一般来说，交易损益和兑换损益属于已实现汇兑损益。

（2）未实现的汇兑损益，是指产生汇兑损益的外币业务尚未完成。例如，收到的外币存款尚未实际支付；应收的外币债权尚未实际收回；应付的外币债务尚未实际偿还；一种货币尚未兑换为另一种货币。一般来说，调整损益和折算损益属于未实现的汇兑损益。

（三）汇兑损益的处理

在我国会计实务中，大多数企业主张将本期已实现和未实现的汇兑损益全部计入当期损益。只要汇率发生变动，就确认其汇兑损益已经实现。期末对于各项外币货币性项目均按照规定的汇率作为折算汇率，重新调整所有外币账户的余额。产生的汇兑损益不论是否在本期内已经实现，全部计入当期损益。在具体工作有两种做法：一种是每年年末根据规定的汇率调整外币账户；另一种是每月月末根据规定的汇率调整外币账户。另外还有一种观点认为，本期汇兑损益的确认应以实现为准，即只有已实现的汇兑损益才能作为本期的汇兑损益登记入账，未实现的汇兑损益不能确认入账，待以后实现时才能予以确认。

关于汇兑损益的具体处理，我国《企业会计准则》有以下规定：

1. 外币货币性项目，采用资产负债表日即期汇率折算。因资产负债表日即期汇率与初始确认或者前一资产负债表日即期汇率不同而产生的汇兑损益，计入当期损益。

2. 以历史成本计量的外币非货币性项目，仍采用交易发生日的即期汇率折算，不改变其记账本位币金额，由于已在交易发生日按当日即期汇率折算，资产负债表日不应改变其原记账本位币金额，不产生汇兑差额。

3. 以公允价值计量的外币非货币性项目，如交易性金融资产（股票、基金等），采用公允价值确定日的即期汇率折算，折算后的记账本位币金额与原记账本位币金额的差额，作为公允价值变动（含汇率变动）处理，计入当期损益。

4. 企业收到投资者以外币投入的资本，应当采用交易发生日即期汇率折算。不得采用合同约定汇率和即期汇率的近似汇率折算，外币投入资本与相应的货币性项目的记账本位币金额之间不产生外币资本折算差额。

5. 企业编制合并财务报表涉及境外经营的，如有实质上构成对外经营净投资的外币货币性项目，因汇率变动而产生的汇兑差额，应列所有者权益“外币报表折算差额”项目；处置境外经营时，计入处置当期损益。

五、外币业务类型与外币业务记账方法

（一）外币业务及其类型

外币业务包括外币交易和外币财务报表折算。外币交易，是指企业以外币计价或者结算的交易。根据《企业会计准则》的规定，不论企业以何种货币作为记账本位币，均可能存在外币交易。如果企业以外币作为记账本位币，该企业与其他企业发生的以人民币计价的交易则为外币交易。尽管外币交易本身是以非记账本位币计量的，但会计上计量和记录这些交易时必须将其表述为记账本位币。外币业务主要有以下几种类型：

1. 外币购销业务，即买入或者卖出以外币计价的商品、劳务或者设备等。

2. 外币借款和接受外币投资业务，即借入或者借出外币资金以及接受外币投资。

3. 外币兑换业务，即进行货币之间的相互兑换。

4. 外币项目余额的期末调整，即在会计期末将以外币计价的交易事项进行期末汇率的折算调整。

5. 外币折算业务，即将以某种外币表述的财务报表折算为以另一种货币表述的财务报表。

6. 其他以外币计价或者结算的交易。

（二）外币业务的记账方法

外币业务的记账方法有外币统账法和外币分账法两种，企业可根据实际情况加以选择。

1. 外币统账法。外币统账法，又称外币统账制，是指企业发生外币业务时，即折算为记账本位币入账。采用外币统账制进行外币核算，将外币折算为记账本位币时，有当日汇率法和期初汇率法两种方法可供选择。

（1）当日汇率法。当日汇率法，是对每笔外币业务均按业务发生当天的市场汇率折算为记账本位币。除了外币兑换业务外，平时不确认汇兑损益，月末再将各外币账户的外币余额按月末汇率折合为记账本位币金额，折合后的记账本位币金额与账面记账本位币金额的差额，确认为汇兑损益。采用该方法，需要了解每日的市场汇率信息，增加了会计工作量，一般适用于外币种类较少、外币业务量较少的企业。

（2）期初汇率法。期初汇率法，是对每笔外币业务均在发生时按当期期初（即当月1日）的市场汇率折合为记账本位币。除了外币兑换业务外，平时不确认汇兑损益，月末再将各外币账户的外币余额按月末汇率折合为记账本位币金额，并将其与账面记账本位币金额的差额确认为汇兑损益。采用该方法只需掌握每月1日的市场汇率信息，减少了会计工作量，适用于外币业务较多的企业。

2. 外币分账法。外币分账法，又称外币分账制，是指企业在外币业务发生时，直接按照原币记账，不需要按一定的汇率折算成记账本位币，月末再将所有原币的发生额按一定的市场汇率折算为记账本位币，并确认汇兑损益。采用这种方法，需要按币种分设账户，分币种核算损益。这种方法减少了日常会计核算的工作量，又可及时、准确地反映外币业务情况，一般适用于外币业务繁多的企业。

对于上述两种方法，我国目前绝大多数企业采用外币统账制，而外币交易频繁、外币币种较多的金融企业一般采用外币分账制。

第二节　外币交易的会计处理

一、外币交易会计处理的基本方法

外币商品购销交易中，如果货物的交易和款项的结算没有同时进行，相应的会计处理方法取决于企业在记录外币交易业务时所选择的观点，即单一交易观点和两项交易观点。

（一）单一交易观点

单一交易观点，又称一笔业务交易观点，是指企业将发生的购货或销货业务以及以后的账款结算视为一项交易的两个阶段。在这种观点下，汇率变动的影响应作为原入账销售收入或购货成本的调整，即按记账本位币计量的销售收入和购货成本最终取决于结算日的汇率。

（二）两项交易观点

两项交易观点，又称两笔业务交易观点，是指对企业的购货或销货业务，将交易的发生和以后的货款结算视为两项交易。在这种观点下，购货成本或销售收入均按照交易日的汇率确定，而与结算日的汇率无关。在交易中形成的外币债权债务将承受汇率变动风险，即确认的购货成本或销售收入取决于交易日的汇率。我国大多数企业采用两项交易观点。

二、主要外币交易的会计处理

企业应按会计核算的需要设置外币账户，外币账户包括外币现金、外币银行存款以及外币结算的债权（如应收账款、应收票据、预付账款等）和债务（如短期借款、长期借款、应付账款、应付票据、应付职工薪酬、应付股利、预收账款等）。不允许开立现汇账户的企业，应设置除外币现金和外币银行存款以外的其他外币账户，用以核算企业发生的外币业务。

外币交易应当在初始确认时，采用交易发生日的即期汇率将外币金额折算为记账本位币，也可以按照系统合理的方法确定的、与交易日即期汇率近似的汇率折算。

（一）外币购销业务

企业发生买入或者卖出以外币计价的商品或者劳务时，应按交易发生时的即期汇率将外币金额折合为记账本位币入账。

【例3-1】 盛恒公司20×3年12月15日以赊购方式从美国某公司进口商品一批，计10 000美元，当天的汇率为￥6.0180 = $1.0000；12月31日的汇率为￥6.0140 = $1.0000；结算日为20×4年2月16日，当天汇率为￥6.0100 = $1.0000。买卖双方约定货款以美元结算，盛恒公司所选择的记账本位币为人民币。按照两项交易观点进行账务处理。假定不考虑增值税等相关税费。

20×3年12月15日，购货业务按交易日汇率入账：

借：库存商品　　60 180

　　贷：应付账款——美元户（$10 000×6.0180）　　60 180

20×3年12月31日，按年末汇率调整原已入账的存货成本，假定该存货没有出售：

借：应付账款——美元户　　40

　　贷：财务费用——汇兑差额［$10 000×（6.0180-6.0140）］　　40

20×4年2月16日结算时，在该存货尚未出售的情况下：

借：应付账款——美元户（$10 000×6.0140）　　60 140

　　贷：财务费用——汇兑差额［$10 000×（6.0100-6.0140）］　　40

　　　　银行存款——美元户（$10 000×6.0100）　　60 100

【例3-2】 盛恒公司20×3年12月15日以赊销方式向美国某公司出口商品一批，计10 000美元，当天的汇率为￥6.0180 = $1.0000；12月31日的汇率为￥6.0140 = $1.0000；结算日为20×4年2月16日，当天汇率为￥6.0100 = $1.0000。买卖双方约定货款以美元结算，盛恒公司所选择的记账本位币为人民币。按照两项交易观点进行账务处理。假定不考虑增值税等相关税费。

20×3 年 12 月 15 日，按交易日汇率反映出口商品销售：

借：应收账款——美元户（$ 10 000×6.0180）　　60 180

　　贷：主营业务收入　　60 180

20×3 年 12 月 31 日，按年末汇率确认未结算交易损益：

借：财务费用——汇兑差额［$ 10 000×（6.0180－6.0140）］　　40

　　贷：应收账款——美元户　　40

20×4 年 2 月 16 日结算时，确认汇兑损益，并将收讫的款项存入银行：

借：银行存款——美元户（$ 10 000×6.0100）　　60 100

　　财务费用——汇兑差额［$ 10 000×（6.0100－6.0140）］　　40

　　贷：应收账款——美元户（$ 10 000×6.0140）　　60 140

（二）外币借款业务

企业外币借款是企业外币筹资的重要方式。企业应将借入的外币按当日即期汇率折算为记账本位币入账。

【例 3－3】 盛恒公司 20×3 年 7 月 1 日从银行借入一年期贷款 10 000 美元，年利率为 5%，借款当天的即期汇率为￥6.0200＝$ 1.0000；20×3 年 12 月 31 日的即期汇率为￥6.0140＝$ 1.0000；20×4 年 7 月 1 日偿还贷款本金，还款当天的即期汇率为￥6.0100＝$ 1.0000。

20×3 年 7 月 1 日，将借入的外币按当天的即期汇率折算为人民币入账：

借：银行存款——美元户（$ 10 000×6.0200）　　60 200

　　贷：短期借款——美元户（$ 10 000×6.0200）　　60 200

20×3 年 12 月 31 日，计提 20×3 年下半年应付利息：

应付利息＝$ 10 000×5%×6/12×6.0140＝￥1 503.5

借：财务费用——利息支出　　1 503.5

　　贷：应付利息——美元户　　1 503.5

20×3 年 12 月 31 日，计算由于汇率变化形成的汇兑损益：

借：短期借款——美元户［$ 10 000×（6.0140－6.0200）］　　60

　　贷：财务费用——汇兑差额　　60

20×4 年 7 月 1 日计算利息：

借款利息总额＝$ 10 000×5%×6.0100＝￥3 005

20×4 年上半年利息＝$ 10 000×5%×6/12×6.0100＝￥1 502.5

借：应付利息——美元户　　1 503.50

　　财务费用——利息支出　　1 502.50

　　贷：银行存款——美元户　　3 005.00

　　　　财务费用——汇兑差额　　1.00

20×4 年 7 月 1 日归还外币贷款本金：

借：短期借款——美元户（$ 10 000×6.0140）　　60 140

　　贷：银行存款——美元户（$ 10 000×6.0100）　　60 100

　　　　财务费用——汇兑差额　　40

（三）接受外币投资业务

根据我国《企业会计准则》规定，企业收到投资者以外币投入的资本，应当采用交易发生日即期汇率折算，不得采用合同约定汇率和即期汇率的近似汇率折算，外币投入资本与相应的货币性项目的记账本位币金额之间不产生外币资本折算差额。

【例3－4】 盛恒公司收到某外商的外币投入资本20 000美元，收到出资当天的即期汇率为￥6.0180＝$1.0000。

借：银行存款——美元户（$20 000×6.0180）　　120 360

　　贷：实收资本——美元户（$20 000 ×6.0180）　　120 360

（四）外币兑换业务

外币兑换业务，是指企业从银行买入外币或将外币卖给银行以及将一种外币兑换为另一种外币的经济业务。

1. 企业将外币卖给银行。企业按规定将持有的外币卖给银行时，银行买进外汇并按其买入价将人民币兑付给企业。企业应按实际收到的人民币金额借记“银行存款——人民币户”账户，按向银行结售的外币与企业选定的汇率折合的人民币金额贷记“银行存款——外币户”账户，将两者之间的差额记入“财务费用——汇兑损益”账户。

【例3－5】 盛恒公司将其所持有的20 000美元卖给银行，当天银行买入价为￥6.0180＝$1.0000，卖出价为￥6.0380＝$1.0000。该公司按当月1日汇率￥6.0280＝$1.0000作为折算汇率。

借：银行存款——人民币户　　120 360

　　财务费用——汇兑差额　　200

　　贷：银行存款——美元户（$20 000 ×6.0280）　　120 560

2. 企业从银行买入外币。企业因业务需要从银行买入外币时，银行按其卖出价向企业收取人民币。企业应按交易当天的即期汇率或按系统的、合理的方法确定的即期汇率的近似汇率折合的人民币金额，借记“银行存款——外币户”账户，按实际付出的人民币金额，贷记“银行存款——人民币户”账户；将两者之间的差额记入“财务费用——汇兑损益”账户。

【例3－6】 盛恒公司从银行买入20 000美元，当天银行买入价为￥6.0180＝$1.0000，卖出价为￥6.0380＝$1.0000。该公司按当月1日汇率￥6.0280＝$1.0000作为折算汇率。

盛恒公司会计处理如下：

借：银行存款——美元户（$20 000×6.0280）　　120 560

　　财务费用——汇兑差额　　200

　　贷：银行存款——人民币户（$20 000×6.0380）　　120 760

（五）会计期末外币项目余额的调整

1. 外币货币性项目的调整。外币货币性项目，是指企业持有的货币资金和将以固定金额或可确定的金额收取的资产或者偿付的负债。货币性项目分为货币性资产和货币性负债。货币性资产包括库存现金、银行存款、应收账款、其他应收款和长期应收款等；货币性负债包括短期借款、应付账款、其他应付款、长期借款、应付债券和长期应付款等。

在资产负债表日，企业应对各种外币货币性账户的期末余额，按照期末即期汇率折算为记账本位币金额。将按期末即期汇率折合的记账本位币金额与原账面记账本位币金额之间的差额，作为汇兑损益，记入“财务费用”或有关账户。

【例 3－7】 盛恒公司根据有关外币货币性账户的余额和资产负债表日的即期汇率等数据资料，编制的期末外币货币性账户余额调整计算表，见表 3－1。

表 3－1 **期末外币货币性账户余额调整计算表** 单位：美元

外币账户名称	美元余额	期末 即期汇率	调整后 人民币余额	调整前 人民币余额	差额
银行存款	1 000	6.0200	6 020	7 000	980
应收账款	0	6.0200	0	280	280
应付账款	300	6.0200	1 806	1 700	106
短期借款	2 000	6.0200	12 040	12 760	720
合　计					646

根据上述计算结果，盛恒公司调整外币账户余额的会计分录如下：

借：短期借款——美元户　　720
　　财务费用——汇兑差额　　646
　　贷：银行存款——美元户　　980
　　　　应收账款——美元户　　280
　　　　应付账款——美元户　　106

2. 外币非货币性项目的调整。外币非货币性项目，是指货币性项目以外的项目，如存货、长期股权投资、交易性金融资产、固定资产、无形资产等。

（1）以历史成本计量的外币非货币性项目的调整。对于以历史成本计量的外币非货币性项目，若已在交易发生日按当日即期汇率折算，资产负债表日不应改变其原记账本位币金额，不产生汇兑损益。

【例 3－8】 盛恒公司的记账本位币是人民币，20×3 年 12 月 16 日进口设备一台，该设备价款为 500 万美元，设备价款尚未支付。当天的即期汇率为￥6.0380 = $ 1.0000，20×3 年 12 月 31 日的即期汇率为￥6.0200 = $ 1.0000。假定不考虑相关税费的影响。

分析： 该台设备属于企业的固定资产，在购入时已按交易发生日的即期汇率折算为人民币 3 019 万元。由于固定资产属于非货币性项目，因此在 20×3 年年末无需对其进行调整。

（2）以成本与可变现净值孰低计量的外币非货币性项目的调整。对于以成本与可变现净值孰低计量的外币非货币性项目，如存货，如果其可变现净值以外币确定，在确定存货的期末价值时，应先将可变现净值折算为记账本位币，再与以记账本位币反映的存货成本进行比较。

【例 3-9】　盛恒公司以人民币为记账本位币。20×3 年 10 月 2 日，从美国采购国内市场尚无的 A 商品 100 000 件，每件价格为 10 美元，当日即期汇率为￥6.0380 = $ 1.0000。20×3 年 12 月 31 日，尚有 10 000 件 A 商品未销售出去，当日即期汇率是￥6.0200 = $ 1.0000。国内市场仍无 A 商品供应，但 A 商品在国际市场的价格已降至每件 8 美元。假定不考虑增值税等相关税费。

20×3 年 10 月 2 日，购入 A 商品：

借：库存商品——A 商品　　6 038 000

　　贷：银行存款——美元户（$ 10×100 000×6.0380）　　6 038 000

20×3 年 12 月 31 日，计提存货跌价准备：

存货跌价准备 = $ 10×10 000×6.0380 - $ 8×10 000×6.0200 = 122 200（元）

借：资产减值损失　　122 200

　　贷：存货跌价准备　　122 200

（3）以公允价值计量的外币非货币性项目的调整。对于以公允价值计量的股票、基金等非货币性项目，如果期末的公允价值以外币反映，则应当先将该外币按照公允价值确定当日的即期汇率折算为记账本位币金额，再与原记账本位币金额进行比较，其差额作为公允价值变动损益，计入当期损益。

【例 3-10】　盛恒公司以人民币作为记账本位币，20×3 年 12 月 3 日以每股 1.5 美元的价格购入鑫润公司 B 股 1 000 股作为交易性金融资产，当日即期汇率为￥6.0380 = $ 1.0000，款项已付清。20×3 年 12 月 31 日，由于股市价格变动，当月 3 日购入鑫润公司 B 股的市价为每股 2 美元，当日即期汇率为￥6.0200 = $ 1.0000。20×4 年 2 月 8 日，该公司将所购 B 股股票以每股 2.3 美元全部售出，当日即期汇率为￥6.0180 = $ 1.0000。假定不考虑相关税费的影响。

20×3 年 12 月 3 日购入鑫润公司 B 股 1 000 股作为交易性金融资产：

借：交易性金融资产——成本（$ 1 000×1.5×6.0380）　　9 057

　　贷：银行存款——美元户（$ 1 000×1.5×6.0380）　　9 057

20×3 年 12 月 31 日，将公允价值变动（含汇率变动）计入当期损益：

借：交易性金融资产——公允价值变动［$ 1 000×（2×6.0200 - 1.5×6.0380）］　　2 983

　　贷：公允价值变动损益　　2 983

20×4 年 2 月 8 日，将所购 B 股股票全部售出：

借：银行存款——美元户（$ 1 000×2.3×6.0180）　　138 414

　　公允价值变动损益　　2 983

　　贷：交易性金融资产——成本　　9 057

　　　　　　　　　　　——公允价值变动　　2 983

　　　　投资收益　　47 844

第三节　外币财务报表折算

一、外币财务报表折算的主要会计问题

外币财务报表折算，是指将以某一种货币反映的财务报表按照一定的汇率折算为以另一种货币反映的财务报表的行为。

随着国际交往的日益频繁，企业跨国经营逐渐增多，母公司与其国外子公司的个别会计报表采用不同货币表述的情况也不可避免。为了编制合并报表，反映跨国公司整体的财务状况、经营成果以及现金流量，以满足企业投资者、债权人等有关方面的决策需要，必须将国外子公司的会计报表按母公司报表所用货币进行表述。外币报表折算的目的主要是为了满足跨国经营的控股公司与其在国外附属公司财务报表折算后合并的需要。

外币财务报表折算主要涉及以下两大会计问题：（1）折算汇率的选择。在外币报表折算过程中，存在着历史汇率、现行汇率和平均汇率，不同的报表项目对汇率变化的反映程度不同，因此，如何选择折算汇率一直为人们所争论；（2）对由于外币财务报表中各项目因采用不同的折算汇率而产生的折算差额如何处理。

二、外币财务报表折算的基本方法

目前，世界各国对外币财务报表折算方法主要有以下四种：

（一）现行汇率法

现行汇率法，是对外币资产负债表中的所有资产负债项目均按现行汇率折算。具体折算方法是：对于所有的资产负债项目均按现行汇率折算；对于收入和费用项目均按平均汇率折算；对于实收资本项目按发生时的历史汇率折算。在现行汇率法下，企业可先折算利润表和留存收益表，然后再折算资产负债表。外币报表折算差额在资产负债表的股东权益中以“报表折算差额”项目单独列示，不予摊销，作递延处理。我国《企业会计准则》规定：企业需采用现行汇率法进行外币财务报表折算。

（二）流动与非流动项目法

流动与非流动项目法，是将资产负债表项目按其流动性划分为流动项目和非流动项目两类。对于流动资产和流动负债项目按报表编制日的现行汇率折算；对于非流动项目按资产取得或负债发生时的历史汇率折算；对于利润表项目，除了折旧费和摊销费用等按其相关资产取得时的历史汇率折算外，其他收入和费用项目均按会计报告期内的平均汇率折算。

（三）货币性与非货币性项目法

货币性与非货币性项目法，是将资产负债表项目划分为货币性项目和非货币性项目两

类。对于货币性项目，按现行汇率折算；对于非货币性项目，按其取得或发生时的历史汇率折算；对于利润表项目，除了折旧费用和摊销费用等按其相关资产取得时的历史汇率折算外，其他收入和费用项目均按会计报告期内的平均汇率折算。这种方法和流动与非流动项目法的主要区别在于存货的折算，在流动与非流动项目法下，存货是按现行汇率折算的，而采用这种方法对存货则按历史汇率折算。

（四）时态法

时态法，又称时间量度法，是针对资产负债表项目的计量方法和时间的不同而选择不同汇率进行折算的一种方法。具体折算方法是：对于现金、应收和应付项目，不论是按原始成本还是按现行成本计价，均按现行汇率折算；对于其他资产负债项目，如果在子公司财务报表上以历史成本计价，则按历史汇率折算，如果在子公司财务报表上以现行成本计价，则按现行汇率折算；对于所有者权益项目，按发生时的历史汇率折算；对于利润表项目，除了折旧费用和摊销费用等按其相关资产取得时的历史汇率折算外，其他项目均按平均汇率折算。在时态法下，企业可先折算资产负债表，然后再折算利润表和留存收益表，外币资产负债表和收益表项目在折算过程中形成的折算损益均应确认为当期损益。目前国际上广泛采用这种方法。

三、我国企业境外经营财务报表的折算

我国《企业会计准则第 19 号——外币折算》要求：在对企业境外经营财务报表进行折算前，应当调整境外经营的会计期间和会计政策，使之与境内企业会计期间和会计政策相一致。根据调整后的会计政策及会计期间编制相应货币（记账本位币以外的货币）的财务报表，再按照以下方法对境外经营财务报表进行折算：

1. 资产负债表中的资产和负债项目，采用资产负债表日的即期汇率折算，所有者权益项目除“未分配利润”项目外，其他项目采用发生时的即期汇率折算。

2. 利润表中的收入和费用项目，采用交易发生日的即期汇率或即期汇率的近似汇率折算。

3. 产生的外币财务报表折算差额，在编制合并会计报表时，应在合并资产负债表中所有者权益项目下单独作为“外币报表折算差额”项目列示。

【例 3－11】 盛恒公司的记账本位币为人民币，该公司在境外有一子公司鑫润公司，鑫润公司确定的记账本位币为美元。根据合同约定，盛恒公司拥有鑫润公司 70% 的股权，并能够对鑫润公司的财务和经营政策施加重大影响。盛恒公司采用当期平均汇率折算鑫润公司利润表项目。鑫润公司的有关资料如下：

20×3 年 12 月 31 日的汇率为￥6.0200 = $1.0000，20×3 年的平均汇率为￥6.0160 = $1.0000，股本、资本公积发生日的即期汇率为￥6.0220 = $1.0000。20×2 年 12 月 31 日的股本为 1 000 万美元，折算为人民币为 6 022 万元；累计盈余公积为 100 万美元，折算成人民币为 603.2 万元；累计未分配利润为 240 万美元，折算成人民币为 1 447.68 万元；提取盈余公积 140 万美元，对股东分配股利 400 万美元。

报表折算如表 3－2 至表 3－4 所示。

表 3-2　　利润表

20×3 年度　　单位：万元

项　　目	期末数（美元）	折算汇率	折算为人民币金额
一、营业收入	4 000	6.016	24 064.00
减：营业成本	3 000	6.016	18 048.00
税金及附加	80	6.016	481.28
管理费用	200	6.016	1 203.20
财务费用	20	6.016	120.32
加：投资收益	60	6.016	360.96
二、营业利润	760		4 572.16
加：营业外收入	80	6.016	481.28
减：营业外支出	40	6.016	240.64
三、利润总额	800		4 812.80
减：所得税费用	240	6.016	1 443.84
四、净利润	560		3 368.96
五、每股收益			

表 3-3　　股东权益变动表

20×3 年度　　单位：万元

项目	股本			盈余公积			未分配利润			其他综合收益	股东权益合计	
	美元	折算汇率	人民币	美元	折算汇率	人民币	美元	折算汇率	人民币		美元	人民币
一、本年年初余额	1 000	6.022	6 022	100	6.032	603.20	240	6.032	1 447.68		1 340	8 072.88
二、本年增减变动金额												
（一）净利润							560	6.016	3 368.96		560	3 368.96
（二）其他综合收益												
其中：外币报表折算差额										-5.44		-5.44
（三）利润分配												
1. 提取盈余公积				140	6.016	842.24	-140	6.016	-842.24			0
2. 对股东的分配							-400	6.016	-2 406.40		-400	-2 406.40
三、本年年末余额	1 000	6.022	6 022	240		1 445.44	260		1 568.00	-5.44	1 500	9 030

当期计提的盈余公积和股利分配采用当期平均汇率折算，期初盈余公积为以前年度计提的盈余公积按相应年度平均汇率折算后的金额的累计，期初未分配利润记账本位币金额为以前年度未分配利润记账本位币金额的累计。

外币报表折算差额为以记账本位币反映的净资产减去以记账本位币反映的股本、累计盈余公积及累计未分配利润后的余额。

表 3－4　　资产负债表

20×3 年 12 月 31 日　　单位：万元

资　　产	期末数（美元）	折算汇率	折算为人民币金额	负债和股东权益	期末数（美元）	折算汇率	折算为人民币金额
流动资产				流动负债			
货币资金	180	6.020	1 083.60	短期借款	90	6.020	541.80
应收账款	380	6.020	2 287.60	应付账款	570	6.020	3 431.40
存货	480	6.020	2 889.60	其他流动负债	220	6.020	1 324.40
其他流动资产	300	6.020	1 806.00	流动负债合计	880		5 297.60
流动资产合计	1 340		8 066.80	非流动负债			
非流动资产				长期借款	280	6.020	1 685.60
长期应收款	240	6.020	1 444.80	应付债券	160	6.020	963.20
固定资产	1 100	6.020	6 622.00	其他非流动负债	180	6.020	1 083.60
在建工程	160	6.020	963.20	非流动负债合计	620		3 732.40
无形资产	100	6.020	602.00	负债合计	1 500		9 030
其他非流动资产	60	6.020	361.20	股东权益			
非流动资产合计	1 660		9 993.20	股本	1 000	6.022	6 022.00
				盈余公积	240		1 445.44
				未分配利润	260		1 568.00
				外币报表折算差额			－5.44
				股东权益合计	1 500		9 030.00
资产总计	3 000		18 060.00	负债和股东权益总计	3 000		18 060.00

四、恶性通货膨胀中外币报表的折算

（一）恶性通货膨胀经济的判定

当一个国家经济环境显示（但不局限于）以下特征时，应当判定该国处于恶性通货膨胀经济中：

1. 三年累计通货膨胀率接近或超过 100%；
2. 利率、工资和物价与物价指数挂钩，物价指数是物价变动趋势和幅度的相对数；
3. 一般公众不是以当地货币，而是以相对稳定的外币为单位作为衡量货币金额的基础；
4. 一般公众倾向于以非货币性资产或相对稳定的外币来保存自己的财富，持有的当地货币立即用于投资以保持购买力；
5. 即使信用期限很短，赊销、赊购交易仍按补偿信用期内预计购买力损失的价格成交。

（二）处于恶性通货膨胀经济中境外经营财务报表的折算

企业对处于恶性通货膨胀经济中的境外经营财务报表进行折算时，应当先运用一般物价指数予以重述，然后再按资产负债表日即期汇率进行折算，即先消除高通货膨胀的影响，再进行折算。

1. 资产负债表项目的重述。在对资产负债表项目进行重述时，由于货币资金、应收账款、其他应收款等货币性项目已经以资产负债表日的计量单位表述，因此不需要重述；通过协议与物价变动挂钩的资产和负债，应根据协议约定进行调整；非货币性项目中，有些是以资产负债表日的计量单位列示的，如存货已经以可变现净值列示，不需要重述。其他非货币性项目，如固定资产和无形资产等，应自购置日起以一般物价指数予以重述。

2. 利润表项目的重述。在对利润表项目进行重述时，所有项目金额都需要自其初始确认之日起，以一般物价指数变动重述，以使利润表的所有项目都以资产负债表日的计量单位表述。由于上述重述而产生的差额，计入当期净利润。

在境外经营不再处于恶性通货膨胀经济中时，应停止重述，按照停止之日的价格水平重述的财务报表进行折算。

第四节　外币业务的信息披露

我国《企业会计准则第19号——外币折算》对外币业务的披露要求着重于与记账本位币有关的事项和汇兑损益差额在本期的变动情况。具体包括：

1. 对企业应当披露的与记账本位币有关事项的要求。主要为：

（1）企业及其境外经营选定的记账本位币及选定的原因；记账本位币发生变更的，说明变更理由。

（2）采用近似汇率的，说明近似汇率的确定方法。

2. 对企业应当披露的汇兑损益差额在本期变动情况的要求。即企业应当披露包括在当期损益中的汇兑差额以及处置境外经营对外币报表折算差额的影响。

思考与练习

一、单项选择题

1. 我国某企业记账本位币为美元，下列说法中错误的是（　　）。
   A. 该企业以人民币计价和结算的交易属于外币交易
   B. 该企业以美元计价和结算的交易不属于外币交易
   C. 该企业的编报货币为美元
   D. 该企业的编报货币为人民币

2. 企业收到投资者以外币投入的资本，应当采用（　　）折算。
   A. 资产负债表日的汇率　　B. 交易日即期汇率
   C. 合同约定汇率　　D. 收到外币款项当月月初的汇率

3. 某企业存货的可变现净值以外币确定，在确定存货的期末价值时，需要将存货可变现净值折算为记账本位币，对于折算后的金额小于成本的差额应计入（　　）。
   A. 公允价值变动损益　　B. 财务费用

C. 营业外收入　　D. 资产减值损失

4. 假设中国境内某企业约70%的收入来自对法国的出口，其商品销售通常以美元结算，主要受美元影响。该企业应选择（　　）作为记账本位币。

A. 人民币　　B. 美元

C. 欧元　　D. 法郎

5. 下列各项中，公司在选择其记账本位币时不应当考虑的因素是（　　）。

A. 向股东支付股利时使用的货币

B. 融资活动获得的货币

C. 主要影响商品和劳务销售价格的货币

D. 主要影响商品和劳务所需人工成本的货币

6. 下列属于非货币性项目的是（　　）。

A. 应付账款　　B. 应收账款

C. 长期应付款　　D. 固定资产

7. 下列属于已实现汇兑损益的是（　　）。

A. 交易损益　　B. 调整损益

C. 换算损益　　D. 折算损益

8. 盛恒公司为境内注册的公司，鑫润公司在美国注册，盛恒公司拥有鑫润公司80%的股权。盛恒公司对鑫润公司的财务报表进行折算时，下列各项中应当采用交易日即期汇率折算的项目是（　　）。

A. 固定资产　　B. 交易性金融资产

C. 资本公积　　D. 盈余公积

9. 盛恒公司为购建固定资产发生的汇兑损益，应该记入（　　）账户。

A. "财务费用"　　B. "清算费用"

C. "管理费用"　　D. "在建工程"

10. 企业因所处的主要经济环境发生重大变化，确实需要变更记账本位币的，将所有项目折算为变更后的记账本位币应当采用的汇率是（　　）。

A. 变更当日的即期汇率　　B. 变更当期期初的市场汇率

C. 资产负债表日汇率　　D. 变更期间的平均汇率

二、多项选择题

1. 下列交易中，属于外币交易的有（　　）。

A. 买入以外币计价的商品或者劳务

B. 卖出以外币计价的商品或者劳务

C. 借入外币资金

D. 向国外销售以记账本位币计价和结算的商品

E. 购入外币资金

2. 下列外币货币性项目在本期均未发生增减变动，在期末市场汇率上升的情况下将其折算为记账本位币，产生汇兑收益的有（　　）。

A. 应收账款　　B. 银行存款

C. 应付账款　　D. 短期借款

E. 长期借款

3. 企业对境外经营单位的财务报表进行折算时，下列项目中可用资产负债表日的即期汇率进行折算的有（　　）。

A. 预付账款　　B. 交易性金融资产

C. 长期借款　　D. 资本公积

E. 未分配利润

4. 企业在选择记账本位币时，应当考虑的因素有（　　）。

A. 该货币主要影响商品和劳务的销售价格，通常以该货币进行计价和结算

B. 该货币主要影响提供劳务所需人工、材料和其他费用的计价和结算

C. 该货币影响当期汇兑损益差额的大小

D. 该货币是融资活动获得的货币以及保存从经营活动中收取的款项所使用的货币

E. 该货币会对当期费用产生重要的影响

5. 对于外汇汇率的标价方法有（　　）。

A. 直接标价法　　B. 现行汇率法

C. 历史汇率法　　D. 间接标价法

E. 时态法

6. 对于企业发生的汇兑差额，下列说法正确的有（　　）。

A. 外币交易性金融资产发生的汇兑差额应计入财务费用

B. 外币专门借款发生的汇兑差额应计入购建的在建工程

C. 外币应收账款发生的汇兑差额应计入财务费用

D. 外币银行存款发生的汇兑差额应计入当期财务费用

E. 外币兑换业务发生的汇兑差额应计入营业外支出

7. 下列属于货币性项目的有（　　）。

A. 银行存款　　B. 存货

C. 长期借款　　D. 应付账款

E. 实收资本

8. 外币交易应在初始确认时将外币金额折算为记账本位币金额，可以采用的汇率有（　　）。

A. 交易发生日的即期汇率

B. 资产负债表日的即期汇率

C. 按照系统合理的方法确定的、与交易发生日即期汇率近似的汇率

D. 当汇率波动较大时，采用当年 1 月 1 日的汇率

E. 当年的平均汇率

9. 企业对境外经营单位的财务报表进行折算时，下列项目中应采用当年平均汇率进行折算的有（　　）。

A. 营业收入　　B. 无形资产

C. 营业成本　　D. 管理费用

E. 长期借款

三、判断题

1. 根据我国《企业会计准则第19号——外币折算》的有关规定，企业必须以人民币作为记账本位币。（　）

2. 在外币报表折算中，只需处理好对外币报表中的各个项目选择什么汇率进行折算的问题。（　）

3. 外币报表折算差额，是指在外币报表折算时，由于不同项目所采用的汇率不同而产生的差额，它是一种未实现的汇兑损益。（　）

4. 我国外币财务报表的折算实质上采用的是现行汇率法。（　）

5. 外币折算损益的大小，与所选用的折算方法无关。（　）

6. 企业经营所处的主要经济环境发生重大变化时，可以变更企业的记账本位币。（　）

7. 按照会计准则的要求，确定企业是否为境外经营是以企业的位置是否在境外作为判断标准。（　）

8. 对于外币货币性项目，应采用资产负债表日的即期汇率折算，因结算或采用资产负债表日的即期汇率折算而产生的汇兑差额，计入当期损益。（　）

9. 企业收到投资者以外币投入的资本，无论是否有合同约定汇率，均不采用合同汇率和即期汇率的近似汇率折算，而是采用交易日的即期汇率折算。（　）

10. 所有者权益项目除“未分配利润”项目外，其他项目均采用发生时的即期汇率折算。（　）

四、计算分析与账务处理题

1. 甲公司的记账本位币是人民币，20×3年和20×4年发生以下外币业务：

（1）20×3年3月1日，从银行借入半年期款项2 000美元，年利率为6%，借款当天的即期汇率为￥6.0200 = $1.0000；

（2）20×3年4月1日，收到某外商的外币投入资本50 000美元，收到出资当天的即期汇率为￥6.0180 = $1.0000，签订合同日汇率为￥6.0880 = $1.0000。

（3）20×3年5月1日，将所持有的1 000美元卖给银行，当天银行买入价为￥6.0180 = $1.0000，卖出价为￥6.0380 = $1.0000。该公司按当月1日汇率￥6.0280 = $1.0000作为折算汇率。

（4）20×3年6月1日，从银行买入4 000美元，当天银行买入价为￥6.0180 = $1.0000，卖出价为￥6.0380 = $1.0000。该公司按当月1日汇率￥6.0280 = $1.0000作为折算汇率。

（5）20×3年9月1日，归还3月1日借入的短期借款本息，还款当天的即期汇率为￥6.0100 = $1.0000。

（6）20×3年12月1日，以赊购方式从美国某公司进口商品一批，共计20 000美元，当天的汇率为￥6.0180 = $1.0000。买卖双方约定20×4年2月1日以美元结算货款。假定不考虑增值税等相关税费。

（7）20×3年12月15日，以赊销方式向美国某公司出口商品一批，共计50 000美元，当天的汇率为￥6.0180 = $ 1.0000。买卖双方约定20×4年2月15日以美元结算货款。假定不考虑增值税等相关税费。

（8）20×3年12月31日的汇率为￥6.0140 = $ 1.0000。

（9）20×4年2月1日，支付20×3年12月1日进口商品货款，当天汇率为￥6.0100 = $ 1.0000。按照两项交易观点进行账务处理。

（10）20×4年2月15日，收到20×3年12月1日出口商品货款，当天汇率为￥6.0100 = $ 1.0000。按照两项交易观点进行账务处理。

【要求】编制甲公司相关会计分录。

2. 乙公司的记账本位币为人民币。20×3年12月10日，乙公司以每股3美元的价格购入甲公司B股100万股作为交易性金融资产，当日汇率￥6.0180 = $ 1.0000，款项已付。20×3年12月31日，由于市价变动，当月购入的甲公司B股的市价变为每股2美元，当日汇率为￥6.0140 = $ 1.0000。假定不考虑相关税费的影响。

【要求】编制乙公司相关会计分录。

3. 甲公司以人民币为记账本位币，20×3年12月5日从美国进口A商品10件，每件1 000美元，货款以美元支付。当日即期汇率为￥6.0180 = $ 1.0000。20×3年12月31日尚有A商品存货5件，当天即期汇率为￥6.0140 = $ 1.0000。国内市场仍无A商品供货，但在国际市场上该种商品价格已降至每件900美元。

【要求】编制甲公司相关会计分录。

4. 甲公司的记账本位币为人民币，该公司在境外有一子公司远大公司，远大公司确定的记账本位币为美元。假设本年12月31日的汇率为￥6.0200 = $ 1.0000，平均汇率为￥6.0260 = $ 1.0000，上年12月31日的股本为4 400万美元，股本发生日的即期汇率为￥6.0320 = $ 1.0000，本年对股东分配股利240万美元。

远大公司的外币财务报表及折算后的财务报表如表3－5至表3－7所示。

表3－5　　利润表　　单位：万元

项　目	美元金额	折算汇率	人民币金额
一、营业收入	4 000		
减：营业成本	2 800		
销售费用	200		
管理费用	240		
财务费用	60		
二、营业利润总额	700		
加：营业外收入	20		
三、利润总额	720		
减：所得税费用	180		
四、净利润	540		
五、每股收益			

表 3-6 股东权益变动表 单位：万元

项目	股本			未分配利润			其他综合收益	股东权益合计	
	美元	折算汇率	人民币	美元	折算汇率	人民币		美元	人民币
一、本年年初余额	4 400								
二、本年增减变动额									
（一）净利润					540				
（二）其他综合收益									
其中：外币报表折算差额									
（三）利润分配					-240				
三、本年年末余额	4 400								

表 3-7 资产负债表 单位：万元

资产	美元	折算汇率	人民币	负债及股东权益	美元	折算汇率	人民币
货币资金	400			应付账款	2 000		
应收账款	700			长期借款	1 200		
存货	2 000			股本	4 400		
长期股权投资	600			未分配利润	300		
固定资产	4 200			外币报表折算差额			
资产总计	7 900			负债及股东权益总计	7 900		

【要求】选择合适汇率进行远大公司外币报表折算，并将相关数字填入表中。

第四章

租　赁

学习目标

☐ 了解租赁的概念、特征与分类

☐ 明确经营租赁与融资租赁的划分标准

☐ 掌握经营租赁与融资租赁的会计处理方法

☐ 了解租赁相关信息披露的一般要求

学习指导

本章主要阐述租赁的概念、特征与分类，以及经营租赁和融资租赁的会计处理方法。通过本章学习，学生应当理解租赁的概念、特征与分类；掌握经营租赁和融资租赁的特征；熟练掌握经营租赁和融资租赁情况下的承租人和出租人的会计处理过程；了解会计期末租赁信息披露的一般要求。

学习重点

租赁的概念、特征与分类；经营租赁与融资租赁的判断；承租人和出租人对经营租赁和融资租赁的会计处理。

学习难点

对经营租赁和融资租赁的判断；承租人和出租人对融资租赁的会计处理。

第一节　租赁概述

一、租赁的特征

我国《企业会计准则第 21 号——租赁》对“租赁”的定义：租赁是指在约定的期间内，出租人将资产使用权让与承租人，以获取租金的协议。租赁由出租人和承租人共同形成。出租人是指在租赁协议中拥有租赁资产所有权的一方。承租人是指在租赁协议中获得租赁期内资产使用权的一方。

租赁作为一项经济活动或一项协议，其主要特征表现为：

1. 协议双方在租赁期内转移的是资产的使用权，而非资产的所有权。这有别于资产所有权发生转移的资产买卖协议，以及资产的使用权不从合同的一方转移给另一方的服务合同，如劳务合同、运输合同、保管合同、仓储合同等。

2. 这种转移是有偿的，即使用权的转移以租金的收付为条件，从而有别于无偿提供使用权的借用合同。

租赁的上述特征决定了租赁资产必须以资产所有权和使用权可相互分离为前提，能够将使用权单独转出和收回。因此，租赁的对象通常是机器、房屋建筑物以及土地等可供企业长期使用的固定资产等可辨认资产，而电影、文稿、专利和版权等项目的许可使用协议一般不属于租赁的范畴。

二、租赁的分类

租赁按照不同的标准，可以进行不同的分类。

（一）按租赁的目的分类

根据租赁的目的，以与租赁资产所有权相关的风险和报酬归属于出租人或承租人的程度为依据，可以将租赁分为融资租赁和经营租赁两大类别。这也是从会计核算角度来说最重要的一种租赁分类方式。

1. 融资租赁。融资租赁，是指实质上转移了与资产所有权有关的全部风险和报酬的租赁。融资租赁所有权最终可能转移，也可能不转移。具体来说，根据我国会计准则的规定，满足以下一项或数项标准的租赁，应当认定为融资租赁：

（1）在租赁期届满时，租赁资产的所有权转移给承租人。此种情况通常是指在租赁合同中已经约定，或者在租赁开始日根据相关条件做出合理判断，租赁期届满时出租人能够将资产的所有权转移给承租人。

（2）承租人有购买租赁资产的选择权，所订立的购价预计将远低于行使选择权时租赁资产的公允价值，因而在租赁开始日就可以合理确定承租人将会行使这种选择权。一般而言，购价远低于行使选择权时租赁资产的公允价值，可以按照低于公允价值的5%来衡量，这时购价只是象征性的，其实是一种名义购买价。

（3）即使资产的所有权不转让，其租赁期也占租赁资产使用寿命的大部分。“大部分”一般是指租赁期占租赁开始日的租赁资产尚可使用年限的75%以上。但是，如果租赁资产在租赁开始日前已使用年限超过该资产全新时可使用年限的大部分（75%以上），则该项标准不能用以判断租赁的类别。

（4）就承租人而言，租赁开始日最低租赁付款额的现值几乎相当于租赁开始日的租赁资产公允价值；就出租人而言，租赁开始日最低租赁收款额的现值几乎相当于租赁开始日的租赁资产公允价值。“几乎相当于”一般是指90%以上。

（5）租赁资产性质特殊，如果不做较大修整，只有承租人才能使用。即租赁资产具有专购专用的性质。

按租赁目的分类主要是对租赁业务是否属于融资租赁进行判定。若满足上述融资租赁的条件，该租赁即为融资租赁；否则，则被认定为经营租赁。

2. 经营租赁。经营租赁，是指除融资租赁以外的其他租赁。经营租赁主要源于承租人经营上的临时需要或季节性需要。在经营租赁下，租赁资产的所有权不转移，租赁期届满后，承租人有退租或续租的选择权，而不存在优惠购买选择权；出租人保留了与资产使用权有关的大部分风险和报酬，租赁的租赁期一般也明显短于资产的使用年限。

按照上述分类标准，对租赁进行分类时首先要理解与租赁资产所有权相关的风险和报酬的含义。所谓与资产所有权相关的风险，是指由于经营情况变化造成相关收益的变动，以及由于资产闲置或技术陈旧而发生的损失等；所谓与资产所有权相关的报酬，是指在资产可使用年限内直接使用资产而获得的经济利益、资产增值，以及处置资产所实现的收益等。对特定租赁项目而言，无论其所有权是否转移，只要与资产所有权有关的全部风险和报酬在实质上转移了，就应当认定为融资租赁。

在租赁的分类中，同时还应该注意以下两个问题：一是与资产所有权有关的风险和报酬的转移并不意味着所有权的必然转移。如果一项租赁的承租人在租赁资产使用寿命的大部分时期内获得租赁资产在使用上的各种经济利益，同时，作为取得这项权利的代价，需支付大致相当于该项资产公允价值的金额和有关的财务费用，而出租人在资产使用寿命的大部分时期内让渡资产的使用权，同时取得相应的租金作为回报，那么，即便租赁资产最终归还给出租人，没有发生所有权的转移，由于此时这项资产的价值与其出租前相比已不重要，这项租赁也应认定为融资租赁。二是租赁的分类应视租赁的经济实质而不是法律形式进行。一项租赁是否应认定为融资租赁，不在于租赁合同的形式，而应视出租人是否将与资产所有权有关的风险和报酬转移给了承租人。如果实质上转移了与资产所有权有关的全部风险和报酬，那么，无论租赁合同的称谓如何，都应当将其认定为融资租赁。

（二）按出租人取得租赁资产的来源和方式分类

以出租人租赁资产的来源为标准，租赁可以分为销售型租赁、直接融资租赁和售后租回等。

1. 销售型租赁。销售型租赁，是指具有销售性质的租赁，即制造商或经销商作为出租人，将其制造或经销的商品收取一定租金提供给承租人使用。在这种情况下，出租人获取的收益不仅含有融资收益，还包括产销差价或进销差价，即租赁开始日租赁资产的公允价值或最低租赁付款额的现值大于或小于资产的成本或账面价值。销售型租赁与分期付款方式较为接近，主要区别是前者的资产所有权没有转移，而后者的所有权发生了转移。

2. 直接融资租赁。直接融资租赁，是指出租人筹集资金购入承租人所需的资产，再出租给承租人的方式，即出租人将自行购入的资产租给承租人并收取租金的租赁业务。它在形式上与销售型租赁十分类似，主要的区别是在直接融资租赁中，出租人所赚取的主要是融资收益。

3. 售后租回。售后租回，又称回租租赁，是指卖主（即承租人）将一项自制或外购的资产出售后，又将该项资产从买主（即出租人）那里租回。在这种租赁方式下，卖主同时是承租人，买主同时是出租人。承租人通过售后回租，在不影响其对租赁资产的占有、使用和收益的前提下，将一次性的固定投入转化为未来的分次支出。这样既可以保证正常的生产经营活动，又有效缓解了自身的资金压力，是一种灵活的租赁方式。售后租回也可以按照前述的分类标准划分为融资租赁和经营租赁。

三、租赁业务相关术语

（一）与租赁时间相关的术语

租赁时间相关术语主要包括租赁期、租赁开始日和租赁期开始日。

1. 租赁期。租赁期，是指租赁合同规定的不可撤销的租赁期间。不可撤销，主要是从承租人角度来说的，即租赁合同签订后，除非发生下列可撤销的事项条件，否则承租人一般不可撤销该项租赁：（1）经出租人同意；（2）承租人与原出租人就同一资产或同类资产签订了新的租赁合同；（3）承租人支付了一笔足够大的额外款项；（4）发生某些很少会出现的或有事项。

通常，租赁期与租赁合同中约定的租赁时间是一致的，但在某些情况下，二者也可能出现差异。如果承租人有权选择续租该资产，并且在租赁开始日就可以合理确定承租人将会行使这种选择权，则不论是否再支付租金，续租期也包括在租赁期内。

2. 租赁开始日。租赁开始日，是指租赁协议日与租赁各方就主要租赁条款做出承诺日中的较早者。在租赁开始日，承租人和出租人应当将租赁认定为融资租赁或者经营租赁。可见，租赁开始日实际上就是租赁双方确定租赁资产的入账价值以及划分租赁类型的基准日。

3. 租赁期开始日。租赁期开始日，是指承租人有权行使其使用资产的权利的日期，表明租赁行为的开始。在租赁期开始日，承租人应对租赁资产、最低租赁付款额和未确认融资费用进行初始确认；出租人应对应收融资租赁款、未担保余值和未确认融资收益进行初始确认。可见，租赁期开始日既是租赁资产使用权转移的日期，也是会计上对租赁业务进行初始确认的日期。

（二）与租赁资产计价相关的术语

与租赁资产计价相关的概念有资产余值（含担保余值和未担保余值）、最低租赁付款额和最低租赁收款额。

1. 资产余值。资产余值，是指租赁双方在租赁开始日合理预计的租赁资产在租赁期满时的公允价值。资产余值按是否有担保可分为担保余值和未担保余值两部分。

担保余值，是指在租赁开始日由承租人（或与承租人有关的第三方）做担保的那部分资产余值，租赁期满能够保证收回。它对于承租人和出租人来说是不完全一致的。就承租人而言，担保余值是由承租人及与其有关的第三方担保的资产余值；就出租人而言，不仅包括承租人或与其有关的第三方提供的担保，还包括独立于承租人和出租人但在财务上有能力担保的第三方提供担保的资产余值。

未担保余值，是指租赁开始日预计的租赁资产余值中扣除就出租人而言的担保余值后的资产余值。由于未担保余值没有人提供担保，它的收回没有切实可靠的保证，最终将由出租人自身负担。用公式表示如下：

未担保余值 = 资产余值 - 承租人或与其有关的第三方担保的资产余值 - 独立于承租人和出租人的第三方担保的资产余值

2. 最低租赁付款额。最低租赁付款额，是指在租赁期内承租人应支付或可能被要求支付给出租人的各种款项（不包括或有租金和履约成本），加上由承租人或与其有关的第三方担保的资产余值。实际上，最低租赁付款额的主要内容就是租赁期内的租金总额以及就承租人而言的担保余值。但如果承租人有购买租赁资产的选择权，且所订立的购买价款预计将远低于行使选择权时租赁资产的公允价值，由此在租赁开始日就可以合理确定承租人将会行使这种购买权，那么购买价格也应当包括在最低租赁付款额以内。用公式表示如下：

最低租赁付款额 = 承租人应付款项 + 承租人或与其有关的第三方担保的资产余值

3. 最低租赁收款额。最低租赁收款额，是指在租赁开始日能够预计的、租赁期内出租人能够收到的各种款项，它等于最低租赁付款额加上独立于承租人和出租人的第三方对出租人担保的资产余值。需要注意的是最低租赁收款额与最低租赁付款额之间的关系：最低租赁收款额是对出租人而言的，是出租人应收回的款项；最低租赁付款额是对承租人而言的，是承租人应付出的款项。前者应当大于后者，其不仅包括后者，而且还包括独立于承租人和出租人的第三方担保的余值。但是，若出租人没有得到这样的担保，二者的数额则应当是一致的。用公式表示如下：

最低租赁收款额 = 最低租赁付款额 + 独立于承租人和出租人的第三方担保的资产余值

（三）与租赁收益确认相关的术语

1. 租金与或有租金。租金，是指承租人在租赁期内因拥有租赁资产使用权而应支付给出租人的使用费。承租人融资租赁支付的租金包括了租赁资产在租赁开始日公允价值的大部分以及资金占用费（相当于利息），一般按固定金额分期支付给出租人。

或有租金，是指金额不固定、以时间长短以外的其他因素（如销售量、使用量、物价指数等）为依据计算的租金。在租赁合同中，可能约定在租赁期内根据生产经营的具体情况额外支付租金，如根据租赁资产所生产产品的销售比例、租赁资产的使用情况，或是根据物价指数等具体因素来计算支付的租金等。这样的租金可能发生，也可能不发生，即使发生其金额也难以在租赁开始日准确确定，因而它不包括在最低租赁付款额之中。

2. 初始直接费用。初始直接费用，是指承租人和出租人在租赁谈判和签订租赁合同过程中发生的、可直接归属于某租赁项目的费用，主要包括印花税、佣金、律师费、差旅费、谈判费等。

3. 履约成本。履约成本，是指承租人在租赁期内为有效使用租赁资产而支付的各种相关费用，如技术咨询和服务费、人员培训费、维修费、保险费等。履约成本是在租赁协议之外发生的额外费用，相对于承租人的情况，履约成本通常应当计入当期损益，不包括在最低租赁付款额中。

4. 租赁内含利率。租赁内含利率，是指在租赁开始日，由出租人计算的、使最低租赁收款额的现值与未担保余值的现值之和等于租赁资产公允价值与出租人的初始直接费用之和的折现率。它实质上是出租人提供融资租赁实际获取的融资收益，也是承租人在融资租赁中实际负担的融资费用。出租人采用实际利率法分配未实现融资收益时，应当将内含利率作为未实现融资收益的分配率。同样，承租人在计算租赁最低付款额的现值时，也应将承租人的内含利率作为首选的依据。用公式表示如下：

最低租赁收款额现值 + 未担保余值现值 = 租赁资产公允价值 + 初始直接费用

5. 租赁投资净额。租赁投资净额，是指出租人最低租赁收款额及未担保余值之和与未实现融资收益之间的差额。租赁投资净额是出租人融资租赁资产的投资本金，是计算出租人每期租金收益（即每期未实现融资收益的摊销额）的计算基础。用公式表示如下：

出租人每期租金收益 = 租赁投资净额余额 × 租赁内含利率

第二节 经营租赁的会计处理

一、承租人的会计处理

在经营租赁情况下，租赁资产的风险通常没有转移给承租人，履约成本一般由出租人负担。因此，承租人不必将租赁资产资本化，只需将支付或应付的租金按一定的方法确认为费用。

1. 租赁资产的记录。为保证租赁资产的安全完整，承租方应设置“经营租赁资产”备查簿，登记资产的租入、使用、归还和结存情况。

2. 初始直接费用的处理。承租人在经营租赁中发生的初始直接费用，应计入当期损益，借记“管理费用”等账户，贷记“银行存款”等账户。

3. 租金的处理。承租人不必将租赁资产资本化，只需根据权责发生制原则，将支付或应付的租金按一定的方法计入相关资产成本或当期损益。一般情况下，承租人应当将经营租赁的租金在租赁期内各个期间按照直线法或其他方法计入相关资产成本或当期损益。承租人确认的租金费用，借记“制造费用”“销售费用”“管理费用”等账户，贷记“银行存款”等账户；或在支付时，借记“长期待摊费用”账户，贷记“银行存款”账户。分期确认时，借记“制造费用”“销售费用”“管理费用”等账户，贷记“长期待摊费用”账户。承租人对或有租金在实际发生时计入当期损益，借记“财务费用”等账户，贷记“银行存款”等账户。

4. 出租人提供激励措施的处理。出租人提供免租期的，承租人应将租金总额在不扣除免租期的整个租赁期内，按直线法或其他合理的方法进行分摊，免租期内应当确认租金费用及相应的负债。出租人承担了承租人某些费用的，承租人应将该费用从租金费用总额中扣除，按扣除后的租金费用余额在租赁期内进行分摊。

二、出租人的会计处理

在经营租赁下，租赁资产的所有权始终归出租人所有，因此出租人仍应按自有资产的处理方法，将租赁资产反映在资产负债表上。

1. 租赁资产使用情况变化的记录。如出租的是固定资产，则将“未使用”或“不需用”的固定资产转为“出租”的固定资产。

2. 初始直接费用的处理。出租人在经营租赁中发生的初始直接费用，计入当期损益。

3. 租金的处理。根据权责发生制原则确认租金计入各期损益。一般情况下，出租人应当将租金收入在租赁期内各个期间按照直线法确认为当期损益。其他方法若更为系统、合理，也可以采用。根据应确认的收益，借记“银行存款”等账户，贷记“租赁收入”“其他业务收入”等账户；对或有租金，应当在实际发生时计入当期损益。

4. 出租人对经营租赁提供激励措施的处理。根据租赁协议，出租人提供免租期的，出租人应将租金总额在不扣除免租期的整个租赁期内，按直线法或其他合理的方法进行分配，免租期内出租人也应当确认租金收入。出租人承担了承租人某些费用的，出租人应将该费用自租金收入总额中扣除，按扣除后的租金收入余额在租赁期内进行分配。

5. 租赁资产的折旧与价值摊销。对于经营租赁资产中的固定资产，应采取与出租企业中类似应折旧资产的相同的折旧政策计提折旧；对于其他经营租赁资产，应当采用系统合理的方法进行摊销。

【例4－1】 20×3年12月1日盛恒公司与鑫润公司签订一项租赁合同，合同明确盛恒公司向鑫润公司出租未使用设备一台，由鑫润公司总部办公室使用。该设备的价值为50 000元，预计使用年限为8年，假定残值为0。合同约定的租期为2年（20×4年1月1日至20×5年12月31日），期满盛恒公司收回出租设备。租金共20 000元，分三次支付，20×4年1月1日支付5 000元，20×4年12月31日支付7 500元，20×5年12月31日支付7 500元。假设按年确认租金，盛恒公司不是专门的租赁公司。

分析：

判断租赁类型：本例不符合融资租赁的任何一条标准，所以为经营租赁。

分期确认租金：每年分摊租金＝20 000÷2＝10 000（元）

（1）承租人鑫润公司的账务处理如下：

20×4年1月1日，设备租入，在备查簿中记录，支付第一笔租金：

借：长期待摊费用　　5 000
　　贷：银行存款　　5 000

20×4年12月31日，支付第二笔租金，确认当年租金费用：

借：管理费用　　10 000
　　贷：银行存款　　7 500
　　　　长期待摊费用　　2 500

20×5年12月31日，支付第三笔租金，确认当年租金费用，并退回租赁设备：

借：管理费用　　10 000
　　贷：银行存款　　7 500
　　　　长期待摊费用　　2 500

（2）出租人盛恒公司的账务处理如下：

20×4年1月1日，设备出租，收取第一笔租金：

借：固定资产——出租　　50 000
　　贷：固定资产——未使用　　50 000

借：银行存款　　5 000
　　贷：其他应收款　　5 000

20×4年12月31日，收取第二笔租金，确认租金收入，计提固定资产年折旧：

借：银行存款　　7 500

其他应收款 2 500
贷：其他业务收入 10 000
借：其他业务成本 6 250
贷：累计折旧 6 250

20×5 年 12 月 31 日，收取第三笔租金，确认租金收入，计提固定资产年折旧，并收回租赁设备：

借：银行存款 7 500
其他应收款 2 500
贷：其他业务收入 10 000
借：其他业务成本 6 250
贷：累计折旧 6 250
借：固定资产——已使用 50 000
贷：固定资产——出租 50 000

【例 4-2】 20×4 年 1 月 1 日，盛恒公司与鑫润公司签订租赁合同，将一台全新设备出租给鑫润公司总部办公室使用。该设备价值 120 万元，预计使用寿命 10 年，残值为 0，租期 1 年。租赁合同规定，租赁开始日（20×4 年 1 月 1 日）鑫润公司向盛恒公司一次性预付租金 14.4 万元。为签订本协议，发生律师费等相关费用 1 万元。租赁期届满后盛恒公司收回设备。假设按月确认租金，盛恒公司不是专门的租赁公司。

分析：

判断租赁类型：本例不符合融资租赁的任何一条标准，所以为经营租赁。

分期确认租金：每月分摊租金 = 144 000 ÷ 12 = 12 000（元）

（1）承租人鑫润公司的账务处理如下：

20×4 年 1 月 1 日，预付租金：

借：预付账款 144 000
贷：银行存款 144 000

支付律师费等时：

借：管理费用 10 000
贷：银行存款 10 000

每月月末确认当月租金：

借：管理费用 12 000
贷：预付账款 12 000

（2）出租人盛恒公司的账务处理如下：

20×4 年 1 月 1 日，出租设备，收到预付的租金：

借：固定资产——出租 1 200 000
贷：固定资产——未使用 1 200 000
借：银行存款 144 000
贷：其他应收款 144 000

每月确认租金收入：

借：其他应收款 12 000

贷：其他业务收入　　12 000

每月计提固定资产年折旧：

借：其他业务成本　　10 000

贷：累计折旧　　10 000

收回租赁设备：

借：固定资产——已使用　　1 200 000

贷：固定资产——出租　　1 200 000

第三节　融资租赁的会计处理

在融资租赁情况下，租赁期内出租人实质上转移了与租赁资产所有权相关的全部风险和报酬，因此，与经营性租赁相比，融资租赁双方的会计处理都较为复杂。

一、承租人的会计处理

（一）租赁开始日

1. 租赁类型的确定。租赁的类型应当在租赁开始日予以确定，而且对于同一项租赁，出租人和承租人所认定的租赁类型应当是一致的。

2. 租赁资产的转移。在融资租赁中，会计上本着实质重于形式的原则，应当将租赁资产由出租人账上转出，作为承租人资产。资产转移过程中资产的计价是关键。按照我国会计准则的规定，承租人应遵循谨慎原则，按资产公允价值和最低租赁付款额现值二者中较低者入账。

3. 债务的发生。租赁资产的转移伴随着未来支付租金的义务，由此承租人承担了一项债务。由于在融资租赁中，出租人为承租人提供了融资，相应地要收取利息，因此承租人债务的计价不仅要考虑资产的价值，还要考虑利息的因素。

4. 初始直接费用。承租人承担的初始直接费用在融资租赁中应当计入承租人租入资产价值。

在租赁期开始日，承租人应将租赁资产公允价值与最低租赁付款额的现值的较低者作为租赁资产的入账价值，借记“固定资产——融资租入固定资产”账户。同时，将最低租赁付款额作为长期应付款入账，贷记“长期应付款——应付融资租赁款”账户，将两者之间的差额作为未确认融资费用入账，借记或贷记“未确认融资费用”账户。如果融资租入的固定资产在租赁开始日需要经过安装才能投入使用，则应先通过“在建工程”账户核算。

在计算最低租赁付款额的现值时，折现率按以下顺序确定：

（1）能够取得出租人租赁内含利率的，应当采用租赁内含利率作为折现率。

（2）无法取得出租人租赁内含利率的，应当采用租赁合同规定的利率作为折现率。

（3）无法取得出租人的租赁内含利率且租赁合同没有规定利率的，应当采用同期银行贷款利率作为折现率。

【例4－3】 20×3年12月20日，盛恒公司与鑫润公司签订了一份租赁合同，盛恒公司租入鑫润公司设备一台。合同主要条款及相关事项如下：

（1）租赁期开始日：20×4 年 1 月 1 日；

（2）租赁期：20×4 年 1 月 1 日至 20×6 年 12 月 31 日，共 3 年；

（3）租金支付：自租赁开始期日起的每年年末支付租金 10 万元；

（4）该设备为全新设备，估计使用年限为 4 年，20×3 年 12 月 20 日的公允价值为 27.5 万元；

（5）租赁合同规定的利率为 7%；

（6）租赁期的第三年，承租方将按使用该设备实现的年销售收入的 3% 向出租方支付经营收入；

（7）承租人担保资产余值为 3 000 元；

（8）盛恒公司租入的设备用于生产甲产品；

（9）租赁开始日，盛恒公司通过银行存款支付手续费、律师费 4 000 元；

（10）盛恒公司采用实际利率法分摊未确认融资费用；

（11）盛恒公司固定资产折旧采用年限平均法；

（12）20×6 年盛恒公司实现年销售收入 50 万元；

（13）期满，盛恒公司退还租赁设备。

盛恒公司租赁期开始日的账务处理如下：

（1）判断租赁类型。租赁年限占使用年限的 75%（=3÷4），符合融资租赁判定的第 3 条标准。最低租赁付款额的现值 264 983 元（计算见后）大于资产公允价值的 90%（275 000×90% =247 500），符合融资租赁判定的第 4 条标准。因此，该项租赁属于融资租赁。

（2）计算租赁开始日最低租赁付款额的现值，确定租赁资产入账价值：

最低租赁付款额

=承租人应付款项+承租人（或与其有关的第三方）担保的资产余值

=100 000×3+3 000=303 000（元）

最低租赁付款额的现值

=100 000×（P/A，7%，3）+3 000×（P/F，7%，3）

=100 000×2.624+3 000×0.861

=264 983（元）

租赁资产公允价值=275 000（元）

根据孰低原则，以最低租赁付款额的现值 264 983 元为资产的入账价值。

（3）计算未确认融资费用：

未确认融资费用=最低租赁付款额－最低租赁付款额的现值

=303 000－264 983=38 017（元）

（4）将初始直接费用计入资产价值：

资产的入账价值=最低租赁付款额的现值+初始直接费用

=264 983+4 000=268 983（元）

20×4 年 1 月 1 日租入资产时的账务处理为：

借：固定资产——融资租入固定资产	268 983
未确认融资费用	38 017

贷：长期应付款——应付融资租赁款　　303 000
　　银行存款　　4 000

（二）租赁期间

1. 租金的支付。在融资租赁下，租金包含债务本金和利息两部分，即资产价值和融资费用两部分。租赁期内，承租人租金的逐期支付相当于债务的分期偿付，它将减少承租人的债务。支付每期租金时，借记“长期应付款——应付融资租赁款”账户，贷记“银行存款”账户。

2. 融资费用的分摊。伴随承租人租金的逐期支付，承租人应在各期确认融资费用。融资费用在各期的确认和分摊可以采用实际利率法、直线法以及年数总和法等，我国《企业会计准则》规定采用实际利率法。摊销时，借记“财务费用”等相关账户，贷记“未确认融资费用”账户。

根据租赁开始日租赁资产和负债的入账价值基础不同，融资费用分摊率的选择也不同。未确认融资费用的分摊率的确定具体分为下列几种情况：

（1）以出租人的租赁内含利率为折现率将最低租赁付款额折现，且以该现值作为租赁资产入账价值的，应当将租赁内含利率作为未确认融资费用的分摊率。

（2）以合同规定利率为折现率将最低租赁付款额折现，且以该现值作为租赁资产入账价值的，应当将合同规定利率作为未确认融资费用的分摊率。

（3）以银行同期贷款利率为折现率将最低租赁付款额折现，且以该现值作为租赁资产入账价值的，应当将银行同期贷款利率作为未确认融资费用的分摊率。

（4）以租赁资产公允价值为入账价值，应当重新计算分摊率。该分摊率是使最低租赁付款额的现值等于租赁资产公允价值的折现率。

存在优惠购买选择权的情况下，在租赁期届满时，未确认融资费用应全部摊销完毕，并且租赁负债也应当减少为优惠购买金额。在承租人或与其有关的第三方对租赁资产提供了担保或由于在租赁期届满时没有续租而支付违约金的情况下，在租赁期届满时，未确认融资费用应当全部摊销完毕，租赁负债应减少至担保余值。

3. 租赁资产的折旧。由于租赁资产实际已成为承租人的资产，因此承租人应当采用与自有固定资产一致的折旧政策计提租赁资产折旧。

折旧基数原则上应当是租赁资产的入账价值。但是，如果承租人或与其有关的第三方对租赁资产余值提供了担保，则应计折旧总额为租赁期开始日固定资产的入账价值扣除担保余值后的余额，因为承租人认为租赁期满该资产尚存此部分价值；如果承租人或与其有关的第三方未对租赁资产余值提供担保，应计折旧总额为租赁期开始日固定资产的入账价值。

折旧期间应依租赁合同而定。如果能够合理确定租赁期届满时承租人将会取得租赁资产所有权，即可认为承租人拥有该项资产的全部使用寿命，因此，应以租赁期开始日租赁资产的寿命作为折旧期间；如果无法合理确定租赁期届满后承租人是否能够取得租赁资产的所有权，就应以租赁期与租赁资产寿命两者中较短者作为折旧期间。

折旧方法同自有应折旧资产一样，一般有年限平均法、工作量法、双倍余额递减法、年数总和法等。

4. 或有租金和履约成本。在租赁期内发生的或有租金应当在发生当期计入费用，借记“销售费用”“财务费用”等账户，贷记“银行存款”账户。对于为保证资产正常使用而发生的履约成本，其中受益期较长的资产改良支出、人员培训费等，可以按照受益期间进行递延和分摊，先借记“长期待摊费用”账户，贷记“银行存款”账户，然后分摊计入各租赁期费用账户，借记“制造费用”“管理费用”等账户，贷记“长期待摊费用”账户。金额较小的经常性支出，如修理费、保险费等，可以直接计入当期费用。

【例4-4】 沿用例4-3，盛恒公司租赁期间的账务处理如下：

（1）确定未确认融资费用分摊率。由于租入资产的入账价值是最低租赁付款额的现值，因此，该折现率即未确认融资费用的分摊率，为7%。

（2）在租赁期内采用实际利率法分摊未确认融资费用，见表4-1。

表4-1　　**未确认融资费用分摊表**

20×4年1月1日　　单位：元

日　期	租　金	确认的融资费用	应付本金减少额	应付本金余额
①	②	③=期初⑤×7%	④=②-③	期末⑤=期初⑤-④
20×4年1月1日				264 983.00
20×4年12月31日	100 000.00	18 548.81	81 451.19	183 531.81
20×5年12月31日	100 000.00	12 847.23	87 152.77	96 379.03
20×6年12月31日	100 000.00	6 620.97	93 379.03	3 000.00
20×6年12月31日	3 000.00		3 000.00	0
合　计	303 000.00	38 017.00	264 983.00	

其中尾数调整为：93 379.03 = 96 379.03 - 3 000

6 620.97 = 100 000 - 93 379.03

20×4年12月31日：

借：长期应付款——应付融资租赁款　　100 000

　　贷：银行存款　　100 000

借：财务费用　　18 548.81

　　贷：未确认融资费用　　18 548.81

20×5年12月31日：

借：长期应付款——应付融资租赁款　　100 000

　　贷：银行存款　　100 000

借：财务费用　　12 847.23

　　贷：未确认融资费用　　12 847.23

20×6年12月31日：

借：长期应付款——应付融资租赁款　　100 000

　　贷：银行存款　　100 000

借：财务费用　　6 620.97

贷：未确认融资费用　　　　6 620.97

（3）计提各年融资租赁资产折旧。

折旧基数 = 固定资产的入账价值 - 承租人担保余值

= 268 983 - 3 000 = 265 983（元）

由于租赁开始时无法合理确定期满承租人能够取得该项资产，因此以租赁期与租赁开始日租赁资产的寿命两者中较短的期间为折旧期，即 3 年。由于当月增加当月不提折旧，因此实际的折旧期限为 35 个月。

按年限平均法的折旧计算见表 4 - 2。

表 4 - 2　　租入固定资产的折旧计算（年限平均法）

20 × 4 年 1 月 1 日　　单位：元

日　期	折旧基数	年折旧率	年折旧额	累计折旧	净　值
20 × 4 年 1 月 1 日	265 983.00				265 983.00
20 × 4 年 12 月 31 日		31.42%	83 571.86	83 571.86	182 411.14
20 × 5 年 12 月 31 日		34.29%	91 205.57	174 777.43	91 205.57
20 × 6 年 12 月 31 日		34.29%	91 205.57	265 983.00	0
合　计			265 983.00		

20 × 4 年 12 月 31 日：

借：制造费用　　　　83 571.86

贷：累计折旧　　　　83 571.86

20 × 5 年 12 月 31 日：

借：制造费用　　　　91 205.57

贷：累计折旧　　　　91 205.57

20 × 6 年 12 月 31 日：

借：制造费用　　　　91 205.57

贷：累计折旧　　　　91 205.57

（4）或有租金的处理：20 × 6 年 12 月 31 日，按合同盛恒公司应支付鑫润公司分享营业收入 15 000 元（当年取得营业收入 500 000 × 3%），则会计处理如下：

借：销售费用　　　　15 000

贷：其他应付款——鑫润公司　　　　15 000

（三）租赁期满

租赁期满时，对租赁资产的处理有返还、续租和留购三种情况。

1. 返还。租赁期满，承租人向出租人返还租赁资产时，应冲抵有关的账面记录。通常借记“长期应付款——应付融资租赁款”“累计折旧”账户，贷记“固定资产——融资租入固定资产”账户。

2. 优惠续租。如果承租人行使优惠续租选择权，则视同该项租赁一直存在进行会计处理；如果租赁期满没有续租，根据租赁合同承租人向出租人支付违约金时，借记“营业外支出”账户，贷记“银行存款”等账户。

3. 留购。在承租人享有优惠购买选择权的情况下，期满承租人支付优惠购价，确认自有资产。支付购买价款时，借记“长期应付款——应付融资租赁款”账户，贷记“银行存款”等账户；同时，将固定资产从“融资租入固定资产”明细账户转入有关明细账户。

【例4-5】 沿用例4-3，20×6年12月31日，盛恒公司返还租赁资产的处理如下：

由于承租方担保余值与实物价值相符，不存在由承租人对担保资产余值的补偿事项。

借：累计折旧	265 983	
长期应付款——应付融资租赁款	3 000	
贷：固定资产——融资租入固定资产		268 983

二、出租人的会计处理

（一）租赁开始日

1. 租赁类型的确定。出租人和承租人所认定的租赁类型应当一致。

2. 租赁资产的转移。出租人应按租赁资产账面价值从账上转出，作为承租人资产。

3. 债权的发生。伴随着租赁资产的转移，出租人取得一项债权。由于出租人为承租人提供了融资，相应地要收取利息，因此出租人的债权计价不仅要考虑资产的价值，还要考虑利息的因素。

4. 初始直接费用。出租人承担的初始直接费用在融资租赁中应当计入出租人的债权。

在租赁期开始日，出租人应按最低租赁收款额与初始直接费用之和，借记“长期应收款——应收融资租赁款”账户；按未担保余值，借记“未担保余值”账户；按租赁资产的公允价值，贷记“融资租赁资产”账户，租赁资产公允价值与其账面价值如有差额，记入“资产处置损益”账户；按发生的初始直接费用，贷记“银行存款”账户；按借贷方差额，贷记“未实现融资收益”账户。

【例4-6】 沿用例4-3，鑫润公司的有关资料如下：

（1）出租设备的账面价值为25万元；

（2）租赁开始时，以银行存款支付初始直接费用3 500元；

（3）租赁资产未担保余值为4.5万元；

（4）采用实际利率法分配未实现融资收益；

（5）20×6年12月31日收到承租方交付的分享经营收益1.5万元；

（6）租赁期满，收回租赁资产。

鑫润公司租赁开始日的账务处理如下：

（1）确定租赁类型。租赁年限占使用年限的75%（=3÷4），符合融资租赁判定的第3条标准。最低租赁收款额现值（计算见后）大于资产的公允价值的90%，符合融资租赁判定的第4条标准。因此，该项租赁属于融资租赁。

（2）计算租赁内含利率。租赁内含利率的计算依据是使（最低租赁收款额+未担保余值）的现值等于（租赁资产公允价值+出租人初始直接费用）的折现率。

最低租赁收款额+未担保余值

=承租人应付款项+承租人的资产担保余值+独立第三方资产担保余值+未担保余值

=100 000×3+3 000+0+45 000=348 000（元）

租赁资产公允价值 + 出租人初始直接费用 = 275 000 + 3 500 = 278 500（元）

即：

（最低租赁收款额 + 未担保余值）的现值

= 1 000 000 ×（P/A，R，3）+ 3 000 ×（P/F，R，3）+ 45 000 ×（P/F，R，3）= 278 500（元）

经查表，当利率 = 10% 时：

（P/A，R，3）= 2.487，（P/F，R，3）= 0.751

100 000 × 2.487 + 48 000 × 0.751 = 248 700 + 36 048 = 284 748 > 278 500

当利率 = 12% 时：

（P/A，R，3）= 2.402，（P/F，R，3）= 0.712

100 000 × 2.402 + 48 000 × 0.712 = 240 200 + 34 176 = 274 376 < 278 500

因此，10% < R < 12%

用插值法计算：R = 11.2%

即租赁内含利率 = 11.2%。

（3）计算最低租赁收款额。

最低租赁收款额

= 承租人应付款项 + 承租人的资产担保余值 + 独立第三方资产担保余值

= 100 000 × 3 + 3 000 + 0 = 303 000（元）

（4）计算未实现的融资收益。

未实现的融资收益

= （最低租赁收款额 + 初始直接费用 + 未担保余值）−（最低租赁收款额现值 + 初始直接费用 + 未担保余值的现值）

=（最低租赁收款额 + 未担保余值）−（最低租赁收款额现值 + 未担保余值现值）

=（303 000 + 45 000）− 278 500 = 69 500（元）

20×4 年 1 月 1 日资产租出时的账务处理：

借：长期应收款——应收融资租赁款　　303 000

　　未担保余值　　45 000

　　贷：融资租赁资产　　250 000

　　　　资产处置损益　　25 000

　　　　银行存款　　3 500

　　　　未实现融资收益　　69 500

（二）租赁期间

1. 租金的收取。租赁期内出租人逐期收取租金，将减少出租人的债权。出租人每期收到租金时，按收到的租金金额，借记“银行存款”账户，贷记“长期应收款——应收融资租赁款”账户。

2. 融资收益的分摊。伴随出租人逐期收取租金，出租人要确认相应的融资收益。融资收益在各期的确认和分摊可以采用实际利率法、直线法以及年数总和法等，我国《企业会计准则》规定采用实际利率法。应用实际利率法时的利率采用租赁内含利率。每期确认租赁收益时，借记“未实现融资收益”账户，贷记“主营业务收入——租赁收入”账户。

3. 或有租金。或有租金在实际发生时计入当期损益。出租人在融资租赁情况下收到的或有租金应计入当期损益，借记“应收账款”等账户，贷记“主营业务收入——租赁收入”等账户。

4. 应收融资租赁款坏账准备的计提。为了更加真实、客观地反映出租人在融资租赁中的债权，出租人应对应收融资租赁款减去未实现融资收益的差额部分（在金额上等于本金的部分）合理计提坏账准备。计提坏账准备的方法由出租人根据有关规定自行确定。坏账准备的计提方法一经确定，不得随意变更。其会计处理如下：

计提坏账准备时，借记“资产减值损失”账户，贷记“坏账准备”账户；对于确实无法收回的应收融资租赁款，经批准作为坏账损失，冲销计提的坏账准备，借记“坏账准备”账户，贷记“长期应收款——应收融资租赁款”账户；已确认并转销的坏账损失，如果以后又收回，按实际收回的金额，借记“长期应收款——应收融资租赁款”账户，贷记“坏账准备”账户，同时，借记“银行存款”账户，贷记“长期应收款——应收融资租赁款”账户。

5. 未担保余值发生变动。出租人应定期对未担保余值进行检查，至少于每年年末检查一次。如果有证据表明未担保余值已经发生减少或得以恢复，应做出相应的会计处理。

期末，出租人的未担保余值的预计可收回金额低于其账面价值的差额，借记“资产减值损失”账户，贷记“未担保余值减值准备”账户。同时，将上述减值金额与由此所产生的租赁投资净额的减少额之间的差额，借记“未实现融资收益”账户，贷记“资产减值损失”账户。

如果已确认损失的未担保余值得以恢复，应按未担保余值恢复的金额，借记“未担保余值减值准备”账户，贷记“资产减值损失”账户。同时，按原减值额与由此所产生的租赁投资净额的增加额之间的差额，借记“资产减值损失”账户，贷记“未实现融资收益”账户。

【例4－7】 沿用例4－6，鑫润公司租赁期间的账务处理如下：

（1）未实现融资收益的分摊。在租赁期内采用实际利率法分摊未确认融资收益（见表4－3）。

表4－3　　未确认融资收益分摊表

20×4年1月1日　　单位：元

日　期	租　金	确认的融资收益	租赁投资净额减少额	租赁投资净额余额
①	②	③＝期初⑤×11.2%	④＝②－③	期末⑤＝期初⑤－④
20×4年1月1日				278 500.00
20×4年12月31日	100 000.00	31 192.00	68 808.00	209 692.00
20×5年12月31日	100 000.00	23 485.50	76 514.50	133 177.50
20×6年12月31日	100 000.00	14 822.50	85 177.50	48 000.00
20×6年12月31日	3 000.00		3 000.00	45 000.00
合　计	303 000.00	69 500.00	233 500.00	

其中尾数调整为：85 177.50＝133 177.503－48 000

14 822.50＝100 000－85 177.50

（2）租赁期间的账务处理。

20×4年12月31日收到第一期租金，并分配未实现融资收益：

借：银行存款　　100 000
　　贷：长期应收款——应收融资租赁款　　100 000
借：未实现融资收益　　31 192
　　贷：租赁收入　　31 192

20×5 年 12 月 31 日收到第二期租金，并分配未实现融资收益：

借：银行存款　　100 000
　　贷：长期应收款——应收融资租赁款　　100 000
借：未实现融资收益　　23 485. 5
　　贷：租赁收入　　23 485. 5

20×6 年 12 月 31 日收到第三期租金，并分配未实现融资收益：

借：银行存款　　100 000
　　贷：长期应收款——应收融资租赁款　　100 000
借：未实现融资收益　　14 822. 50
　　贷：租赁收入　　14 822. 50

20×6 年 12 月 31 日收到承租方交付的分享经营收益：

借：银行存款　　15 000
　　贷：租赁收入　　15 000

（三）租赁期满

租赁期满时，对租赁资产的处理有返还、续租和留购三种情况。

1. 返还。租赁期满，承租人将租赁资产交还出租人，有可能出现以下四种情况：

（1）存在担保余值，不存在未担保余值。在这种情况下，出租人收到承租人交还的租赁资产时，借记“融资租赁资产”账户，贷记“长期应收款——应收融资租赁款”账户。

（2）存在担保余值，同时存在未担保余值。在这种情况下，出租人收到承租人交还的租赁资产时，借记“融资租赁资产”账户，贷记“长期应收款——应收融资租赁款”“未担保余值”等账户。

（3）存在未担保余值，不存在担保余值。在这种情况下，出租人收到承租人交还的租赁资产时，借记“融资租赁资产”账户，贷记“未担保余值”账户。

（4）担保余值和未担保余值均不存在。在这种情况下，出租人无需做账务处理，只做相应的备查登记。具体见表 4 – 4。

表 4 – 4　　租赁期满对余值方法的处理

分　类	冲转相关账面记录	记录由承租人承担的损失
存在担保余值，不存在未担保余值	借：融资租赁资产 　贷：长期应收款	借：其他应收款 　贷：营业外收入
存在担保余值，也存在未担保余值	借：融资租赁资产 　贷：长期应收款 　　未担保余值	借：其他应收款 　贷：营业外收入

续表

分　类	冲转相关账面记录	记录由承租人承担的损失
不存在担保余值，存在未担保余值	借：融资租赁资产 　　贷：未担保余值	
不存在担保余值，也不存在未担保余值	备查登记	

2. 优惠续租。如果承租人行使优惠续租选择权，则出租人应视同该项租赁一直存在而做相应的账务处理；如果租赁期届满时承租人没有续租，根据租赁合同规定应向承租人收取违约金时，借记“其他应收款”账户，贷记“营业外收入”账户。同时，将收回的租赁资产按上述规定进行处理。

3. 留购。租赁期届满时，承租人行使了优惠购买选择权。出租人应按收到的承租人支付的购买资产的价款，借记“银行存款”等账户，贷记“长期应收款——应收融资租赁款”账户。如果存在未担保余值，还应借记“营业外支出——处置固定资产净损失”账户，贷记“未担保余值”账户。

【例 4-8】 沿用例 4-6，租赁期满，鑫润公司收回租赁资产的账务处理如下：

借：融资租赁资产　　48 000

　　贷：长期应收款——应收融资租赁款　　3 000

　　　　未担保余值　　45 000

第四节　租赁的信息披露

一、承租人的信息披露

（一）关于经营租赁

承租人应当在附注中披露下列与经营租赁有关的信息：

1. 资产负债表日后连续三个会计年度每年将支付的不可撤销经营租赁的最低租赁付款额。

2. 以后年度将支付的不可撤销经营租赁的最低租赁付款额的总额。

（二）关于融资租赁

在资产负债表日，承租人应将与融资租赁相关的长期应付款减去未确认融资费用的差额，在资产负债表中的“长期负债”或“一年内到期的长期负债”中列示。同时，应在财务报表附注中披露与融资租赁有关的下列信息：

1. 各类租入固定资产的期初和期末原价、累计折旧额。

2. 资产负债表日后连续三个会计年度每年将支付的最低租赁付款额，以及以后年度将支付的最低租赁付款额总额。

3. 未确认融资费用的余额，以及分摊未确认融资费用所采用的方法。

二、出租人的信息披露

（一）关于经营租赁

出租人对经营租赁，应当披露各类出租资产的账面价值。一般来说，作为专业租赁公司，应在资产负债表的“长期资产”项下单独列示以经营租赁方式租出的固定资产原值、累计折旧及净值。对经营租赁的租赁收益、出租资产各期的折旧额、租赁开始前发生的各项直接费用等，应在利润表中单独列示或与其他同类项目合并列示。

（二）关于融资租赁

在资产负债表日，出租人应将应收融资租赁款减去未实现融资收益的差额，在资产负债表中作为“长期债权”列示。同时，应当在财务报表附注中披露与融资租赁有关的下列信息：

1. 资产负债表日后连续三个会计年度每年将收到的最低租赁收款额，以及以后年度将收到的最低租赁收款额总额。

2. 未实现融资收益的余额，以及分配未实现融资收益所采用的方法。

思考与练习

一、单项选择题

1. 20×3 年 8 月 5 日，盛恒公司与鑫润公司签订了一份租赁合同。合同规定，租赁期从 20×3 年 9 月 1 日至 20×6 年 9 月 1 日，共 3 年，每年年末支付租金 10 万元。上述合同中租赁期开始日为（　　）。

A. 20×3 年 8 月 5 日　　B. 20×3 年 9 月 1 日
C. 20×3 年 8 月 31 日　　D. 20×6 年 9 月 1 日

2. “租赁开始日最低租赁付款额的现值几乎相当于租赁开始日租赁资产原账面价值”可以作为融资租赁的标准之一。“几乎相当于”一般是指（　　）以上。

A. 75%　　B. 85%
C. 95%　　D. 90%

3. 对于出租人在经营租赁中发生的初始直接费用，应计入（　　）。

A. 财务费用　　B. 管理费用
C. 营业外支出　　D. 租入资产的账面价值

4. 在租赁开始日，承租人通常应当将租赁开始日租赁资产公允价值与最低租赁付款额的现值两者中较低者作为租入资产的入账价值，将（　　）作为长期应付款的入账价值，并将两者的差额记录为未确认融资费用。

A. 最低租赁付款额　　B. 最低租赁收款额
C. 最低租赁付款额现值　　D. 最低租赁收款额现值

5. 承租人在融资租赁谈判和签订租赁合同过程中发生的、可直接归属于租赁项目的初始直接费用，如印花税、佣金、律师费、差旅费等，应当确认为（　　）。

A. 当期费用

B. 计入租入资产价值

C. 部分计入当期费用，部分计入租赁成本

D. 计入其他应收款

6. 下列项目中最低租赁付款额不包括的项目是（　　）。

A. 承租人每期应支付的租金

B. 承租人或与其有关的第三方担保的资产余值

C. 或有租金和履约成本

D. 期满购买价

7. 承租人采用融资租赁方式租入一台设备，该设备有效经济寿命为 15 年，租入的时候该设备尚可使用年限为 10 年，租赁期为 8 年。承租人租赁期满时以 1 万元的购价优惠购买该设备，该设备在租赁期满时的公允价值为 30 万元。则该设备计提折旧的期限为（　　）年。

A. 15　　B. 10

C. 8　　D. 双方协商确定

8. 未确认融资费用在租赁期内各个期间进行分摊时，应将其记入（　　）科目。

A. “管理费用”　　B. “长期应付款”

C. “财务费用”　　D. “销售费用”

9. 承租人对未确认融资费用的分摊，应采用的方法是（　　）。

A. 直线法　　B. 实际利率法

C. 年数总和法　　D. 双倍余额递减法

10. “未确认融资费用”账户属于（　　）。

A. 资产类　　B. 所有者权益类

C. 负债类　　D. 费用类

二、多项选择题

1. 租赁期是指（　　）。

A. 租赁合同规定的可撤销的租赁期间

B. 租赁合同规定的不可撤销的租赁期间

C. 租赁合同规定的经出租人同意可以撤销的租赁期间

D. 租赁合同规定的承租人支付了一笔足够大的额外款项后的可撤销的租赁期间

E. 承租人与原出租人就同一资产或同类资产签订新的租赁合同可撤销的租赁期间

2. 融资租赁中租赁资产余值的担保方可以是（　　）。

A. 承租人　　B. 出租人

C. 与承租人相关的第三方　　D. 与出租人相关的第三方

E. 与承租人、出租人无关的第三方

3. 我国会计准则规定符合下列标准（　　）的一项或数项，应当认定为融资租赁。

A. 在租赁期届满时，租赁资产的所有权转移给承租人

B. 承租人有购买租赁资产的选择权，所订立的购买价款预计将远低于行使选择权时租赁资产的公允价值

C. 即使资产的所有权不转移，但租赁期占租赁开始日租赁资产使用寿命的75%以上

D. 承租人在租赁开始日的最低租赁付款额现值，几乎相当于租赁开始日租赁资产公允价值；出租人在租赁开始日的最低租赁收款额现值，几乎相当于租赁开始日租赁资产公允价值

E. 租赁资产性质特殊，如果不做较大改造，只有承租人才能使用

4. 下列可以构成承租方融资租入固定资产入账价值的有（　　）。

A. 各期租金　　B. 或有租金

C. 未担保资产余值　　D. 履约成本

E. 承租人的初始直接费用

5. 最低租赁付款额包括（　　）。

A. 承租人各期的租金

B. 或有租金

C. 履约成本

D. 承租人或与其有关的第三方担保的资产余值

E. 租赁期满承租人支付的购买价

6. 融资租赁租赁期届满时，承租人通常对租赁资产的处理可以有（　　）。

A. 对外销售　　B. 返还

C. 优惠续租　　D. 留购

E. 对外出租

7. 下列承租人在租赁业务发生的费用，属于履约成本的有（　　）。

A. 佣金　　B. 人员培训费

C. 维修费　　D. 印花税

E. 技术咨询和服务费

8. 承租人在计算最低租赁付款额的现值时，可供选择的折现率有（　　）。

A. 出租人租赁内含利率　　B. 租赁合同规定的利率

C. 银行同期贷款利率　　D. 银行同期存款利率

E. 承租人租赁内含利率

9. 根据我国《企业会计准则》关于经营租赁的相关规定，对于出租方来说，下面说法正确的有（　　）。

A. 出租人应当将收取的租金在经营期间内按照实际利率确认为各期收益

B. 出租人应当将收取的租金在经营期间内按照内含利率确认为各期收益

C. 出租人发生的初始直接费用，应当计入当期损益

D. 对于出租的固定资产，应当按照同类资产的折旧政策计提折旧

E. 出租人应当将收取的租金在经营期间内按照直线法确认为各期收益

10. 经营租赁的信息披露应遵循重要性原则，承租人应对重大经营租赁作如下披露（　　）。

A. 资产负债表日后连续三个会计年度每年将支付的不可撤销经营租赁的最低租赁付款额

B. 以后年度将支付的不可撤销经营租赁的最低租赁收款额总额

C. 以后年度将支付的不可撤销经营租赁的最低租赁付款额总额

D. 未确认融资费用的余额

E. 分摊未确认融资费用所采用的方法

三、判断题

1. 融资租赁是指实质上转移了与资产所有权相关的主要风险和报酬的租赁。（ ）

2. 出租人至少应当于每年年度终了对未担保余值进行复核。未担保余值增加的，不作调整。（ ）

3. 未担保余值是指租赁资产余值中扣除就出租人而言的担保余值后的资产余值。未担保余值应该作为应收融资租赁款的一部分。（ ）

4. 判断一项租赁是否属于融资租赁的标准之一是租赁期占租赁资产使用寿命的75%以上。这里租赁资产使用寿命是指资产的全部可使用年限。（ ）

5. 承租人融资租入一项固定资产后，应当对其计提折旧，折旧政策应与承租人自有资产的折旧政策相一致。（ ）

6. 如果经营租赁资产属于固定资产，承租人应当对租入的资产采用类似资产所采用的折旧政策计提折旧。（ ）

7. 对于一笔融资租赁业务，最低融资租赁付款额等于最低租赁收款额。（ ）

8. 融资租赁期届满时，承租人行使了优惠购买选择权。出租人应按收到的承租人支付的购买资产的价款，贷记“长期应收款——应收融资租赁款”账户。（ ）

9. 同一笔融资租赁业务中租赁双方计算的未确认融资费用等于未实现融资收益。（ ）

10. 租赁期内租金的逐期支付相当于债务的分期偿付，它将减少承租人的负债。租金既包括租赁资产的价值，也包括因融资租赁而承担的利息费用。（ ）

四、计算分析与账务处理题

1. 20×4年1月1日，甲公司与乙公司签订租赁合同，将一台价值120万元，预计使用寿命10年，假定残值为0的全新设备出租给乙公司总部办公室使用，租期1年。租赁合同规定，租赁开始日（20×4年1月1日）乙公司向甲公司一次性预付租金14.4万元。为签订本协议，甲公司发生律师费等相关费用1万元。租赁期届满后甲公司收回设备。假设甲公司不是专门的租赁公司。

【要求】

（1）判断该租赁的类型并说明理由。

（2）编制甲、乙公司相关会计分录。

2. 20×4年1月1日，甲公司从乙公司租入全新建筑物一套，租期为3年。建筑物原账面价值为45万元，预计使用年限为25年。甲公司向相关单位支付初始直接费用3 000元。租赁合同规定，租赁开始日甲公司向乙公司一次性预付租金18 000元，第一年年末支付租金15 000元，第二年年末支付租金15 000元，第三年年末支付租金6 000元。租赁期满后预付租金不退回，乙公司收回办公用房使用权。假设乙公司不是专门的租赁公司。

【要求】

（1）判断该租赁的类型并说明理由。

（2）编制甲、乙公司相关会计分录。

3. 20×3 年 12 月 28 日，甲公司与乙公司签订了一份租赁合同，乙公司是专门从事租赁业务的公司。合同主要条款如下：

（1）租赁标的物：程控生产线；

（2）租赁期开始日：租赁物运抵甲公司生产车间之日（20×4 年 1 月 1 日）；

（3）租赁期：从租赁期开始日算起 36 个月（20×4 年 1 月 1 日至 20×6 年 12 月 31 日）；

（4）租金支付方式：自租赁期开始日起每年年末支付租金 100 万元；

（5）该生产线在 20×4 年 1 月 1 日的公允价值为 260 万元；

（6）租赁合同规定的利率为 8%（年利率）；

（7）该生产线为全新设备，估计使用年限为 5 年；

（8）20×5 年和 20×6 年两年，甲公司每年按该生产线所生产的产品——微波炉的年销售收入的 1% 向乙公司支付经营分享收入；

（9）租赁期满，甲公司将该生产线退还乙公司。

甲公司在租赁谈判和签订租赁合同过程中发生可归属于租赁项目的手续费、差旅费 1 万元，采用实际利率法确认本期应分摊的未确认融资费用，采用年限平均法计提固定资产折旧，20×5 年和 20×6 年分别实现微波炉销售收入 1 000 万元和 1 500 万元。

乙公司的该程控生产线账面价值为 260 万元，租赁期开始日该生产线公允价值等于账面价值，发生初始直接费用 10 万元，采用实际利率法确认本期应分配的未实现融资收益（经计算乙公司租赁内含利率为 5.46%）。

【要求】

（1）判断该租赁的类型并说明理由。

（2）编制甲、乙公司相关会计分录。

4. 20×3 年 12 月 1 日，甲公司与乙租赁公司签订了一份租赁合同。合同主要条款如下：

（1）租赁标的物：某产品生产线；

（2）起租日：20×4 年 1 月 1 日；

（3）租赁期：20×4 年 1 月 1 日至 20×6 年 12 月 31 日，共 3 年；

（4）租金支付方式：每年年初支付租金 5.4 万元；

（5）租赁期届满时该生产线的估计余值 2.34 万元（其中由甲公司担保的余值为 2 万元，未担保余值为 3 400 元）；

（6）该生产线的维护等费用由甲公司自行承担，每年 5 000 元；

（7）该生产线在 20×4 年 1 月 1 日的账面价值亦即其公允价值，为 16.7 万元；

（8）租赁合同规定的年利率为 6%；

（9）该生产线估计使用年限为 4 年，承租人采用年数总和法计提折旧；

（10）20×6 年 12 月 31 日，甲公司将该生产线交回乙租赁公司。

此外，假设该生产线占甲公司资产总额的 30% 以上，且不需安装。经计算甲公司融资费用分配率为 7.53%，乙公司租赁内含利率为 9.03%。

【要求】

（1）判断该租赁的类型并说明理由。

（2）编制甲、乙公司相关会计分录。

第五章

或有事项

学习目标

□ 熟悉或有事项概念及常见或有事项，了解或有事项的特征

□ 掌握预计负债的确认条件和计量原则

□ 掌握或有事项的会计处理

□ 理解或有事项的披露要求

学习指导

本章主要阐述未决诉讼或未决仲裁、债务担保、产品质量保证（含产品安全保证）、亏损合同等或有事项的会计处理。学习过程中尤其需要关注预计负债的计量；区分或有负债与预计负债、或有资产与资产等概念；熟练掌握或有事项的会计处理。

学习重点

或有事项概念及常见或有事项；或有事项的会计处理。

学习难点

或有事项的会计处理。

第一节　或有事项概述

一、或有事项的概念和特征

企业在经营活动中有时会面临诉讼、仲裁、债务担保、产品质量保证、重组等具有较大不确定性的经济事项，这些不确定事项对企业的财务状况和经营成果可能会产生较大的影响，其最终结果需由某些未来事项的发生或不发生加以决定。例如，企业对商品提供售后担保，承诺在商品发生质量问题时由企业无偿提供修理服务，从而会发生一些费用。至于这笔费用是否发生以及发生金额是多少，取决于未来是否发生修理请求以及修理工作量的大小等。按照权责发生制的要求，企业不能等到客户提出修理请求时，才确认因提供产品质量保证而发生的义务，而应当在资产负债表日对这一不确定事项做出判断，以决定是否在当期确认可能承担的修理义务。会计上将这种不确定事项称为或有事项。

根据《企业会计准则第 13 号——或有事项》的规定，或有事项是指过去的交易或者事项形成的，其结果需由某些未来事项的发生或不发生才能决定的不确定事项。常见的或有事

项包括未决诉讼或未决仲裁、债务担保、产品质量保证（含产品安全保证）、亏损合同、重组义务、承诺、环境污染整治等。或有事项具有以下特征：

（一）或有事项是由过去的交易或者事项形成的

或有事项作为一种不确定事项，是由企业过去的交易或者事项形成的。由过去的交易或者事项形成，是指或有事项的现存状况是过去交易或者事项引起的客观存在。例如，产品质量保证是企业对已售商品或已提供劳务的质量提供的保证，不是为尚未出售商品或尚未提供劳务的质量提供的保证。未决诉讼是企业因某种经济行为导致起诉其他单位或被其他单位起诉，是现存的一种状况，而不是未来将要发生的事项。基于这一特征，未来可能发生的自然灾害、交通事故、经营亏损等事项，都不属于或有事项。

（二）或有事项的结果具有不确定性

或有事项的结果具有不确定性，是指或有事项的结果是否发生具有不确定性或者或有事项的结果预计将会发生，但发生的具体时间或金额具有不确定性。

首先，或有事项的结果是否发生具有不确定性。例如，有些未决诉讼，被起诉的一方是否会败诉，在案件审理过程中是难以确定的，需要根据人民法院判决情况加以确定。

其次，或有事项的结果预计将会发生，但发生的具体时间或金额具有不确定性。例如，某企业因生产过程中排污治理不力并对周围环境造成污染而被起诉，如无特殊情况，该企业很可能败诉。但是，在诉讼成立时，该企业因败诉将支出多少金额，或者何时将发生这些支出，可能是难以确定的。

在或有事项中，不确定性一般包括四种情况（见表5－1）。

表5－1

项　　目	发生的概率区间
基本确定	95% < 发生的可能性 < 100%
很可能	50% < 发生的可能性 ≤ 95%
可能	5% < 发生的可能性 ≤ 50%
极小可能	0 < 发生的可能性 ≤ 5%

（三）或有事项的结果需由未来事项决定

由未来事项决定，是指或有事项的结果只能由未来不确定事项的发生或不发生才能决定。

或有事项的结果，由未来事项发生或不发生予以确定。或有事项发生时，将会对企业产生不利影响还是有利影响，或虽已知是不利影响或有利影响，但影响的大小，在或有事项发生时是很难确定的。这种不确定性的消失，只能由未来不确定事项的发生或不发生才能证实。例如，未决诉讼只能等到人民法院判决才能决定其结果。又如，企业为其他单位提供债务担保，只有在被担保方到期无力还款时，担保方才承担偿还债务的连带责任。如果被担保方经营情况和财务状况良好且有良好的信用，按期还款，那么企业将不需要履行该连带责任。

或有事项与不确定性联系在一起，但在会计处理过程中存在不确定性的事项并不都是或有事项，企业应当按照或有事项的定义和特征进行判断。例如，对固定资产计提折旧虽然涉及对固定资产预计净残值和使用寿命进行分析和判断，带有一定的不确定性，但是，固定资产折旧是已经发生的损耗，固定资产的原值是确定的，其价值最终会转移到成本或费用中也是确定的，该事项的结果是确定的，因此，对固定资产计提折旧不属于或有事项。

二、或有负债和或有资产

或有事项的结果可能会产生预计负债、或有负债或者或有资产等等。预计负债属于负债的范畴，一般符合负债的确认条件而应予以确认，即同时符合以下三个条件：一是该义务是企业承担的现时义务；二是该义务的履行很可能导致经济利益流出企业（这里的“很可能”指发生的可能性为“大于50%，但小于或等于95%”）；三是该义务的金额能够可靠计量。随着某些未来事项的发生或者不发生，或有负债可能转化为企业的预计负债，或者消失；或有资产也有可能形成企业的资产，或者消失。

（一）或有负债

或有负债是指过去的交易或事项形成的潜在义务，其存在需通过未来不确定事项的发生或不发生予以证实；或过去的交易或事项形成的现时义务，履行该义务不是很可能导致经济利益流出企业或该义务的金额不能可靠计量。或有负债涉及两类义务：一类是潜在义务；另一类是现时义务。

1. 潜在义务，是指结果取决于不确定未来事项的可能义务。也就是说，潜在义务最终是否转变为现时义务，由某些未来不确定事项的发生或不发生才能决定。

2. 现时义务，是指企业在现行条件下已承担的义务，该现时义务的履行不是很可能导致经济利益流出企业，或者该现时义务的金额不能可靠计量。其中，“不是很可能导致经济利益流出企业”，是指该现时义务导致经济利益流出企业的可能性不超过50%（含50%）。例如，甲企业和乙企业签订担保合同，承诺为乙企业的某项贷款提供担保。由于担保合同的签订，甲企业承担了一项现时义务，但承担现时义务不意味着经济利益很可能流出企业。如果乙企业的财务状况良好，说明甲企业履行连带责任的可能性不大，那么这项担保合同不是很可能导致经济利益流出甲企业。该现实义务属于甲企业的或有负债。“金额不能可靠计量”，是指该现时义务导致经济利益流出企业的“金额”难以合理预计，现时义务履行的结果具有较大的不确定性。例如，甲公司涉及一桩诉讼案，根据以往的审判案例推断，甲公司很可能要败诉。但人民法院尚未判决，甲公司无法根据经验判断未来将要承担多少赔偿金额，因此该现时义务的金额不能可靠计量，该诉讼案件即形成一项甲公司的或有负债。

或有负债无论是潜在义务还是现实义务，均不符合负债的确认条件，因而不能在报表中予以确认，但应按相关规定在财务报表附注中披露。

【例5-1】 20×4年6月9日，盛恒公司从银行贷款200万美元，期限1年，由A公司全额担保；20×4年7月8日，鑫润公司从银行贷款1 000万元，期限1年，由A公司担保 50%。

截至 20×4 年 12 月 31 日的情况如下：盛恒公司由于受政策影响和内部管理不善等原因经营效益不好，可能不能偿还到期美元债务；鑫润公司经营情况良好，预期不存在还款困难。

在本例中，就盛恒公司而言，A 公司很可能履行连带责任，造成损失，但损失金额是多少，目前还难以预计。就鑫润公司而言，要求 A 公司履行连带责任的可能性极小。根据《企业会计准则第 13 号——或有事项》的规定，这两项债务担保形成 A 公司的或有负债，不符合预计负债的确认条件，A 公司应当在 20×4 年 12 月 31 日的财务报表附注中披露相关债务担保的被担保单位、担保金额及财务影响等。A 公司应在 20×4 年 12 月 31 日的财务报表附注中进行披露的内容见表 5－2。

表 5－2

被担保单位	担保金额	财务影响
盛恒公司	担保金额美元 2 000 000 元，20×5 年 6 月 10 日到期	盛恒公司的经营效益不好，若银行借款到期未还，贷款银行将起诉盛恒公司和本公司。由于对盛恒公司该笔银行贷款提供全额担保，预期诉讼结果将给本公司的财务造成重大不利影响，损失金额目前难以估计。
鑫润公司	担保金额人民币 10 000 000 元，20×5 年 7 月 9 日到期	鑫润公司目前经营良好，预期对银行贷款不存在还款困难，因此对鑫润公司的担保给本公司造成不利影响的可能性极小，损失金额目前难以估计。

（二）或有资产

或有资产，是指过去的交易或者事项形成的潜在资产，其存在需通过未来不确定事项的发生或不发生予以证实。

或有资产作为一种潜在资产，其结果具有较大的不确定性，只有随着经济情况的变化，通过某些未来不确定事项的发生或不发生才能证实其是否会形成企业真正的资产。或有资产也不符合资产确认条件，因而也不能在报表中确认。例如，甲企业向法院起诉乙企业侵犯了其专利权。法院尚未对该案件进行公开审理，甲企业是否胜诉尚难判断。对于甲企业而言，将来可能胜诉而获得的赔偿属于一项或有资产，但这项或有资产是否会转化为真正的资产，要由法院的判决结果确定。如果终审判决结果是甲企业胜诉，那么这项或有资产就转化为甲企业的一项资产。如果终审判决结果是甲企业败诉，那么或有资产就消失了，不可能形成甲企业的资产。

三、或有负债与或有资产的处理

或有负债和或有资产不符合负债和资产的定义和确认条件的，企业不应当确认或有负债和或有资产，而应当进行相应的披露。但是，影响或有负债和或有资产的多种因素处于不断变化之中，企业应当对这些因素予以持续关注。随着时间的推移和事态的发展，或有负债的潜在义务可能转化为现时义务，原来不是很可能导致经济利益流出的现时义务也可能被证实将很可能导致企业流出经济利益，并且现时义务的金额也能够可靠计量。这时或有负债就转化为企业的负债，应当予以确认。或有资产也是一样，其对应的潜在资产最终是否能够流入企业会逐渐变得明确。如果某一时点企业基本确定能够收到这项潜在资产并且其金额能够可靠计量，则应当将其确认为企业资产。

第二节　或有事项的确认和计量

一、或有事项的确认

或有事项的确认，是指与或有事项相关义务的确认。根据《企业会计准则第13号——或有事项》的规定，与或有事项有关的义务应当在同时符合以下三个条件时，确认为预计负债：(1) 该义务是企业承担的现时义务；(2) 履行该义务很可能导致经济利益流出企业；(3) 该义务的金额能够可靠计量。

(一) 该义务是企业承担的现时义务

该义务是企业承担的现时义务，是指与或有事项相关的义务是在企业当前条件下已承担的义务，企业没有其他选择，只能履行该现时而非潜在的义务。通常情况下，过去的交易或事项是否导致现时义务是比较明确的，但也存在特殊情况，如法律诉讼。特定事项是否发生或这些事项是否已产生了一项现时义务可能难以确定，企业应当考虑包括资产负债表日后所有可获得的证据、专家意见等，以此确定资产负债表日是否存在现时义务。例如，丙公司的一名司机因违反交通规则造成严重交通事故，为此，丙公司将要承担赔偿义务。违规事项发生后，丙公司随即承担的是一项现时义务。再如，甲公司与乙公司发生经济纠纷，调解无效。甲公司遂于20×3年12月28日向法院提起诉讼。至20×3年12月31日，该诉讼尚未审理。由于案情复杂，相关的法律法规尚不健全，从20×3年年末看，诉讼的最后结果如何尚难确定，因此乙企业承担的义务属于潜在义务。假如20×3年12月31日法院尚未判决，但法庭调查表明，乙公司的行为违反了国家的有关经济法规。这种情况表明，对乙公司而言，一项现时义务已经产生。

《企业会计准则第13号——或有事项》中所指的义务包括法定义务和推定义务。

法定义务，是指因合同、法规或其他司法解释等产生的义务，通常为企业在经济管理和经济协调中，依照经济法律、法规的规定必须履行的责任。例如，甲企业与乙企业签订购货合同产生的义务就属于法定义务。

推定义务，是指因企业的特定行为而产生的义务。企业的“特定行为”，泛指企业以往的习惯做法、已公开的承诺或已公开宣布的经营政策。并且，由于以往的习惯做法，或通过这些承诺或公开的声明，企业向外界表明了它将承担特定的责任，从而使受影响的各方形成了其将履行那些责任的合理预期。例如，某企业多年来制定一项销售政策，对于售出的商品提供一定期限内的售后保修服务，预期将为售出商品提供的保修服务就属于推定义务，应当将其确认为一项负债。

（二）履行该义务很可能导致经济利益流出企业

履行该义务很可能导致经济利益流出企业，是指履行与或有事项相关的现时义务时，导致经济利益流出企业的可能性超过50%，但小于或等于95%。企业因或有事项承担了现时义务，并不说明该现时义务很可能导致经济利益流出企业。例如，20×3年5月1日，丙企业与丁企业签订协议，承诺为丁企业的两年期银行借款提供全额担保。丙企业由于担保事项而承担了一项现时义务。这项义务的履行是否很可能导致经济利益流出企业，需依据丁企业的经营情况和财务状况等因素来定。假定20×3年年末，丁企业财务状况良好。此时，如果没有其他特殊情况，一般可以认定了企业不会违约，从而丙企业履行承担的现时义务不是很可能导致经济利益流出。假定20×3年年末，丁企业的财务状况恶化，且没有迹象表明可能发生好转。此种情况的出现，表明丁企业很可能违约，从而丙企业履行承担的现时义务将很可能导致经济利益流出企业。

（三）该义务的金额能够可靠计量

该义务的金额能够可靠计量，是指与或有事项相关的现时义务的金额能够合理地估计。由于或有事项具有不确定性，因或有事项产生的现时义务的金额也具有不确定性，需要估计。要对或有事项确认一项预计负债，相关现时义务的金额应当能够可靠估计。只有在其金额能够可靠估计，并同时满足其他两个条件时，企业才能加以确认。例如，乙公司涉及一起诉讼案。根据以往的审判结果判断，公司很可能败诉，相关的赔偿金额也可以估算出一个区间。在这种情况下，就可以认为该公司因未决诉讼承担的现时义务的金额能够可靠估计，从而对未决诉讼确认一项因或有事项形成的预计负债。但是如果没有以往的审判结果作为比照，而相关的法律条文没有明确解释，那么即使该公司预计可能败诉，在判决以前也很可能无法合理估计其须承担的现实义务的金额，这种情况下不应确认为预计负债。

二、预计负债的计量

预计负债计量的基本原则是，当与或有事项有关的义务符合确认为负债的条件时，预计负债应当按照履行相关现实义务所需支出的最佳估计数进行初始计量。此外，企业清偿预计负债所需支出还可能从第三方或其他方获得补偿。因此，预计负债的计量主要涉及两个方面：（1）最佳估计数的确定；（2）预期可获得补偿的处理。

（一）最佳估计数的确定

预计负债应当按照履行相关现时义务所需支出的最佳估计数进行初始计量。最佳估计数的确定应当分两种情况处理：

1. 所需支出存在一个连续范围，且该范围内各种结果发生的可能性相同，则最佳估计数应当按照该范围内的中间值，即上下限金额的平均数确定。

【例5-2】 20×3年12月1日，盛恒公司因合同违约而被鑫润公司起诉。20×3年12月31日，盛恒公司尚未接到人民法院的判决。盛恒公司预计，最终的法律判决很可能对公司不利。假定预计将要支付的赔偿金额为200万~300万元之间的某一金额，而且这个区间内每个金额的可能性都大致相同。

与或有事项有关的义务符合预计负债的三项确认条件，在这种情况下，盛恒公司应在20×3年12月31日的资产负债表中确认一项预计负债，金额为250万元，即（200+300）÷2=250（万元）

2. 所需支出不存在一个连续范围，或者虽然存在一个连续范围，但该范围内各种结果发生的可能性不相同。在这种情况下，最佳估计数按照如下方法确定：

（1）如果或有事项涉及单个项目，最佳估计数按照最可能发生的金额确定。“涉及单个项目”是指或有事项涉及的项目只有一个，如一项未决诉讼、一项未决仲裁或一项债务担保等。

【例5-3】 20×3年10月2日，盛恒公司涉及一起诉讼案。20×3年12月31日，盛恒公司尚未接到人民法院的判决。在咨询了公司的法律顾问后，盛恒公司认为：胜诉的可能性为20%，败诉的可能性为80%；如果败诉，需要赔偿150万元。

在这种情况下，盛恒公司在20×3年12月31日资产负债表中应确认的预计负债金额应为最可能发生的金额，即150万元。

（2）如果或有事项涉及多个项目，最佳估计数按照各种可能结果及相关概率加权计算确定。“涉及多个项目”指或有事项涉及的项目不止一个，如产品质量保证。在产品质量保证中，提出产品保修要求的可能有许多客户，相应地，企业对这些客户都负有保修义务。

【例5-4】 盛恒公司20×3年销售丁产品2万件，销售额为1 000万元。质保条款规定：产品售出后一年内，发生正常质量问题企业将免费负责修理。按照以往经验，不发生质量问题的可能性为80%，无需支付维修费；发生较小质量问题的可能性为15%，相应的维修费为销售收入的2%；发生较大质量问题的可能性为4%，相应的维修费为销售收入的10%；发生严重质量问题的可能性为1%，相应的维修费为销售收入的20%。

20×3年应计提的产品质量保证金

$$=1\,000\times2\%\times15\%+1\,000\times10\%\times4\%+1\,000\times20\%\times1\%=3+4+2=9\text{（万元）}$$

（二）预期可获得补偿的处理

如果企业清偿因或有事项而确认的负债所需支出全部或部分预期由第三方或其他方补偿，则此补偿金额只有在基本确定能收到时，才能作为资产单独确认，确认的补偿金额不能超过所确认负债的账面价值。

预期可能获得补偿的情况通常有：（1）发生交通事故等情况时，企业通常可从保险公司获得合理的赔偿；（2）在某些索赔诉讼中，企业可对索赔人或第三方另行提出赔偿要求；（3）在债务担保业务中，企业在履行担保义务的同时，通常可向被担保企业提出追偿要求。

补偿金额的确认涉及两个方面问题：一是确认时间，补偿只有在“基本确定”能够收到时才予以确认；二是确认金额，确认的金额是基本确定能够收到的金额，而且不能超过相关预计负债的金额。

【例5-5】 20×3年12月31日，盛恒公司因或有事项而确认了一笔金额为100万元的预计负债；同时，盛恒公司因该或有事项基本确定可从甲保险公司获得50万元的赔偿，这项金额基本确定能收到。在这种情况下，盛恒公司应分别确认一项金额为100万元的预计负债和一项金额为50万元的资产，而不能只确认一项金额为50万元（100-50）的预计负债。同时，盛恒公司所确认的补偿金额50万元不能超过所确认的负债的账面价值100万元。

（三）预计负债的计量需要考虑的其他因素

1. 风险和不确定性。企业需要谨慎从事，充分考虑与或有事项有关的风险和不确定性。既不能忽略风险和不确定性对或有事项计量的影响，也要避免对风险和不确定性进行重复调整，从而在低估和高估预计负债金额之间寻找平衡点。

2. 货币时间价值。如果预计负债的确认时点距离实际清偿有较长的时间跨度，货币时间价值的影响重大，那么在确定预计负债的确认金额时，有必要考虑采用现值计量，即通过对相关未来现金流出进行折现后确认最佳估计数。

3. 未来事项。企业应当考虑可能影响履行现时义务所需金额的相关未来事项。也就是说，对于这些未来事项，如果有足够的客观证据表明它们将发生，则应当在预计负债计量中予以反映。

4. 资产负债表日对预计负债账面价值的复核。企业应当在资产负债表日对预计负债的账面价值进行复核。有确凿证据表明该账面价值不能真实反映当前最佳估计数的，应当按照当前最佳估计数对该账面价值进行调整。

第三节　或有事项的会计处理

一、未决诉讼或未决仲裁

诉讼，是指当事人不能通过协商解决争议，因而在人民法院起诉、应诉，请求人民法院通过审判程序解决纠纷的活动。诉讼尚未裁决之前，对于被告者来说，可能形成一项或有负债或者预计负债；对于原告来说，则可能形成一项或有资产。

仲裁，是指经济法的各方当事人依照事先约定或事后达成的书面仲裁协议，共同选定仲裁机构并由其对争议依法做出具有约束力裁决的一种活动。作为当事人一方，仲裁的结果在仲裁决定公布以前是不确定的，会构成一项潜在义务或现时义务，或者潜在资产。

【例 5-6】 盛恒公司与鑫润公司签订一项供销合同，约定盛恒公司在 20×3 年 11 月供应给鑫润公司一批物资。由于盛恒公司未能按照合同发货，致使鑫润公司发生重大经济损失。鑫润公司通过法律程序要求盛恒公司赔偿经济损失 600 万元。该诉讼案件在 12 月 31 日尚未判决，盛恒公司确认了 500 万元的预计负债。盛恒公司的会计处理如下：

借：营业外支出	5 000 000	
贷：预计负债		5 000 000

【例 5-7】 盛恒公司 20×3 年 11 月 1 日有一笔已到期的银行贷款本金 1 000 万元，利息 150 万元，盛恒公司未按时归还银行的贷款。20×3 年 12 月 1 日，银行向人民法院提起诉讼。截至 20×3 年 12 月 31 日，人民法院尚未对案件进行审理。败诉的可能性为 60%，预计将要支付的罚息、诉讼费用在 100 万～120 万元之间，其中诉讼费 5 万元。

盛恒公司的会计处理如下：盛恒公司败诉的可能性为 60%，即很可能败诉，则盛恒公司应在 20×3 年 12 月 31 日确认一项预计负债：（100＋120）÷2＝110 万元。账务处理如下：

借：管理费用——诉讼费 50 000

营业外支出——罚息支出 1 050 000

贷：预计负债——未决诉讼——B 银行 1 100 000

二、债务担保

债务担保在企业中是较为普遍的现象。作为提供担保的一方，在被担保方无法履行合同的情况下，常常需承担连带责任。从保护投资者、债权人的利益出发，客观、充分地反映企业因担保义务而承担的潜在风险是十分必要的。

企业对外提供债务担保常常会涉及未决诉讼，这时可以分以下情况进行处理：

1. 企业已被判决败诉，则应当按照人民法院判决的应承担的损失金额，确认为负债，并计入当期营业外支出。

2. 已判决败诉，但企业正在上诉，或者经上一级人民法院裁定暂缓执行，或者由上一级人民法院发回重审等，企业应当在资产负债表日，根据已有判决结果合理估计可能产生的损失金额，确认为预计负债，并计入当期营业外支出。

3. 人民法院尚未判决的，企业应向其律师或法律顾问等咨询，估计败诉的可能性以及败诉后可能发生的损失金额，并取得有关书面意见。如果败诉的可能性大于胜诉的可能性，并且损失金额能够合理估计的，应当在资产负债表日将预计担保损失金额确认为预计负债，并计入当期营业外支出。

【例 5－8】 20×1 年 10 月，盛恒公司从银行贷款人民币 2 000 万元，期限 2 年，由丁公司全额担保；20×3 年 4 月，鑫润公司从银行贷款人民币 500 万元，期限 1 年，由丁公司担保 50%；20×3 年 6 月，丙公司通过银行从戊公司贷款人民币 1 000 万元，期限 2 年，由丁公司全额担保。

截至 20×3 年 12 月 31 日，各贷款单位的情况如下：盛恒公司贷款逾期未还，银行已起诉盛恒公司和丁公司，丁公司因连带责任赔偿多少金额尚无法确定；鑫润公司由于受政策影响和内部管理不善等原因，经营效益不如以往，可能不能偿还到期债务；丙公司经营情况良好，预期不存在还款困难。

分析：本例中，对盛恒公司而言，丁公司很可能需履行连带责任，但损失金额是多少，目前还难以预计；就鑫润公司而言，丁公司可能需履行连带责任；就丙公司而言，丁公司履行连带责任的可能性极小。这三项债务担保形成丁公司的或有负债，但不符合预计负债的确认条件，丁公司应在 20×3 年 12 月 31 日的财务报表附注中披露相关债务担保的被担保单位、担保金额以及财务影响等。

三、产品质量保证

产品质量保证，通常指销售商或制造商在销售产品或提供劳务后，对客户提供服务的一种承诺。在约定期内（或终身保修），若产品或劳务在正常使用过程中出现质量或与之相关的其他属于正常范围的问题，企业负有更换产品、免费或只收成本价进行修理等责任。按照权责发生制的要求，上述相关支出若符合确认条件，就应在发生时确认相关预计负债。

【例 5－9】 盛恒公司为大型机械生产和销售企业。公司对购买其大型机械的客户做出承诺：大型机械售出后3年内，如出现非意外事件造成的大型机械故障和质量问题，盛恒公司免费负责保修（含零配件更换）。盛恒公司20×3年四个季度分别销售大型机械40台、60台、80台和70台，每台售价为50万元。根据以往的经验，大型机械发生的保修费一般为销售额的1%～1.5%之间。盛恒公司20×3年四个季度实际发生的维修费用分别为5万元、35万元、40万元和70万元（假定发生的维修费用均以银行存款支付）。假定20×2年12月31日，“预计负债——产品质量保证”科目年末余额为25万元。

本例中，盛恒公司因销售大型机械而承担了现时义务，该现时义务的履行很可能导致经济利益流出盛恒公司，且该义务的金额能够可靠计量。盛恒公司应在每季度末确认一次预计负债。

（1）第一季度发生产品质量保证费用（维修费）时：

借：预计负债——产品质量保证　　50 000

　　贷：银行存款　　50 000

应确认的产品质量保证负债金额＝40×500 000×（1%＋1.5%）÷2＝250 000（元）

借：销售费用——产品质量保证　　250 000

　　贷：预计负债——产品质量保证　　250 000

第一季度末，“预计负债——产品质量保证——机床”科目余额＝250 000＋250 000－50 000＝450 000元。

（2）第二季度发生产品质量保证费用（维修费）时：

借：预计负债——产品质量保证　　350 000

　　贷：银行存款　　350 000

应确认的产品质量保证负债金额＝60×500 000×（1%＋1.5%）÷2＝375 000（元）

借：销售费用——产品质量保证　　375 000

　　贷：预计负债——产品质量保证　　375 000

第二季度末，“预计负债——产品质量保证”科目余额＝450 000＋375 000－350 000＝475 000元。

（3）第三季度发生产品质量保证费用（维修费）时：

借：预计负债——产品质量保证　　400 000

　　贷：银行存款　　400 000

应确认的产品质量保证负债金额＝80×500 000×（1%＋1.5%）÷2＝500 000（元）

借：销售费用——产品质量保证　　500 000

　　贷：预计负债——产品质量保证　　500 000

第三季度末，“预计负债——产品质量保证——机床”科目余额＝475 000＋500 000－400 000＝575 000元。

（4）第四季度发生产品质量保证费用（维修费）时：

借：预计负债——产品质量保证　　700 000

　　贷：银行存款　　700 000

应确认的产品质量保证负债金额＝70×500 000×（1%＋1.5%）÷2＝437 500（元）

借：销售费用——产品质量保证　　437 500

　　贷：预计负债——产品质量保证　　437 500

第四季度末，"预计负债——产品质量保证"科目余额 = 575 000 + 437 500 − 700 000 = 312 500 元。

> **在对产品质量保证确认预计负债时的注意事项**
>
> 第一，如果发现保证费用的实际发生额与预计数相差较大，应及时对预计比例进行调整。
>
> 第二，如果企业针对特定批次产品确认预计负债，则在保修期结束时，应将"预计负债——产品质量保证"余额冲销，同时冲销销售费用。
>
> 第三，已对其确认预计负债的产品，如企业不再生产了，那么应在相应的产品质量保证期满后，将"预计负债——产品质量保证"余额冲销，同时冲销销售费用。

【例 5 − 10】 盛恒公司生产 B 产品，20 × 3 年度销售额为 1 000 万元。质保条款规定：产品售出后 1 年内，发生正常质量问题企业将免费负责修理。按照以往经验，不发生质量问题的可能性为 80%，无需支付维修费；发生较小质量问题的可能性为 10%，相应的维修费为销售收入的 1%；发生较大质量问题的可能性为 5%，相应的维修费为销售收入的 4%；20 × 4 年年初，由于产品结构调整，已停止 B 产品的生产和销售。20 × 4 年度发生了维修支出 1 万元，以银行存款支付。

20 × 3 年年末，公司应确认的预计负债为 1 000 × 10% × 1% + 1 000 × 5% × 4% = 3 万元，账务处理如下：

- 确认产品质量保证预计负债时：

借：销售费用——产品质量保证	30 000	
贷：预计负债——产品质量保证		30 000

- 发生产品质量保证维修费用时：

借：预计负债——产品质量保证	10 000	
贷：银行存款		10 000

- 保修期满，冲销预计负债。20 × 4 年年末尚有预计负债 2 万元。因为 1 年的产品保修期已过，负债业务已不存在，应将预计负债冲回：

借：预计负债——产品质量保证	20 000	
贷：销售费用——产品质量保证		20 000

四、亏损合同

待执行合同，是指合同各方未履行任何合同义务，或部分履行了同等义务的合同，如企业与其他企业签订的商品销售合同、劳务供应合同、租赁合同等。

亏损合同，是指履行合同义务不可避免发生的成本超过预期经济利益的合同。这里所称的"履行合同义务不可避免发生的成本"反映了退出该合同的最低净成本，即履行该合同的成本与未履行该合同而发生的补偿或处罚两者之中的较低者。

待执行合同变为亏损合同，同时该亏损合同产生的义务满足预计负债的确认条件，则应当确认预计负债。

企业对亏损合同进行会计处理，需要遵循以下两点原则：

1. 如果与亏损合同相关的义务不需支付任何补偿即可撤销，企业通常就不存在现时义务，不应确认为预计负债；如果与亏损合同相关的义务不可撤销，企业就存在了现时义务。同时满足该义务很可能导致经济利益流出企业且金额能够可靠计量的，应当确认为预计负债。

2. 待执行合同变为亏损合同时，合同存在标的资产的，应当对标的资产进行减值测试并按规定确认减值损失。在这种情况下，企业通常不需确认预计负债。如果预计亏损超过该减值损失，应将超过部分确认为预计负债。合同不存在标的资产的，亏损合同相关义务满足预计负债确认条件时，应当确认预计负债。

【例 5－11】 盛恒公司 20×2 年 12 月 10 日与鑫润公司签订不可撤销合同，约定在 20×3 年 3 月 1 日以每件 300 元的价格向鑫润公司提供 A 产品 2 000 件，若不能按期交货，将对盛恒公司处以总价款 30% 的违约金。签订合同时 A 产品尚未开始生产。盛恒公司准备生产 A 产品时，原材料价格突然上涨，预计生产 A 产品的单位成本将超过合同单价。不考虑相关税费。

（1）若生产 A 产品的单位成本为 350 元：

履行合同发生的损失＝2 000×（350－300）＝100 000（元）

不履行合同支付的违约金＝2 000×300×30%＝180 000（元）

本例中，盛恒公司与鑫润公司签订了不可撤销合同，但是执行合同不可避免发生的费用超过了预期获得的经济利益，属于亏损合同。由于该合同变为亏损合同时不存在标的资产，盛恒公司应当按照履行合同造成的损失与违约金两者中的较低者确认一项预计负债，即应确认预计负债 10 万元：

借：营业外支出——亏损合同损失——A 产品　　100 000
　　贷：预计负债——亏损合同损失——A 产品　　100 000

待产品完工后，将已确认的预计负债冲减产品成本：

借：预计负债——亏损合同损失——A 产品　　100 000
　　贷：库存商品——A 产品　　100 000

（2）若生产 A 产品的单位成本为 450 元：

履行合同发生的损失＝2 000×（400－300）＝200 000（元）

不履行合同支付的违约金＝2 000×300×30%＝180 000（元）

应确认预计负债 18 万元：

借：营业外支出——亏损合同损失——A 产品　　180 000
　　贷：预计负债——亏损合同损失——A 产品　　180 000

支付违约金时：

借：预计负债——亏损合同损失——A 产品　　180 000
　　贷：银行存款　　180 000

【例 5－12】 盛恒公司与鑫润公司于 20×2 年 11 月签订不可撤销合同，盛恒公司向鑫润公司销售机床 20 台，合同价格每台 90 万元（不含税）。该批机床在 20×3 年 1 月 25 日交货。至 20×2 年年末盛恒公司已生产 10 台机床。由于原材料价格上涨，单位成本达到 92 万元，每销售一台机床亏损 2 万元，因此这项合同已成为亏损合同。预计其余未生产的 10 台机床的单位成本与已生产的机床的单位成本相同。则盛恒公司应对有标的的 10

台机床计提存货跌价准备，对没有标的的 10 台机床确认预计负债。不考虑相关税费。

有关账务处理如下：

（1）有标的的部分，合同为亏损合同，确认减值损失：

借：资产减值损失——存货跌价准备——A 设备　　200 000

　　贷：存货跌价准备——A 设备（$10\times20\ 000$）　　200 000

（2）无标的的部分，合同为亏损合同，确认预计负债：

借：营业外支出——亏损合同损失——A 设备　　200 000

　　贷：预计负债——亏损合同损失——A 设备（$10\times20\ 000$）　　200 000

在产品生产出来后，将预计负债冲减成本：

借：预计负债——亏损合同损失——A 设备　　200 000

　　贷：库存商品——A 设备　　200 000

五、重组义务

重组，是指企业制定和控制的，将显著改变企业组织形式、经营范围或经营方式的计划实施行为。属于重组的事项主要包括：出售或终止企业的部分业务；对企业的组织结构进行较大调整；关闭企业的部分营业场所，或将营业活动由一个国家或地区迁移到其他国家或地区。

企业重组、企业合并和债务重组之间的区别

企业重组通常是企业内部资源的调整和组合，谋求现有资产效能的最大化，执行《企业会计准则——或有事项》；企业合并是在不同企业之间的资本重组和规模扩张，执行《企业会计准则——企业合并》；债务重组是债权人对债务人作出让步，债务人减轻债务负担，债权人尽可能减少损失，执行《企业会计准则——债务重组》。

（一）重组义务的确认

企业因重组而承担了重组义务，并且同时满足预计负债确认条件时，才能确认预计负债。

首先，同时存在下列情况的，表明企业承担了重组义务：（1）有详细、正式的重组计划，包括重组涉及的业务、主要地点、需要补偿的职工人数、预计重组支出、计划实施时间等；（2）该重组计划已对外公告。

企业制定了详细、正式的重组计划，并已经对外公告，使那些受其影响的其他单位或个人可以合理预期企业将实施重组，这构成了企业的一项推定义务。而管理层或董事会在资产负债表日前做出的重组决定，在资产负债表日并不形成一项推定义务，除非企业在资产负债表日前已经对外进行了公告，将重组计划传达给受其影响的各方，使之形成了对企业实施重组的合理预期。

其次，需要判断重组义务是否同时满足预计负债的三个确认条件，即：（1）其承担的重组义务是否是现时义务；（2）履行重组义务是否很可能导致经济利益流出企业；（3）重组义务的金额是否能够可靠计量。只有同时满足这三个确认条件，才能将重组义务确认为预计负债。

【例 5-13】 20×3 年 12 月 31 日，盛恒公司董事会决定关闭 B 产品事业部。20×3 年

度财务报告报出前，盛恒公司董事会尚未将有关决定传达到受影响的各方，也未采取任何措施实施该项决定。在 20×3 年 12 月 31 日，盛恒公司不应对此项决定确认预计负债。

【例 5-14】 20×3 年 12 月 16 日，鑫润公司董事会决定关闭 A 产品事业部，有关计划已获批准。至 20×3 年 12 月 31 日，关闭该事业部的决定已经向社会公告，受影响的公司职工、客户及供应商均收到了通知。如果该义务很可能导致经济利益流出鑫润公司，且金额能够可靠计量，在 20×3 年 12 月 31 日，鑫润公司应对此项决定确认预计负债。

（二）重组义务的计量

企业应当按照与重组有关的直接支出确认预计负债金额。其中，直接支出是企业重组必须承担的，并且与主体继续进行的活动无关的直接支出，不包括留用职工岗前培训、市场推广、新系统和营销网络投入等支出。因为这些支出与未来经营活动有关，在资产负债表日不是重组义务。

由于企业在计量预计负债时不应当考虑预期处置相关资产的利得，在计量与重组义务相关的预计负债时，也不考虑处置相关资产（如厂房、店面，有时是一个事业部整体）可能形成的利得或损失，即使资产的出售构成重组的一部分也是如此。

企业可以参照表 5-3 判断该项支出是否属于与重组有关的直接支出。

表 5-3　　与重组有关支出的判断表

支出项目	包括	不包括	不包括的原因
自愿遣散	√		
强制遣散（如果自愿遣散目标未满足）	√		
将不再使用的厂房的租赁撤销	√		
将职工和设备从拟关闭的工厂转移到继续使用的工厂		√	支出与继续进行的活动相关
剩余职工的再培训		√	支出与继续进行的活动相关
新经理的招聘成本		√	支出与继续进行的活动相关
推广公司新形象的营销成本		√	支出与继续进行的活动相关
对新营销网络的投资		√	支出与继续进行的活动相关
重组的未来可辨认经营损失（最新预计值）		√	支出与继续进行的活动相关
特定固定资产的减值损失		√	资产减值准备应当按照《企业会计准则第 8 号——资产减值》进行计提

第四节　或有事项的信息披露

一、预计负债的列报

（一）在资产负债表中的列报

在资产负债表中，因或有事项而确认的预计负债应与其他负债项目区别开来，单独反映。如果企业因多项或有事项确认了预计负债，在资产负债表上一般只需通过“预计负债”项目进行总括反映。

（二）在利润表中的列报

在将或有事项确认为负债的同时，应确认一项支出或费用。这项支出或费用在利润表中不应单列项目反映，而应与其他费用或支出项目，如“销售费用”“管理费用”“营业外支出”等合并反映。例如，企业因产品质量保证确认负债时所确认的费用，在利润表中应作为“销售费用”的组成部分予以反映；再如，企业因对其他单位提供债务担保时所确认的费用，在利润表中应作为“营业外支出”的组成部分予以反映。

（三）在会计报表附注中的披露

为了使会计报表使用者获得充分、详细的有关或有事项的信息，企业应在会计报表附注中披露以下内容：（1）预计负债的种类、形成原因以及经济利益流出不确定性的说明；（2）各类预计负债的期初、期末余额和本期变动情况；（3）与预计负债有关的预期补偿金额和本期已确认的预期补偿金额。

二、或有负债的披露

或有负债是指过去的交易或事项形成的潜在义务，其存在需通过未来不确定事项的发生或不发生予以证实；或是指过去的交易或事项形成的现时义务，履行该义务不是很可能导致经济利益流出企业或该义务的金额不能可靠计量。也就是说，与或有事项有关的义务，只要不能同时满足确认负债的三个条件，就形成了或有负债。

企业应在附注中披露或有负债（不包括极小可能导致经济利益流出企业的或有负债）的下列信息：

1. 或有负债的种类及其形成原因，包括已贴现商业承兑汇票、未决诉讼、未决仲裁、对外提供担保等形成的或有负债。

2. 对经济利益流出不确定性的说明。

3. 或有负债预计产生的财务影响，以及获得补偿的可能性；无法预计的，应当说明原因。

在涉及未决诉讼、未决仲裁的情况下，如果披露与该或有事项有关的全部或部分信息预期会对企业造成重大不利影响的，企业无需披露这些信息，但应当披露该未决诉讼、未决仲裁的性质，以及没有披露这些信息的事实和原因。

【例 5－15】 鑫润公司为一家化工企业，生产过程中因意外事故导致有毒气体外泄，对临近的盛恒公司造成严重污染，并发生职工中毒。为此，20×3 年 10 月 12 日，盛恒公司向法院提起诉讼，要求赔偿 2 000 万元。直到 20×3 年 12 月 31 日，该诉讼尚未判决。

鑫润公司因案情复杂，无法估计赔偿金额，未确认预计负债。对此，在会计报表附注中应披露如下：

或有事项：本公司因生产经营过程中发生意外事故，导致盛恒公司环境污染并发生人员中毒，盛恒公司向法院提起诉讼，要求本公司赔偿 2 000 万元。目前此案正在审理中。

或有资产指过去的交易或者事项形成的潜在资产，其存在需通过未来不确定事项的发生或不发生予以证实。企业通常不披露或有资产，但或有资产很可能会给企业带来经济利益的，应当在附注中披露其形成的原因、预计产生的财务影响等。

思考与练习

一、单项选择题

1. 20×3 年 12 月 25 日，甲公司因侵犯乙公司的专利权被乙公司起诉，要求赔偿 100 万元。至 12 月 31 日法院尚未判决。甲公司经研究认为，侵权事实成立，本诉讼败诉的可能性为 80%，最可能赔偿金额为 60 万元。甲公司对该起诉讼应确认的预计负债金额为（　　）。

A. 60 万元　　B. 70 万元

C. 50 万元　　D. 40 万元

2. 下列各种说法中，正确的是（　　）。

A. 或有资产不符合资产确认条件

B. 或有负债符合负债确认条件

C. 或有资产应在会计报表附注中披露

D. 只要是或有负债，就必须在附注中披露

3. 企业会计制度规定，如果清偿因或有事项而确认的负债所需支出全部或部分预期由第三方或其他方补偿，则补偿金额只能在基本确定能收到时作为资产单独确认。这里的“基本确定”是指（　　）。

A. 发生的可能性大于 95% 但小于或等于 100%

B. 发生的可能性大于或等于 95% 但小于或等于 100%

C. 发生的可能性大于 50% 但小于或等于 95%

D. 发生的可能性大于 95% 但小于 100%

4. 甲公司与乙公司签订合同，购买 10 件商品，合同价格每件 20 000 元。市场上同类商品每件为 16 000 元。甲公司购买的商品卖给丙公司，单价 16 000 元。如甲公司单方面撤销合同，应支付违约金为 30 000 元。商品尚未购入，则甲公司应确认的预计负债为（　　）。

A. 40 000 元　　B. 30 000 元

C. 20 000 元　　D. 50 000 元

5. 下列不属于或有事项的是（　　）。

A. 售后商品担保　　B. 对其他单位的债务担保

C. 未决诉讼　　D. 可能发生的汇率变动

6. 甲公司对销售产品承担售后保修，发生的保修费一般为销售额的 1% ~2%。甲公司 20×3 年的销售额为 2 000 万元，支付保修费用 12 万元，期初“预计负债——保修费用”的余额是 10 万元，则 20×3 年期末“预计负债——保修费用”的余额是（　　）。

A. 18 万元　　B. 28 万元

C. 40 万元　　D. 30 万元

7. 企业清偿预计负债所需支出全部或部分预期由第三方补偿的，其涉及补偿金额应当（　　）。

A. 直接冲减预计负债和营业外支出金额

B. 直接增加预计负债金额

C. 在很可能收到时作为资产单独确认

D. 在基本确定能够收到时才能作为资产单独确认

8. 根据《企业会计准则——或有事项》的规定，下列有关或有事项的表述中，正确的是（　　）。

A. 由于担保引起的或有事项随着被担保人债务的全部清偿而消失

B. 只有对本单位产生有利影响的事项，才能作为或有事项

C. 或有资产与或有事项相联系，有或有资产就有或有负债

D. 对于或有事项既要确认或有负债，也要确认或有资产

9. 20×3 年 12 月 31 日，甲公司存在一项未决诉讼。根据类似案例的经验判断，该项诉讼败诉的可能性为 90%。如果败诉，甲公司将赔偿对方 100 万元并承担诉讼费用 5 万元，但很可能从第三方收到补偿款 10 万元。20×3 年 12 月 31 日，甲公司应就此项未决诉讼确认的预计负债金额为（　　）。

A. 90 万元　　　　B. 95 万元

C. 100 万元　　　　D. 105 万元

10. 20×3 年 8 月 1 日，甲公司因产品质量不合格而被乙公司起诉。至 20×3 年 12 月 31 日，该起诉讼尚未判决。甲公司估计很可能承担违约赔偿责任，需要赔偿 200 万元的可能性为 70%，需要赔偿 100 万元的可能性为 30%。甲公司基本确定能够从直接责任人处追回 50 万元。20×3 年 12 月 31 日，甲公司对该起诉讼应确认的预计负债金额为（　　）。

A. 120 万元　　　　B. 150 万元

C. 170 万元　　　　D. 200 万元

二、多项选择题

1. 预计负债计量需要考虑的其他因素包括（　　）。

A. 风险和不确定性

B. 货币时间价值

C. 未来事项

D. 资产负债表日对预计负债账面价值的复核

E. 履行的法律责任

2. 下列事项中，属于或有事项的有（　　）。

A. 对债务单位提起诉讼　　　　B. 对售出商品提供售后担保

C. 待执行合同　　　　D. 为子公司的贷款提供担保

E. 亏损合同

3. 关于最佳估计数，下列说法中正确的有（　　）。

A. 企业在确定最佳估计数时，应当综合考虑与或有事项有关的不确定性和货币时间价值因素

B. 企业在确定最佳估计数时，应当综合考虑与或有事项有关的风险因素

C. 企业在确定最佳估计数时，不应当综合考虑与或有事项有关的货币时间价值因素

D. 货币时间价值影响重大的，应当在对相关未来现金流出进行折现后确定最佳估计数

E. 所需支出存在一个连续范围，且该范围内各种结果发生的可能性相同的，最佳估计数应当按照该范围内的中间值确定

4. 下列关于或有事项的说法中，正确的有（　　）。

A. 或有资产和或有负债均不确认

B. 当或有资产可能给企业带来经济利益时，应在财务报表附注中披露

C. 或有资产一般不应在财务报表附注中披露，但或有资产很可能给企业带来经济利益时，应在财务报表附注中披露

D. 一桩经济案件，若企业有98%的可能性获得补偿100万元，企业就应将其确认为资产

E. 或有负债符合一定条件时，企业应将其确认为负债

5. 甲公司在编制本年度财务报告时，对有关的或有事项进行了检查，包括：（1）正在诉讼过程中的经济案件估计很可能胜诉并可获得200万元的赔偿；（2）由于甲公司生产过程中产生的废料污染了河水，有关环保部门正在进行调查，估计很可能支付赔偿金额100万元；（3）甲公司为乙公司提供银行借款担保，担保金额500万元，甲公司了解到乙公司近期的财务状况不佳，可能无法支付将于次年5月20日到期的银行借款300万元。甲公司在本年度财务报告中，对上述或有事项的处理正确的有（　　）。

A. 甲公司将诉讼过程中很可能获得的200万元赔偿款确认为资产，并在财务报表附注中作了披露

B. 甲公司未将诉讼过程中很可能获得的200万元赔偿款确认为资产，但在财务报表附注中作了披露

C. 甲公司将因污染环境而很可能发生的100万元赔偿款确认为负债，并在财务报表附注中作了披露

D. 甲公司将为乙公司提供的、乙公司可能无法支付的300万元担保确认为负债，并在财务报表附注中作了披露

E. 甲公司未将为乙公司提供的、乙公司可能无法支付的300万元担保确认为负债，但在财务报表附注中作了披露

6. 如果清偿因或有事项而确认的负债所需支出全部或部分预期由第三方或其他方补偿，下列说法中正确的有（　　）。

A. 补偿金额在基本确定收到时，企业不应按所需支出扣除补偿金额后的金额确认负债

B. 补偿金额在基本确定收到时，企业应按所需支出扣除补偿金额确认负债

C. 补偿金额只能在实际收到时，作为资产单独确认，且确认的补偿金额不应超过所确认负债的账面价值

D. 补偿金额只能在基本确定收到时，作为资产单独确认，且确认的补偿金额不应超过所确认负债的账面价值

E. 补偿金额在很可能收到时作为资产单独确认

7. 下列各项会计交易或事项中，属于或有事项的有（　　）。

A. 代被担保企业向银行清偿债务　　　B. 为其他企业的长期借款提供的担保
C. 以一项房地产作抵押向银行借款　　D. 由于技术纠纷被其他企业提起诉讼
E. 债务重组后债务人承担的或有支付利息的义务

8. 关于或有事项，下列说法中正确的有（　　）。
A. 或有事项是过去的交易或事项形成的一种状况，其结果需通过未来不确定事项的发生或不发生予以证实
B. 企业不应确认或有资产和或有负债
C. 为其他单位提供债务担保形成的或有负债应在会计报表附注中披露
D. 与或有事项有关的义务的履行只要很可能导致经济利益流出企业，就应将其确认为一项负债
E. 或有事项的结果不确定，是指或有事项的结果是否发生具有不确定性，或者或有事项的结果预计将会发生，但发生的具体时间或金额具有不确定性

9. 常见的或有事项包括（　　）。
A. 债务担保　　B. 未决诉讼
C. 重组义务　　D. 商业承兑汇票贴现
E. 亏损合同

10. 甲公司因或有事项很可能赔偿乙公司120万元，同时，因该或有事项甲公司基本确定可以从乙公司获得80万元的补偿金，甲公司正确的会计处理是（　　）。
A. 确认营业外支出和预计负债120万元　B. 确认营业外支出和预计负债40万元
C. 确认其他应收款80万元　　D. 不确认其他应收款
E. 确认营业外支出和或有负债40万元

三、判断题

1. 或有资产可以确认为企业的资产。（　　）
2. 或有资产都需要在报表中列报。（　　）
3. 当或有负债满足一定条件时，企业应将或有负债确认为负债。（　　）
4. 待执行合同变成亏损合同的，该亏损合同产生的义务应当确认为预计负债。（　　）
5. 或有事项的结果不确定，仅指或有事项的结果是否发生具有不确定性。（　　）
6. 企业在计算预计负债时不考虑与履行该现时义务所需金额的相关未来事项。（　　）
7. 企业在确认预计负债时，不考虑货币时间价值的影响。（　　）
8. 或有资产指过去的交易或者事项形成的现时义务，其存在需通过未来不确定事项的发生或不发生予以证实。（　　）
9. 待执行合同不管是否亏损，都有可能确认预计负债。（　　）
10. 某公司董事会决定关闭一个事业部。如果有关决定尚未传达到受影响的各方，也未采取任何措施实施该项决定，表明该公司没有承担重组义务，但应确认预计负债。（　　）

四、计算分析与账务处理题

1. 甲公司为一生产型企业，主要生产A、B、C三种产品。甲公司20×3年度有关事项如下：

（1）甲公司管理层于20×3年11月制订了一项业务重组计划。该业务重组计划的主要内容如下：从20×4年1月1日起关闭C产品生产线；从事C产品生产的员工共计250人，除部门主管及技术骨干等50人留用转入其他部门外，其他200人都将被辞退。根据被辞退员工的职位、工作年限等因素，甲公司将一次性给予被辞退员工不同标准的补偿，补偿支出共计800万元；C产品生产线关闭之日，租用的厂房将被腾空，撤销租赁合同并将其移交给出租方，用于C产品生产的固定资产等将转移至甲公司自己的仓库。上述业务重组计划已于20×3年12月2日经甲公司董事会批准，并于12月3日对外公告。20×3年12月31日，上述业务重组计划尚未实际实施，员工补偿及相关支出尚未支付。为了实施上述业务重组计划，甲公司预计发生以下支出或损失：因辞退员工将支付补偿款800万元；因撤销厂房租赁合同将支付违约金25万元；因将用于C产品生产的固定资产等转移至仓库将发生运输费3万元；因对留用员工进行培训将发生支出1万元；因推广新款B产品将发生广告费用2 500万元；因处置用于C产品生产的固定资产将发生减值损失150万元。

（2）20×3年12月15日，消费者因使用C产品造成财产损失向法院提起诉讼，要求甲公司赔偿损失560万元。12月31日，法院尚未对该案做出判决。在咨询法律顾问后，甲公司认为该案很可能败诉。根据专业人士的测算，甲公司的赔偿金额可能在450万元至550万元之间，而且上述区间内每个金额的可能性相同。

（3）20×3年12月25日，丙公司（为甲公司的子公司）向银行借款3 200万元，期限为3年。经董事会批准，甲公司为丙公司的上述银行借款提供全额担保。12月31日，丙公司经营状况良好，预计不存在还款困难。

【要求】

（1）根据资料（1），判断哪些是与甲公司业务重组有关的直接支出，并计算因重组义务应确认的预计负债金额。

（2）根据资料（1），计算甲公司因业务重组计划而减少20×3年度利润总额的金额，并编制相关会计分录。

（3）根据资料（2）和（3），判断甲公司是否应当将与这些或有事项相关的义务确认为预计负债。如确认，计算预计负债的最佳估计数，并编制相关会计分录；如不确认，说明理由（答案中的金额单位用万元表示）。

2. 甲公司20×3年发生如下事项：

（1）20×3年11月5日，因甲公司产品发生质量事故，致使一名消费者死亡。12月3日消费者的家属上诉至法院，要求赔偿600万元。至年末本诉讼尚未判决。甲公司研究认为，质量事故已被权威部门认定，本诉讼胜诉的可能性几乎为零。但因为有关法律没有相关的赔偿规定，律师认为赔偿金额难以预料。

（2）20×3年12月1日，甲公司接到法院的通知，通知中说由于其联营企业在2年前的一笔借款到期，本息合计为1 000万元。因联营企业无力偿还，债权单位（贷款单位）已将本笔贷款的担保企业甲公司告上法庭，要求甲公司履行担保责任，代为清偿。甲公司经研究认为，目前联营企业的财务状况很差，甲公司有80%的可能性承担全部本息的偿还责任。

（3）20×3年12月10日，甲公司认为本企业应享受一项税收优惠，获得税收返还，但税务部门迟迟不予落实执行。甲公司遂将税务部门告上法庭。律师认为，法律已经有明文规定，本诉讼基本确定能获胜，如果获胜，将获得返还税款200万元。

（4）20×3年12月12日，甲公司司机驾驶大货车在高速公路上追尾，致使被追尾车辆连同贵重原材料遭受重大损失，受害单位要求赔偿20万元。交警已明确责任，这次事故应由甲公司负完全责任。甲公司认为，情况属实，当时因急需材料，强令本公司司机日夜兼程，过度疲劳驾驶，以致发生重大事故。甲公司已同意赔偿20万元，除5万元可获得保险公司理赔外，其余15万元全部由公司承担。此笔赔偿款在12月31日已经支付。

（5）20×3年12月20日，甲公司在生产中发生事故，造成有毒液体外泄，使附近的一口鱼塘受到污染，大部分鱼死亡。个体户已上诉至法院，要求赔偿20万元。律师研究后认为，鱼死亡确是毒水造成，本公司胜诉的可能性仅为5%。根据市场价格，赔偿损失的金额在20万～30万元之间，且该范围内各种结果发生的可能性相同。至20×3年12月31日，诉讼正在进行中。

（6）20×3年3月1日，甲公司与乙公司签订一份不可撤销合同，约定在20×4年3月以每箱2万元的价格向乙公司销售100箱A产品；乙公司应预付订金20万元，若甲公司违约，双倍返还订金。20×3年12月31日，甲公司的库存中没有A产品及生产该产品所需原材料。因原材料价格大幅上涨，甲公司预计每箱A产品的生产成本为2.3万元。20×4年3月1日，甲公司已收到订金20万元。

（7）20×3年8月，甲公司与丙公司签订一份B产品销售合同，约定在20×4年2月底以每件0.3万元的价格向丙公司销售300件B产品，违约金为合同总价款的20%。

20×3年12月31日，甲公司库存B产品300件，成本总额为120万元，按目前市场价格计算的市价总额为110万元。假定甲公司销售B产品不发生销售费用。

（8）20×3年8月，甲公司与丁公司签订一份C产品销售合同，约定在20×4年2月底以每件0.3万元的价格向丁公司销售300件C产品，违约金为合同总价款的20%。

20×3年12月31日，甲公司库存C产品300件，成本总额为120万元，按目前市场价格计算的市价总额为100万元。假定甲公司销售C产品不发生销售费用。

【要求】

（1）根据给定的资料，不考虑其他因素，判断哪些事项属于或有事项（标明序号即可，下同）。

（2）根据给定的资料，不考虑其他因素，判断哪些事项属于或有负债。

（3）根据给定的资料，不考虑其他因素，判断哪些事项属于或有资产。

（4）对或有事项确认负债和资产的业务，编制会计分录（答案中的金额单位用万元表示）。

第六章

所　得　税

学习目标

- □ 了解所得税的性质、所得税会计的概念
- □ 掌握资产及负债的计税基础
- □ 掌握应纳税暂时性差异、可抵扣暂时性差异
- □ 掌握递延所得税资产和递延所得税负债的确认和计量
- □ 掌握在资产负债表债务下所得税费用的确认与计量

学习指导

本章主要阐述所得税的相关理论，包括资产与负债的计税基础及暂时性差异、递延所得税资产和递延所得税负债以及所得税费用的核算。通过本章学习，学生应当掌握资产与负债的计税基础及暂时性差异的计算；熟练掌握递延所得税资产和递延所得税负债以及所得税费用的会计处理。

学习重点

资产计税基础、负债计税基础；应纳税暂时性差异、可抵扣暂时性差异；递延所得税资产和递延所得税负债的确认和计量；资产负债表债务下，所得税费用的确认与计量。

学习难点

资产负债表债务下，所得税费用的确认与计量。

第一节　所得税会计概述

一、所得税概述

企业所得税，是指对中华人民共和国境内的企业（居民企业及非居民企业）和其他取得收入的组织以其生产经营所得为课税对象所征收的一种所得税。

作为企业所得税纳税人，应依照《中华人民共和国企业所得税法》缴纳企业所得税，但个人独资企业及合伙企业除外。

居民企业，是指依法在中国境内成立，或者依照外国（地区）法律成立但实际管理机构在中国境内的企业。应当就其来源于中国境内、境外的所得缴纳企业所得税。

非居民企业，是指依照外国（地区）法律成立且实际管理机构不在中国境内，但在中

国境内设立机构、场所的，或者在中国境内未设立机构、场所，但有来源于中国境内所得的企业。在中国境内设立机构、场所的，应当就其所设机构、场所取得的来源于中国境内的所得以及发生在中国境外但与其境内所设机构、场所有实际联系的所得，缴纳企业所得税。在中国境内未设立机构、场所的，或者虽设立机构、场所但取得的所得与其所设机构、场所没有实际联系的，应当就其来源于中国境内的所得缴纳企业所得税。

（一）企业所得税的纳税人

企业所得税的纳税人，即所有实行独立经济核算的中华人民共和国境内的内资企业或其他组织，包括以下六类：国有企业、集体企业、私营企业、联营企业、股份制企业、有生产经营所得和其他所得的其他组织。

企业，是指按国家规定注册、登记的企业。有生产经营所得和其他所得的其他组织，是指经国家有关部门批准，依法注册、登记的，有生产经营所得和其他所得的事业单位、社会团体等组织。独立经济核算，是指同时具备在银行开设结算账户，独立建立账簿、编制财务会计报表，独立计算盈亏等条件。个人独资企业、合伙企业不征收企业所得税，这两类企业征收个人所得税即可，避免重复征税。

（二）企业所得税的征税对象

企业所得税的征税对象是纳税人取得的所得。包括销售货物所得、提供劳务所得、转让财产所得、股息红利所得、利息所得、租金所得、特许权使用费所得、接受捐赠所得和其他所得。居民企业应当就其来源于中国境内、境外的所得缴纳企业所得税。

（三）企业所得税税率

企业所得税的税率为25%的比例税率（内资企业和外资企业一致），国家需要重点扶持的高新技术企业为15%，小型微利企业为20%，非居民企业为20%。

（四）应纳所得税税额的计算

应纳所得税额 = 应纳税所得额 × 税率

应纳税所得额在确定时可以采取以下两种方法：

1. 直接计算法。

应纳税所得额 = 收入总额 − 不征税收入 − 免税收入 − 各项扣除 − 以前年度亏损

2. 间接计算法。在间接计算法下，在会计利润总额的基础上加上或减去按照税法规定调整的项目金额后，即为应纳税所得额。其计算公式为：

应纳税所得额 = 会计利润总额 ± 纳税调整项目金额

二、所得税会计概述

（一）所得税会计的概念

所得税会计是针对会计与税收规定之间的差异，在所得税会计核算中的具体体现。《企业会计准则第18号——所得税》采用了资产负债表债务法核算所得税。

（二）所得税会计的处理方法

所得税会计的处理方法，是指处理会计收益和应税收益之间差异以及资产负债账面价值与计税基础之间差异的会计方法。主要存在两种方法：应付税款法和纳税影响会计法。

1. 应付税款法，是指本期税前会计利润与应纳税所得额之间的差异造成的影响纳税的金额直接计入当期损益，而不递延到以后各期的会计处理方法。在应付税款法下，不需要确认税前会计利润与应纳税所得额之间的差异造成的影响纳税的金额，因此当期计入损益的所得税费用等于当期按应纳税所得额计算的应交所得税。

2. 纳税影响会计法，是将本期税前会计利润总额与应纳税所得额之间的时间性差异造成的纳税影响额递延分配到以后期间的会计方法。实际上，纳税影响会计法是对税前利润（利润总额）与应纳税所得额（计税利润）之间的时间性差异逐渐确认和依法转销（过程中的积累和转回）的会计方法。采用纳税影响会计法时，当税率发生变动可以采用递延法和债务法。2006 年 2 月财政部发布的《企业会计准则》对 2007 年以后开始的会计期间，要求企业一律采用资产负债表债务法核算所得税费用。

（三）资产负债表债务法

资产负债表债务法是从资产负债表出发，通过比较资产负债表上列示的资产、负债按照会计准则规定确定的账面价值与按照税法规定确定的计税基础，对于两者之间的差异按应纳税暂时性差异与可抵扣暂时性差异进行区分，并确认相关的递延所得税负债与递延所得税资产。在此基础上确定每一个会计期间利润表中的所得税费用。

采用资产负债表债务法核算所得税的情况下，企业一般应于每一资产负债表日进行所得税核算。发生特殊交易或事项（如企业合并）时，在确认因交易或事项产生的资产、负债时即应确认相关的所得税影响。企业进行所得税核算时一般应遵循以下程序：

第一，按照会计准则规定确定资产负债表中除递延所得税资产和递延所得税负债以外的其他资产和负债项目的账面价值。

第二，确定资产负债表中有关资产、负债项目的计税基础。

第三，比较资产、负债的账面价值与其计税基础，对于两者之间存在差异的，分析其性质，除会计准则中规定的特殊情况外，分为应纳税暂时性差异与可抵扣暂时性差异，并将其乘以适用的所得税税率，确定该资产负债表日递延所得税负债和递延所得税资产的应有金额，并与期初递延所得税资产和递延所得税负债的余额相比，确定当期应予进一步确认的递延所得税资产和递延所得税负债金额或应予转销的金额，作为构成利润表中所得税费用的递延所得税费用（或收益）。

第四，按照适用的税法规定计算确定当期应纳税所得额，将应纳税所得额与适用的所得税税率计算的结果确认为当期应交所得税，作为利润表中应予确认的所得税费用中的当期所得税部分。

第五，确定利润表中的所得税费用。利润表中的所得税费用包括当期所得税和递延所得税两个组成部分。企业在计算确定当期所得税和递延所得税后，两者之和（或之差）即为利润表中的所得税费用。

第二节　资产、负债的计税基础与暂时性差异

一、资产的计税基础

资产的计税基础，是指企业收回资产账面价值过程中，计算应纳税所得额时按照税法规定可以自应税经济利益中抵扣的金额，即某一项资产在未来期间计税时可以税前扣除的金额。从税收的角度考虑，资产的计税基础是假定企业按照税法规定进行核算所提供的资产负债表中资产的应有金额。

资产在初始确认时，其计税基础一般为取得成本，即企业为取得某项资产支付的成本在未来期间准予税前扣除。在资产持续持有的过程中，其计税基础是指资产的取得成本减去以前期间按照税法规定已经税前扣除的金额后的余额，该余额代表的是按照税法规定，所涉及的资产在未来期间计税时仍然可以税前扣除的金额。例如，固定资产、无形资产等长期资产在某一资产负债表日的计税基础是指其成本扣除按照税法规定已在以前期间税前扣除的累计折旧或累计摊销后的金额。资产的计税基础公式如下：

资产的计税基础 = 未来期间按照税法规定可以税前扣除的金额

（一）固定资产

以各种方式取得的固定资产，初始确认时入账价值基本上是被税法认可的，即取得时其账面价值一般等于计税基础。

固定资产在持有期间进行后续计量时，由于会计和税法规定的折旧方法、折旧年限以及固定资产减值准备的计提等处理的不同，会造成固定资产的账面价值与计税基础的差异。

1. 折旧方法产生的差异。会计准则规定，企业可以根据固定资产经济利益的预期实现方式合理选择折旧方法，如可以按年限平均法计提折旧，也可以按照双倍余额递减法、年数总和法等计提折旧，前提是有关的方法能够反映固定资产为企业带来经济利益的实现情况。税法除某些按照规定可以加速折旧的情况外，固定资产按照直线法计算的折旧，准予扣除。

2. 折旧年限产生的差异。税法规定，除国务院财政、税务主管部门另有规定的以外，固定资产计算折旧的最低年限如下：房屋、建筑物，为 20 年；飞机、火车、轮船、机器、机械和其他生产设备，为 10 年；与生产经营有关的器具、工具、家具等，为 5 年；飞机、火车、轮船以外的运输工具，为 4 年；电子设备，为 3 年。会计准则规定，折旧年限是由企业根据固定资产的性质和适用情况合理确定固定资产的使用寿命。会计处理时确定的折旧年限与税法规定不同，也会产生固定资产持有期间账面价值与计税基础的差异。

3. 固定资产减值准备产生的差异。持有固定资产的期间内，在对固定资产计提了减值准备以后，因税法规定按照会计准则规定计提的资产减值准备在资产发生实质性损失前不允许税前扣除，也会造成固定资产的账面价值与计税基础的差异。

【例 6 – 1】 盛恒公司于 20 ×2 年 1 月 1 日开始对持有的设备计提折旧，设备原价为 300 万元，使用年限为 10 年，采用年限平均法计提折旧，预计净残值为 0。税法规定类似固定

资产采用加速折旧法计提的折旧可予税前扣除，该企业在计税时采用双倍余额递减法计提折旧，预计净残值为0。20×3年12月31日，企业估计该项固定资产的可收回金额为230万元。

20×3年12月31日，该项固定资产的账面价值＝3 000 000－600 000＝2 400 000元，该账面价值大于其可收回金额230万元，两者之间的差额应计提10万元的减值准备。

20×3年12月31日，该项固定资产的账面价值＝3 000 000－300 000×2－100 000＝2 300 000元。

计税基础＝3 000 000－3 000 000×20%－2 400 000×20%＝1 920 000（元）

该项固定资产的账面价值230万元与其计税基础192万元之间的38万元差额，将于未来期间计入企业的应纳税所得额。

（二）无形资产

1. 无形资产初始确认的计税基础。无形资产按照以下方法确定计税基础：

● 外购的无形资产，以购买价款和支付的相关税费以及直接归属于使该资产达到预定用途发生的其他支出为计税基础。

● 内部研究开发形成的无形资产，会计准则规定有关研究开发支出需区分为两个阶段，研究阶段的支出应当费用化计入当期损益，而开发阶段符合资本化条件的支出应当计入所形成无形资产的成本。税法规定，自行开发的无形资产，以开发过程中该资产符合资本化条件后至达到预定用途前发生的支出为计税基础。对于研究开发费用的加计扣除，税法中规定企业为开发新技术、新产品、新工艺发生的研究开发费用，未形成无形资产计入当期损益的，在按照规定据实扣除的基础上，按照研究开发费用的50%加计扣除；形成无形资产的，按照无形资产成本的150%摊销。

对于内部研究开发形成的无形资产，一般情况下初始确认时按照会计准则规定确定的成本与其计税基础应当是相同的。对于享受税收优惠的研究开发支出，在形成无形资产时，按照会计准则规定确定的成本为研究开发过程中符合资本化条件后至达到预定用途前发生的支出，而因税法规定按照无形资产成本的150%摊销，则其计税基础应在会计入账价值的基础上加计50%，因而产生账面价值与计税基础在初始确认时的差异。但如果该无形资产的确认不是产生于企业合并交易，同时在确认时既不影响会计利润也不影响应纳税所得额，按照所得税会计准则的规定，不确认该暂时性差异的所得税影响。

2. 无形资产在后续计量时的计税基础。会计与税收的差异主要在于对无形资产是否需要摊销及无形资产减值准备的计提。

（1）无形资产的摊销方法和年限。会计准则规定，应根据无形资产使用寿命情况，区分为使用寿命有限的无形资产和使用寿命不确定的无形资产。对于使用寿命不确定的无形资产，不要求摊销，在会计期末应进行减值测试。税法规定，企业取得无形资产的成本，应在一定期限内摊销，有关摊销额允许税前扣除。

（2）无形资产摊销的范围。税法规定在计算应纳税所得额时，企业按照规定计算无形资产摊销费用。下列无形资产不得计算摊销费用扣除：自行开发的支出已在计算应纳税所得额时扣除的无形资产、自创商誉、与经营活动无关的无形资产、其他不得计算摊销费用扣除的无形资产。

（3）无形资产计提减值准备的差异。在对无形资产计提减值准备的情况下，因所计提的减值准备不允许税前扣除，也会造成其账面价值与计税基础的差异。

【例6－2】 盛恒公司20×3年度发生研究开发支出计1 000万元，其中研究阶段支出200万元，开发阶段符合资本化条件前发生的支出为200万元，符合资本化条件后发生的支出为600万元。假定开发形成的无形资产在当期期末已达到预定用途。

分析：盛恒公司当年发生的研究开发支出中，按照会计准则规定应予费用化的金额为400万元，形成无形资产的成本为600万元，即期末所形成无形资产的账面价值为600万元。

盛恒公司于20×3年度发生的1 000万元研究开发支出中，可在税前扣除的金额为600万元。对于按照会计准则规定形成无形资产的部分，税法规定按照无形资产成本的150%作为计算未来期间摊销额的基础，即该项无形资产在确认时的计税基础为900万元（600万元×150%）。

该项无形资产的账面价值600万元与其计税基础900万元之间的差额300万元将于未来期间税前扣除，产生可抵扣暂时性差异。

【例6－3】 盛恒公司于20×3年1月1日取得某项无形资产，成本为700万元。企业根据各方面情况判断，无法合理预计其带来经济利益的期限，所以作为使用寿命不确定的无形资产。20×3年12月31日，对该项无形资产进行减值测试表明未发生减值。企业在计税时，对该项无形资产按照10年的期间摊销，有关摊销额允许税前扣除。

分析：会计上将该项无形资产作为使用寿命不确定的无形资产，在未发生减值的情况下，其账面价值为取得成本700万元。

该项无形资产在20×3年12月31日的计税基础为630万元（700－70）。

该项无形资产的账面价值700万元与其计税基础630万元之间的差额70万元将计入未来期间的应纳税所得额，产生未来期间企业所得税款流出的增加，为应纳税暂时性差异。

（三）以公允价值计量且其变动计入当期损益的金融资产

按照《企业会计准则第22号——金融工具确认和计量》的规定，对于以公允价值计量且其变动计入当期损益的金融资产，其于某一会计期末的账面价值为公允价值。税法规定，以公允价值计量的金融资产在持有期间市价的波动在计税时不予考虑，即有关金融资产在某一会计期末的计税基础为其取得的成本，从而会造成该类金融资产账面价值与计税基础之间的差异。

【例6－4】 盛恒公司20×3年7月以50万元取得鑫润公司股票6万股作为交易性金融资产核算。20×3年12月31日，盛恒公司尚未出售所持有鑫润公司股票，鑫润公司股票公允价值为每股12元。税法规定，资产在持有期间公允价值的变动不计入当期应纳税所得额，待处置时一并计算应计入应纳税所得额。

分析：作为交易性金融资产的鑫润公司股票在20×3年12月31日的账面价值为72万元（12×6万），其计税基础为原取得成本，即50万元，两者之间产生22万元的应纳税暂时性差异。

（四）存货

根据《企业会计准则——存货》的规定，存货期末需要进行减值测试，当可变现净值低于存货账面价值时应提取存货跌价准备。而税法对存货跌价准备不准税前扣除，由此形成计税基础与账面价值的差异。

【例6－5】 盛恒公司20×3年1月1日购入一批原材料，其成本为4 000万元，一直未领用。20×3年12月31日，考虑到该原材料的市价及用其生产产成品的市价情况，估计其可变现净值为3 200万元。假定该原材料在20×3年的期初余额为0。

分析： 该原材料因期末可变现净值低于其成本，应计提存货跌价准备800万元。计提该存货跌价准备后，该项原材料的账面价值为3 200万元。因计算缴纳所得税时，按照会计准则规定计提的资产减值准备不允许税前扣除，其计税基础仍为原取得成本4 000万元。

该存货的账面价值3 200万元与其计税基础4 000万元之间产生了800万元的暂时性差异，该差异会减少企业在未来期间的应纳税所得额和应交所得税。

（五）应收账款、其他应收款和预付账款等应收款项

按照《企业会计准则第22号——金融工具确认和计量》的规定，应收款项期末需要计提坏账准备，而税法对坏账准备不予扣除，从而形成计税基础与账面价值的差异。

【例6－6】 盛恒公司20×3年12月31日应收账款余额为1 000万元，该公司期末对应收账款计提了20万元的坏账准备。假定该公司期初应收账款及坏账准备的余额均为0。

分析： 该项应收账款在20×3年12月31日的账面价值为980万元（1 000－20），其计税基础为1 000万元，形成暂时性差异20万元。在应收账款发生实质性损失时，会减少未来期间的应纳税所得额和应交所得税。

二、负债的计税基础

负债的计税基础，是指负债的账面价值减去未来期间计算应纳税所得额时按照税法规定可予抵扣的金额。用公式表示为：

负债的计税基础＝负债的账面价值－未来期间按照税法规定可予以税前扣除的金额

一般情况下，短期借款、应付账款、应付票据等负债的清偿不会影响到当期损益和应纳税所得额的计算，其计税基础即为账面价值。但是，某些情况下，负债的确认可能会影响企业的损益，进而影响不同期间的应纳税所得额，使其计税基础与账面价值之间产生差额，如按照会计规定确认的某些预计负债。

（一）预计负债

按照《企业会计准则第13号——或有事项》规定，企业应将预计提供售后服务发生的支出在销售当期确认为费用，同时确认预计负债。税法规定，与销售产品相关的支出应于发生时税前扣除。因该类事项产生的预计负债在期末的计税基础为其账面价值与未来期间可税前扣除的金额之间的差额，因有关的支出实际发生时可全额税前扣除，其计税基础为0。

因其他事项确认的预计负债，应按照税法规定的计税原则确定其计税基础。某些情况下，某些事项确认的预计负债，税法规定其支出无论是否实际发生均不允许税前扣除，即未来期间按照税法规定可予抵扣的金额为0，则其账面价值与计税基础相同。

【例6－7】 盛恒公司因销售产品承诺提供5年的保修服务，在当年的年度利润表中确认了900万元销售费用，同时确认为预计负债，当年发生保修支出200万元，预计负债的期

末余额为 700 万元。假定税法规定，与产品售后服务相关的费用在实际发生时税前扣除。

分析： 该项预计负债在盛恒公司当年 12 月 31 日的账面价值为 700 万元。该项预计负债的计税基础 = 账面价值 − 未来期间计算应纳税所得额时按照税法规定可予抵扣的金额 = 7 000 000 − 7 000 000 = 0。

该项预计负债的账面价值 700 万元与其计税基础 0 元之间产生了 700 万元的可抵扣暂时性差异。

（二）预收账款

企业在收到客户预付的款项时，因不符合收入确认条件，会计上将其确认为负债。税法对于收入的确认原则一般与会计规定相同，即会计上未确认收入时，计税时一般亦不计入应纳税所得额。该部分经济利益在未来期间计税时可予税前扣除的金额为 0，计税基础等于账面价值。

如果不符合会计准则规定的收入确认条件，但按照税法规定应计入当期应纳税所得额时，有关预收账款的计税基础为 0。即因其产生时已经计入应纳税所得额，未来期间可全额税前扣除，计税基础为账面价值减去在未来期间可全额税前扣除的金额，即其计税基础为 0。

【例 6 − 8】 盛恒公司于本年 11 月 20 日收到一笔合同预付款，金额为 2 000 万元，因不符合收入确认条件，将其作为预收账款核算。假定按照适用税法规定，该款项应计入当期应纳税所得额计算缴纳所得税。

分析： 该项预收账款在盛恒公司本年 12 月 31 日资产负债表中的账面价值为 2 000 万元。

按照税法规定未来期间计算应纳税所得额时可予税前扣除的金额为 2 000 万元，计税基础等于账面价值 2 000 万元与未来期间计算应纳税所得额时按照税法规定可予抵扣的金额 2 000万元的差额，即为 0。

该项预收账款的账面价值 2 000 万元与其计税基础 0 元之间产生了 2 000 万元的可抵扣暂时性差异。

（三）应付职工薪酬

会计准则规定，企业为获得职工提供的服务给予的各种形式的报酬以及其他相关支出均应作为企业的成本、费用，在未支付之前确认为负债。税法对于合理的职工薪酬基本允许税前扣除，相关应付职工薪酬负债的账面价值等于计税基础。

【例 6 − 9】 盛恒公司 12 月份计入成本费用的职工工资总额为 300 万元，至 12 月 31 日尚未支付，表现为资产负债表的应付职工薪酬负债。假定按照适用税法规定，当期计入成本费用的 300 万元工资支出中，按照计税工资标准的规定，可予税前扣除的金额为 140 万元。

分析： 该项应付职工薪酬负债的账面价值为 300 万元。

该项应付职工薪酬负债的计税基础等于账面价值 300 万元与未来期间计算应纳税所得额时按照税法规定可予以抵扣的金额 0 的差额，即 300 万元。该项负债的账面价值与其计税基础不同，不形成暂时性差异。

（四）其他负债

企业的其他负债项目，如应交的罚款和滞纳金等，在尚未支付之前按照会计规定确认为费用，同时作为负债反映。税法规定，罚款和滞纳金不允许税前扣除，其计税基础为账面价值减去未来期间计税时可予税前扣除的金额0之间的差额，即计税基础等于账面价值。

【例6-10】 盛恒公司因未按照税法规定缴纳税金，按规定需在本年缴纳滞纳金100万元，至本年12月31日，该款项尚未支付，形成其他应付款100万元。税法规定，企业因违反国家法律、法规规定缴纳的罚款、滞纳金不允许税前扣除。

分析：因应缴滞纳金形成的其他应付款账面价值为100万元，因税法规定该支出不允许税前扣除，其计税基础＝100万－0＝100万元。

对于罚款和滞纳金支出，会计与税收规定存在差异。但该差异仅影响发生当期，对未来期间计税不产生影响，因而不产生暂时性差异。

三、暂时性差异

暂时性差异是指资产、负债的账面价值与其计税基础不同产生的差额。其中账面价值是指按照会计准则规定确定的有关资产、负债在资产负债表中应列示的金额。由于资产、负债的账面价值与其计税基础不同，产生了在未来收回资产或清偿负债的期间内，应纳税所得额增加或减少并导致未来期间应交所得税增加或减少的情况，在这些暂时性差异发生的当期，一般应当确认相应的递延所得税负债或递延所得税资产。

（一）应纳税暂时性差异

应纳税暂时性差异，是指在确定未来收回资产或清偿负债期间的应纳税所得额时，将导致产生应税金额的暂时性差异。该差异在未来期间转回时，会增加转回期间的应纳税所得额，即在未来期间不考虑该事项影响的应纳税所得额的基础上，由于该暂时性差异的转回，会进一步增加转回期间的应纳税所得额和应交所得税金额。在应纳税暂时性差异产生当期，应当确认相关的递延所得税负债。

应纳税暂时性差异产生原因

1. 资产的账面价值大于其计税基础。一项资产的账面价值代表的是企业在持续使用或最终出售该项资产时会取得的经济利益的总额，而计税基础代表的是一项资产在未来期间可予税前扣除的总金额。资产的账面价值大于其计税基础，该项资产未来期间产生的经济利益不能全部税前抵扣，两者之间的差额需要缴纳所得税，产生应纳税暂时性差异。在其产生当期，符合确认条件的情况下，应确认相关的递延所得税负债。

2. 负债的账面价值小于其计税基础。

负债产生的暂时性差异＝账面价值－计税基础

＝账面价值－（账面价值－未来期间计税时按照税法规定可予以税前扣除的金额）

＝未来期间计税时按照税法规定可予以税前扣除的金额

（二）可抵扣暂时性差异

可抵扣暂时性差异，是指在确定未来收回资产或清偿负债期间的应纳税所得额时，将导致产生可抵扣金额的暂时性差异。该差异在未来期间转回时会减少转回期间的应纳税所得额，减少未来期间的应交所得税。在可抵扣暂时性差异产生当期，符合确认条件的情况下，应当确认相关的递延所得税资产。

> **可抵扣暂时性差异产生原因**
>
> 1. 资产的账面价值小于其计税基础。从经济含义来看，资产在未来期间产生的经济利益少，按照税法规定允许税前扣除的金额多，则就账面价值与计税基础之间的差额，企业在未来期间可以减少应纳税所得额并减少应交所得税，符合有关条件时，应当确认相关的递延所得税资产。
>
> 2. 负债的账面价值大于其计税基础。负债产生的暂时性差异实质上是税法规定就该项负债可以在未来期间税前扣除的金额，即：
>
> **负债产生的暂时性差异＝账面价值－计税基础**
>
> **＝账面价值－（账面价值－未来期间计税时按照税法规定可予以税前扣除的金额）**
>
> **＝未来期间计税时按照税法规定可予以税前扣除的金额**

一项负债的账面价值大于其计税基础，意味着未来期间按照税法规定构成负债的全部或部分支出可以自未来应税经济利益中扣除，减少未来期间的应纳税所得额和应交所得税。

产生可抵扣暂时性差异，符合条件的情况下，应确认相关的递延所得税资产。

（三）特殊项目产生的暂时性差异

1. 未作为资产、负债确认的项目产生的暂时性差异。某些交易或事项发生以后，因为不符合资产、负债的确认条件而未体现为资产负债表中的资产或负债，但按照税法规定能够确定其计税基础的，其账面价值与计税基础之间的差异也构成暂时性差异。

如企业在开始正常的生产经营活动以前发生的筹建等费用，会计准则规定应于发生时计入当期损益，不体现为资产负债表中的资产。按照税法规定，企业发生的该类费用可以在开始正常生产经营活动后的3年内分期摊销，可税前扣除。该类事项不形成资产负债表中的资产，但按照税法规定可以确定其计税基础，两者之间的差异也形成暂时性差异。

【例6－11】 盛恒公司在成立之初发生了3 000万元的筹建费用，在发生时已计入当期损益。按照税法规定，企业在筹建期间发生的费用，允许在开始正常生产经营活动之后摊销年限不得少于3年分期税前扣除。

分析：该项费用支出因按照会计准则规定在发生时已计入当期损益，不体现为资产负债表中的资产，即如果将其视为资产，其账面价值为0。

按照税法规定，该费用可以在开始正常的生产经营活动后5年分期税前扣除，假定公司在本年开始正常生产经营活动，当期税前扣除了600万元，其于未来期间可税前扣除的金额为2 400万元，即其在本年12月31日的计税基础为2 400万元。

该项资产的账面价值0与其计税基础2 400万元之间产生了2 400万元的暂时性差异。

该暂时性差异在未来期间可减少企业的应纳税所得额，为可抵扣暂时性差异，符合确认条件时，应确认相关的递延所得税资产。

2. 可抵扣亏损及税款抵减产生的暂时性差异。对于按照税法规定可以结转以后年度的未弥补亏损及税款抵减，虽不是因资产、负债的账面价值与计税基础不同产生的，但本质上可抵扣亏损和税款抵减与可抵扣暂时性差异具有同样的作用，均能够减少未来期间的应纳税所得额和应缴所得税，视同可抵扣暂时性差异，在符合确认条件的情况下，应确认与其相关的递延所得税资产。

【例 6－12】 盛恒公司本年发生经营亏损 4 000 万元，按照《企业所得税法》第十八条规定，企业纳税年度发生的亏损，可以向以后年度结转，用以后年度的所得弥补，但结转年限最长不得超过 5 年。该公司预计其于未来 5 年期间能够产生足够的应纳税所得额用以抵补该经营亏损。

分析： 该经营亏损虽不是因比较资产、负债的账面价值与其计税基础产生的，但从其性质上来看可以减少未来期间的应纳税所得额和应缴所得税，视同可抵扣暂时性差异。在企业预计未来期间能够产生足够的应纳税所得额用以该可抵扣亏损时，应确认相关的递延所得税资产。

第三节　递延所得税负债和递延所得税资产的确认和计量

一、递延所得税负债的确认和计量

应纳税暂时性差异在转回期间将增加未来期间的应纳税所得额和应交所得税，导致企业经济利益的流出，从其发生当期看，构成企业应支付税金的义务，应作为负债确认。

确认应纳税暂时性差异产生的递延所得税负债时，交易或事项发生时影响到会计利润或应纳税所得额的，相关的所得税影响应作为利润表中所得税费用的组成部分；与直接计入所有者权益的交易或事项相关的，其所得税影响应增加或减少所有者权益；企业合并产生的，相关的递延所得税影响应调整购买日应确认的商誉或是计入当期损益的金额。

（一）递延所得税负债的确认

企业在确认因应纳税暂时性差异产生的递延所得税负债时，应遵循以下原则：

1. 除会计准则中明确规定可不确认递延所得税负债的情况以外，企业对于所有的应纳税暂时性差异均应确认相关的递延所得税负债。除直接计入所有者权益的交易或事项以及企业合并外，在确认递延所得税负债的同时，应增加利润表中的所得税费用。

【例 6－13】 盛恒公司于 20×3 年 1 月 1 日开始对持有的一台设备计提折旧，该设备成本为 200 万元，采用年限平均法计提折旧，使用年限为 10 年，预计净残值为 0。假定计税时允许按双倍余额递减法计列折旧，使用年限及预计净残值与会计相同。公司适用的所得税税率为 25%。假定该企业不存在其他会计与税收处理的差异。

20×3 年该项固定资产按照会计规定计提的折旧额为 20 万元，计税时允许扣除的折旧额为 40 万元，则该固定资产的账面价值 180 万元与其计税基础 1 60 万元的差额构成应纳税暂时性差异，企业应确认递延所得税负债 5 万元[（180 万 －160 万）×25%]。

2. 不确认递延所得税负债的特殊情况。有些情况下，虽然资产、负债的账面价值与其计税基础不同，产生了应纳税暂时性差异，但出于各方面考虑，会计准则规定不确认相关的递延所得税负债。这些情况主要包括：

（1）商誉的初始确认。非同一控制下的企业合并中，企业合并成本大于合并中取得的被购买方可辨认净资产公允价值份额的差额，确认为商誉。因会计与税收的划分标准不同，按照税法规定作为免税合并的情况下，税法不认可商誉的价值，即从税法角度，商誉的计税基础为 0，两者之间的差额形成应纳税暂时性差异。但是，确认该部分暂时性差异产生的递延所得税负债，则意味着将进一步增加商誉的价值。因商誉本身即是企业合并成本在取得的被购买方可辨认资产、负债之间进行分配后的剩余价值，确认递延所得税负债进一步增加其账面价值会影响到会计信息的可靠性。而且增加了商誉的账面价值以后，可能很快就要计提减值准备，同时其账面价值的增加还会进一步产生应纳税暂时性差异，使得递延所得税负债和商誉价值量的变化不断循环。因此，对于企业合并中产生的商誉，其账面价值与计税基础不同形成的应纳税暂时性差异，会计准则规定不确认相关的递延所得税负债。

（2）除企业合并以外的其他交易或事项中，如果该项交易或事项发生时既不影响会计利润，也不影响应纳税所得额，则所产生的资产、负债的初始确认金额与其计税基础不同，形成应纳税暂时性差异的，交易或事项发生时不确认相应的递延所得税负债。该规定主要是考虑到由于交易发生时既不影响会计利润，也不影响应纳税所得额，确认递延所得税负债的直接结果是增加有关资产的账面价值或是降低所确认负债的账面价值，使得资产、负债在初始确认时，违背历史成本原则，影响会计信息的可靠性。

（3）与联营企业、合营企业投资等相关的应纳税暂时性差异，一般应确认递延所得税负债，但同时满足以下两个条件的除外：一是投资企业能够控制暂时性差异转回的时间；二是该暂时性差异在可预见的未来很可能不会转回。满足上述条件时，投资企业可以运用自身的影响力决定暂时性差异的转回，如果不希望其转回，则在可预见的未来该项暂时性差异就不会转回，从而无需确认相关的递延所得税负债。

（二）递延所得税负债的计量

递延所得税负债应以应纳税暂时性差异转回期间适用的所得税税率计量。在我国，除享受优惠政策的情况以外，企业适用的所得税税率在不同年度之间一般不会发生变化，企业在确认递延所得税负债时，可以现行适用所得税税率为基础计算确定。对于享受优惠政策的企业，如国家需要重点扶持的高新技术企业，享受一定时期的税率优惠，则所产生的暂时性差异应以预计其转回期间的适用所得税税率为基础计量。另外，无论应纳税暂时性差异的转回期间如何，递延所得税负债不要求折现。

二、递延所得税资产的确认和计量

（一）递延所得税资产的确认

1. 确认的一般原则。资产、负债的账面价值与其计税基础不同产生可抵扣暂时性差异的，在估计未来期间能够取得足够的应纳税所得额用以利用该可抵扣暂时性差异的，应当以很可能取得用来抵扣可抵扣暂时性差异的应纳税所得额为限，确认相关的递延所得税资产。同递延所得税负债的确认相同，有关交易或事项发生时，对会计利润或是应纳税所得额产生影响的，所确认的递延所得税资产应作为利润表中所得税费用的调整；有关的可抵扣暂时性差异产生于直接计入所有者权益的交易或事项的，则确认的递延所得税资产也应计入所有者权益；企业合并时产生的可抵扣暂时性差异的所得税影响，应相应调整企业合并中确认的商誉或是应计入当期损益的金额。

确认递延所得税资产时应关注的问题

（1）递延所得税资产的确认应以未来期间可能取得的应纳税所得额为限。在可抵扣暂时性差异转回的未来期间内，企业无法产生足够的应纳税所得额用以抵减可抵扣暂时性差异的影响，使得与递延所得税资产相关的经济利益无法实现的，该部分递延所得税资产不应确认；企业有确凿的证据表明其于可抵扣暂时性差异转回的未来期间能够产生足够的应纳税所得额，进而利用可抵扣暂时性差异的，则应以可能取得的应纳税所得额为限，确认相关的递延所得税资产。

在判断企业于可抵扣暂时性差异转回的未来期间能否产生足够的应纳税所得额时，应考虑以下两个方面的影响：

一是通过正常的生产经营活动能够实现的应纳税所得额，如企业通过销售商品、提供劳务等所实现的收入，其扣除相关费用后的金额。

二是以前期间产生的应纳税暂时性差异在未来期间转回时将产生应纳税所得额的增加额。

考虑到受可抵扣暂时性差异转回的期间内可能取得的应纳税所得额的限制，因无法取得足够的应纳税所得额而未确认相关的递延所得税资产的，应在财务报表附注中进行披露。

（2）对与联营企业、合营企业的与投资相关的可抵扣暂时性差异，同时满足下列条件的，应当确认相关的递延所得税资产：一是暂时性差异在可预见的未来很可能转回；二是未来很可能获得用来抵扣可抵扣暂时性差异的应纳税所得额。

对联营企业和合营企业的投资产生的可抵扣暂时性差异，主要产生于权益法下确认的投资损失以及计提减值准备的情况下。

（3）对于按照税法规定可以结转以后年度的未弥补亏损和税款抵减，应视同可抵扣暂时性差异处理。在预计可利用可弥补亏损或税款递减的未来期间内能够取得的足够的应纳税所得额时，应当以很可能取得的应纳税所得额为限，确认相关的递延所得税资产，同时减少确认当期的所得税费用。

与未弥补亏损和税款抵减相关的递延所得税资产，其确认条件与可抵扣暂时性差异产生的递延所得税资产相同，在估计未来期间能否产生足够的应纳税所得额用于利用该部分未弥补亏损或税款抵减时，应考虑以下相关因素的影响：

一是在未弥补亏损到期前，企业是否会因以前期间产生的应纳税暂时性差异转回而产生足够的应纳税所得额；

> 二是在未弥补亏损到期前，企业是否可能通过正常的生产经营活动产生足够的应纳税所得额；
>
> 三是未弥补亏损是否产生于一些在未来期间不可能再发生的特殊原因；
>
> 四是是否存在其他的证据表明在未弥补亏损到期前能够取得足够的应纳税所得额。

2. 不确认递延所得税资产的特殊情况。某些情况下，如果企业发生的某项交易或事项不是企业合并，并且交易发生时既不影响会计利润也不影响应纳税所得额，且该项交易中产生的资产、负债的初始确认金额与其计税基础不同，产生可抵扣暂时性差异的，会计准则规定在交易或事项发生时不确认相关的递延所得税资产。其原因同该种情况下不确认相关的递延所得税负债相同：如果确认递延所得税资产，则需调整资产、负债的入账价值，对实际成本进行调整将有违历史成本原则，将会影响会计信息的可靠性，所以该种情况下不确认相关的递延所得税资产。

【例 6-14】 盛恒公司本年发生资本化研究开发支出 1 600 万元，至年末研发项目尚未完成。税法规定，按照会计准则规定资本化的开发支出按其 150% 作为计算摊销额的基础。

盛恒公司按照会计准则规定资本化的开发支出为 1 600 万元，其计税基础为 2 400 万元（1 600 万 ×150%）。该开发支出及所形成无形资产在初始确认时其账面价值与计税基础就存在差异。因该差异并非产生于企业合并，同时在产生时既不影响会计利润也不影响应纳税所得额，按照《企业会计准则第 18 号——所得税》规定，不确认与该暂时性差异相关的所得税影响。

（二）递延所得税资产的计量

1. 适用税率的确定。同递延所得税负债的计量相一致，确认递延所得税资产时，应估计相关可抵扣暂时性差异的转回时间，采用转回期间适用的所得税税率为基础计算确定。另外，无论相关的可抵扣暂时性差异转回期间如何，递延所得税资产均不予折现。

2. 递延所得税资产的减值。与其他资产相一致，在资产负债表日，企业应当对递延所得税资产的账面价值进行复核。如果未来期间很可能无法取得足够的应纳税所得额用以利用递延所得税资产的利益，应当减记递延所得税资产的账面价值。对于预期无法实现的部分，一般应确认为当期所得税费用，同时减少递延所得税资产的账面价值；对于原确认时计入所有者权益的递延所得税资产，其减记金额亦应计入所有者权益，不影响当期所得税费用。

递延所得税资产的账面价值因上述原因减记以后，继后期间根据新的环境和情况判断能够产生足够的应纳税所得额用以利用可抵扣暂时性差异，使得递延所得税资产包含的经济利益能够实现的，应相应恢复递延所得税资产的账面价值。

第四节　所得税费用的确认和计量

企业核算所得税，主要是为确定当期应交所得税以及利润表中的所得税费用，从而确定各期实现的净利润。确认递延所得税资产和递延所得税负债，最终目的也是解决不同会计期间所得税费用的分配问题。按照资产负债表债务法进行核算的情况下，利润表中的所得税费用由两个部分组成：当期所得税和递延所得税费用（或收益）。

一、当期所得税

当期所得税，是指企业按照税法规定计算确定的针对当期发生的交易和事项，应缴纳给税务机关的所得税金额，即应交所得税。当期所得税应当以适用的税收法规为基础计算确定。考虑会计与税收规定之间的差异，按照以下公式计算确定：

应纳税所得额 = 会计利润总额 ± 纳税调整项目金额

税收调整项目金额包括两方面的内容：一是因企业的财务会计处理和税收规定不一致的应予以调整的金额；二是企业按税法规定准予扣除的税收金额。

二、递延所得税

递延所得税，是指按照会计准则规定当期应予确认的递延所得税资产和递延所得税负债金额，即递延所得税资产及递延所得税负债当期发生额的综合结果，但不包括计入所有者权益的交易或事项的所得税影响。用公式表示即为：

递延所得税 =（递延所得税负债的期末余额 − 递延所得税负债的期初余额） −（递延所得税资产的期末余额 − 递延所得税资产的期初余额）

需要说明的是，企业在当期确认的递延所得税资产和递延所得税负债，一般应当计入所得税费用，但以下两种情况除外：

一是某项交易或事项按照会计准则规定应计入所有者权益的，由该交易或事项产生的递延所得税资产或递延所得税负债及其变化亦应计入所有者权益，不构成利润表中递延所得税费用。

二是非同一控制下的企业合并中，因资产、负债的入账价值与其计税基础不同产生的递延所得税资产或递延所得税负债，其确认结果直接影响购买日确认的商誉或计入利润表的损益金额，不影响购买日的所得税费用。

三、所得税费用

计算确定了当期应交所得税及递延所得税以后，利润表中应予确认的所得税费用为两者之和，即：

所得税费用 = 当期所得税 + 递延所得税

= 当期所得税 + 当期确认的递延所得税负债 − 当期确认的递延所得税资产

【例 6－15】 盛恒公司 20×3 年度利润表中利润总额为 1 200 万元，该公司适用的所得税税率为 25%。递延所得税资产及递延所得税负债不存在期初余额。该公司 20×3 年发生的有关交易和事项中，会计处理与税收处理存在差别的有：

（1）20×2 年 12 月 31 日取得的一项固定资产，成本为 600 万元，使用年限为 10 年，预计净残值为 0，会计处理按双倍余额递减法计提折旧，税法处理按直线法计提折旧。假定税法规定的使用年限及预计净残值与会计规定相同。

（2）向关联企业捐赠现金 200 万元。

（3）当年发生研究开发支出500万元，较上年度增长20%。其中300万元予以资本化；截至20×3年12月31日，该研发资产仍在开发过程中。税法规定，企业费用化的研究开发支出按50%税前扣除，资本化的研究开发支出按资本化金额的150%确定应予摊销的金额。

（4）应付违反环保法规定罚款100万元。

（5）期末对持有的存货计提了30万元的存货跌价准备。

分析：

（1）20×3年度当期应交所得税：

应纳税所得额 = 12 000 000 + 600 000 + 2 000 000 - 1 000 000 + 1 000 000 + 300 000
= 14 900 000（元）

应交所得税 = 14 900 000 × 25% = 3 725 000（元）

（2）20×3年度递延所得税：

该公司20×3年度资产负债表相关项目金额及其计税基础如表6-1所示。

表6-1　　单位：元

项　　目	账面价值	计税基础	差　　异	
			应纳税暂时性差异	可抵扣暂时性差异
存货	9 000 000	9 300 000		300 000
固定资产：				
固定资产原价	40 000 000	40 000 000		
减：累计折旧	4 600 000	4 000 000		
固定资产账面价值	35 400 000	36 000 000		600 000
无形资产	4 000 000	5 500 000		15 000 000
其他应付款	2 000 000	2 000 000		
总　　计				2 400 000

递延所得税收益 = 900 000 × 25% = 225 000（元）

（3）利润表中应确认的所得税费用：

所得税费用 = 3 725 000 - 225 000 = 3 500 000（元）

借：所得税费用　　3 500 000
　　递延所得税资产　　225 000
　　贷：应交税费——应交所得税　　3 725 000

【例6-16】 沿用例6-15中有关资料，假定盛恒公司20×4年当期应交所得税为462万元。资产负债表中有关资产、负债的账面价值与其计税基础相关资料如表6-2所示，除所列项目外，其他资产、负债项目不存在会计与税收规定的差异。

表 6－2　　单位：元

项　　目	账面价值	计税基础	差　　异	
			应纳税暂时性差异	可抵扣暂时性差异
存货	16 000 000	16 800 000		800 000
固定资产：				
固定资产原价	30 000 000	30 000 000		
减：累计折旧	5 560 000	4 600 000		
减：固定资产减值准备	2 000 000	0		
固定资产账面价值	22 440 000	25 400 000		2 960 000
无形资产	2 700 000	4 050 000		1 350 000
其他应付款	1 000 000	0		1 000 000
总　　计				6 110 000

分析：

（1）当期应交所得税为 4 620 000 元。

（2）当期递延所得税费用（收益）：

期末递延所得税资产 = 4 760 000 × 25% = 1 190 000（元）

期初递延所得税资产 = 225 000（元）

递延所得税资产增加 = 1 302 500（元）

递延所得税收益 = 1 302 500（元）

（3）所得税费用：

所得税费用 = 4 620 000 － 1 302 500 = 3 317 500（元）

借：所得税费用　　3 317 500
　　递延所得税资产　　1 302 500
　　贷：应交税费——应交所得税　　462 000

第五节　所得税会计信息的披露

企业对所得税的核算结果，除利润表中列示的所得税费用以外，在资产负债表中形成的应交税费（应交所得税）以及递延所得税资产和递延所得税负债应当遵循《企业会计准则第 18 号——所得税》和《企业会计准则第 30 号——财务报表列报》规定列报。其中，递延所得税资产和递延所得税负债一般应当分别作为非流动资产和非流动负债在资产负债表中列示，所得税费用应当在利润表中单独列示，同时还应在附注中披露与所得税有关的信息。

1. 同时满足以下条件时，企业应当将当期所得税资产及当期所得税负债以抵销后的净额列示：

（1）企业拥有以净额结算的法定权利；

（2）意图以净额结算或取得资产、清偿负债同时进行。

对于当期所得税资产与当期所得税负债以净额列示，是指当企业实际缴纳的所得税款大于按照税法规定计算的应交所得税时，超过部分应当在资产负债表“其他流动资产”项目中列示；当企业实际缴纳的所得税税款小于按照税法规定确定的应交所得税时，差额部分应当在资产负债表的“应交税费”项目中列示。

2. 同时满足以下条件时，企业应当将递延所得税资产与递延所得税负债以抵销后的净额列示：

（1）企业拥有以净额结算当期所得税资产及当期所得税负债的法定权利；

（2）递延所得税资产及递延所得税负债与同一税收征管部门对同一纳税主体征收的所得税相关，或者是对不同的纳税主体相关，但在未来每一具有重要性的递延所得税资产及递延所得税负债转回的期间内，涉及的纳税主体意图以净额结算当期所得税资产和当期所得税负债或是同时取得资产、清偿负债。

一般情况下，在个别财务报表中，当期所得税资产与当期所得税负债及递延所得税资产与递延所得税负债可以以抵销后的净额列示。合并财务报表时，在纳入合并范围的企业中，一方的当期所得税资产或递延所得税资产与另一方的当期所得税负债或递延所得税负债一般不能予以抵销，除非所涉及的企业对其以净额结算。

思考与练习

一、单项选择题

1. 以下各项中，利润表上列示在利润总额与净利润之间的项目是（　　）。

A. 应交所得税　　B. 所得税费用

C. 递延所得税资产　　D. 递延所得税负债

2. 甲公司 20×2 年 12 月 7 日购入一套机器设备，原价为 2 600 万元，预计使用年限为 10 年，按照直线法计提折旧。税法规定允许按双倍余额递减法计提折旧，该设备的预计净残值为 0。20×3 年年末甲公司对该项固定资产计提了 148 万元的固定资产减值准备，计提减值后折旧方法、折旧年限及预计净残值不变。20×4 年年末该项设备累计产生（　　）。

A. 应纳税暂时性差异 284.44 万元　　B. 应纳税暂时性差异 148 万元

C. 可抵扣暂时性差异 274 万元　　D. 可抵扣暂时性差异 603.5 万元

3. 甲公司 20×2 年 12 月 1 日购入的一项环保设备，原价为 1 000 万元，使用年限为 10 年，会计处理时按照直线法计提折旧，设备净残值为 0。税法规定按双倍余额递减法计提折旧，设备净残值为 0。20×4 年年末公司对该项固定资产计提了 40 万元的固定资产减值准备，甲公司所得税税率为 25%。甲公司对该项设备 20×4 年度应确认（　　）。

A. 递延所得税负债 30 万元　　B. 递延所得税负债 6.6 万元

C. 递延所得税资产 30 万元　　D. 递延所得税资产 6.6 万元

4. 我国《企业会计准则》要求企业采用的所得税会计核算方法是（　　）。

A. 利润表法　　B. 应付税款法

C. 资产负债表递延法　　D. 资产负债表债务法

5. 在资产负债表债务法下，下列负债项目中一般会影响应纳税所得额的是（　　）。

A. 应付账款　　B. 预计负债
C. 其他应付款　　D. 短期借款

6. 在所得税会计中，与直接计入所有者权益的交易或事项相关的可抵扣的暂时性差异的纳税影响，应借记“递延所得税资产”账户，贷记（　　）。

A. “所得税费用”账户　　B. “其他综合收益”账户
C. “利润分配”账户　　D. “盈余公积”账户

7. 甲公司20×3年2月1日购入一项交易性金融资产，取得成本为2 500万元，20×3年12月31日公允价值为3 000万元。20×4年年末，该项交易性金融资产的公允价值为2 700万元。所得税税率为25%。20×4年年末该项金融资产对所得税影响的处理为（　　）。

A. 应确认递延所得税负债50万元　　B. 应转回递延所得税负债75万元
C. 应确认递延所得税资产75万元　　D. 应确认递延所得税资产50万元

8. 甲公司本年因债务担保等原因当期确认了100万元的预计负债。税法规定，有关债务担保不得税前列支。则本年产生的暂时性差异为（　　）。

A. 0　　B. 可抵扣暂时性差异100万元
C. 应纳税暂时性差异100万元　　D. 可抵扣暂时性差异25万元

9. 甲公司20×3年1月取得一项无形资产，成本为160万元，因其使用寿命无法合理估计，会计上视为使用寿命不确定的无形资产，不予摊销。但税法规定按不短于10年的期限进行摊销。则20×3年12月31日产生的暂时性差异为（　　）。

A. 无暂时性差异　　B. 可抵扣暂时性差异16万元
C. 应纳税暂时性差异16万元　　D. 可抵扣暂时性差异144万元

10. 甲公司于20×3年1月1日成立并开始营业，20×3年共产生应纳税暂时性差异500万元，可抵扣暂时性差异1 000万元，预期这些暂时性差异将于20×4年全部转回。企业预期20×4年的应纳税所得额为400万元，甲公司适用的所得税税率为25%。不考虑其他因素，则甲公司20×3年末应确认的递延所得税资产为（　　）。

A. 250万元　　B. 100万元
C. 225万元　　D. 125万元

二、多项选择题

1. 资产负债表债务法下，下列项目中，计算所得税费用时应在本期应交所得税基础上做加项的有（　　）。

A. 本期确认的递延所得税负债增加额
B. 本期确认的递延所得税负债减少额
C. 本期确认的递延所得税资产增加额
D. 本期确认的递延所得税资产减少额
E. 本期转回的以前年度确认的递延所得税资产

2. 下列关于资产或负债的计税基础的表述中正确的有（　　）。

A. 资产的计税基础，即其在未来期间计税时按照税法规定可以税前扣除的金额
B. 资产的计税基础，即其账面价值减去其在未来期间计税时按照税法规定可以税前扣除的金额

C. 负债的计税基础，即其在未来期间计税时按照税法规定可以税前扣除的金额

D. 负债的计税基础，即其账面价值减去其在未来期间计税时按照税法规定可以税前扣除的金额

E. 与预计负债相关的支出如果在未来期间不允许税前扣除，则其计税基础等于其账面价值

3. 在不考虑其他影响因素的情况下，企业发生的下列交易或事项中，期末会引起“递延所得税资产”增加的有（　　）。

A. 本期计提固定资产减值准备

B. 本期转回存货跌价准备

C. 本期发生净亏损，税法允许在未来5年内税前补亏

D. 实际发生产品售后保修费用，冲减已计提的预计负债

E. 根据预计的未来将发生的产品售后保修费用，确认预计负债

4. 下列各项中，产生应纳税暂时性差异的有（　　）。

A. 资产账面价值大于其计税基础

B. 资产账面价值小于其计税基础

C. 负债账面价值大于其计税基础

D. 负债账面价值小于其计税基础

E. 资产和负债的账面价值等于其计税基础

5. 下列各种情形中，会产生可抵扣暂时性差异的有（　　）。

A. 资产账面价值大于其计税基础

B. 资产账面价值小于其计税基础

C. 负债账面价值大于其计税基础

D. 负债账面价值小于其计税基础

E. 资产账面价值等于其计税基础

6. 下列经济业务或事项中，一定能够产生可抵扣暂时性差异的有（　　）。

A. 预提产品保修费用

B. 结转以后年度的未弥补亏损

C. 计提存货跌价损失

D. 按应收账款余额的30%计提坏账准备

E. 按应收账款余额的10%计提坏账准备

7. 下列有关所得税列报的表述中，不正确的有（　　）。

A. 递延所得税资产应当作为非流动资产在资产负债表中列示

B. 递延所得税资产应当作为流动资产在资产负债表中列示

C. 递延所得税负债应当作为非流动负债在资产负债表中列示

D. 递延所得税负债应当作为流动负债在资产负债表中列示

E. 递延所得税负债不在资产负债表中列示

8. 税法与会计的主要差异有（　　）。

A. 目标不同　　　　B. 依据不同

C. 计算方法不同　　　　D. 操作流程不同

E. 核算基础不同

9. 下列各项目，在计算应纳税所得额时，应做纳税调减的有（　　）。

A. 期末可供出售金融资产公允价值上升

B. 期末可供出售金融资产公允价值下降

C. 期末交易性金融资产公允价值上升

D. 期末计提存货跌价准备

E. 期末确认国债利息收入

10. 下列情形中，应确认递延所得税负债的有（　　）。

A. 固定资产账面价值大于其计税基础

B. 固定资产账面价值小于其计税基础

C. 预收账款账面价值大于其计税基础

D. 预计负债账面价值大于其计税基础

E. 可供出售金融资产账面价值大于其计税基础

三、判断题

1. 可抵扣暂时性差异在未来期间转回时会减少转回期间的应纳税所得额，减少未来期间的应交所得税；应纳税暂时性差异在未来期间转回时会增加转回期间的应纳税所得额，增加未来期间的应交所得税金额。（　　）

2. 资产负债表债务法核算所得税的情况下，企业只需要在每一个资产负债表日进行所得税的核算。（　　）

3. 资产负债表日，企业应当对递延所得税资产的账面价值进行复核，如果未来期间很可能无法取得足够的应纳税所得额用以利用递延所得税的利益，应当减记递延所得税资产的账面价值，在以后期间即使能够产生足够的应纳税所得额，也不能恢复递延所得税资产的账面价值。（　　）

4. 在我国现行会计实务中，所得税会计的核算方法是资产负债表债务法。（　　）

5. 某项资产的账面价值大于其计税基础，但即使该差异既不影响会计利润，也不影响应纳税所得额，该企业也应确认递延所得税负债。（　　）

6. 企业应当对递延所得税资产和递延所得税负债进行折现加以核算。（　　）

7. 对某一个会计年度来说，企业采用资产负债表债务法与采用其他方法计算的应交所得税相等。（　　）

8. 在资产负债表债务法核算下，本期发生经营性亏损，则可以确认相应的递延所得税资产。（　　）

9. 所得税会计是会计与税法规定之间的差异在所得税会计核算中的具体体现。（　　）

10. 递延所得税资产和递延所得税负债，应在资产负债表上分别反映，而不得相互抵销。（　　）

四、计算分析与账务处理题

1. 甲公司 20×4 年适用的所得税税率为 25%。假定税法规定，保修费在实际发生时可以在应纳税所得额中扣除。“递延所得税资产” 20×4 年期初余额为 11.25 万元（均为产品质量保证形成的，即 45×25% =11.25）。20×4 年发生下列有关经济业务：

（1）20×4 年税前会计利润为 1 000 万元。

（2）20×4 年年末甲公司对售出的 A 产品可能发生的“三包”费用，按照当期该产品销售收入的 2% 预计产品修理费用。甲公司从 20×3 年 1 月起为售出产品提供“三包”服务，规定产品出售后一定期限内出现质量问题，负责退换或免费提供修理。假定其只生产和销售 A 产品。在 20×4 年年初“预计负债——产品质量保证”账面余额为 45 万元，甲公司产品的“三包”期限为 2 年。20×4 年年末实际销售收入为 2 000 万元，实际发生修理费用 30 万元，均为人工费用。

【要求】

（1）根据上述业务，做出实际发生修理费的账务处理；

（2）编制 20×4 年年末确认预计负债相关的会计分录，并计算期末“预计负债”的余额；

（3）计算甲公司 20×4 年度的所得税费用，并做出相关的账务处理（答案中的金额单位用万元表示）。

2. 甲公司 20×4 年度利润总额为 1 000 万元，20×4 年递延所得税资产和递延所得税负债的期初余额均为 0。甲公司适用的所得税税率为 25%。企业本年度纳税调整项目：

（1）向关联企业捐赠现金 400 万元。

（2）12 月 31 日确认的交易性金融资产公允价值增加 20 万元，成本价 100 万元。

（3）企业因违反环保法规定支付罚款 30 万元。

（4）20×3 年 12 月 31 日取得的一项固定资产，成本为 600 万元，使用年限为 10 年，预计净残值为 0。会计处理按双倍余额递减法计提折旧，税收处理按直线法计提折旧。假定税法规定的使用年限及预计净残值与会计规定相同。

（5）期末对持有的存货计提了 40 万元的存货跌价准备。

（6）20×4 年销售的 X 产品预计在售后服务期间将发生费用 200 万元，已计入当期损益。税法规定，与产品售后服务相关的支出在实际发生时允许税前扣除。企业 20×4 年实际发生售后服务支出 50 万元。

（7）20×4 年，企业研究开发一项专利技术，共发生研究开发支出 500 万元，其中符合资本化的开发支出 360 万元。7 月 1 日，该专利技术达到预定使用状态。会计和税法均采用直线法按 10 年摊销。税法规定企业为开发新技术、新产品、新工艺发生的研究开发费用，未形成无形资产计入当期损益的，按研究开发费用的 150% 扣除；形成无形资产的，按无形资产成本的 150% 摊销。

【要求】

（1）计算该年度应纳税所得额；

（2）计算当期所得税费用；

（3）计算本年度应纳税暂时性差异；

（4）计算本年度可抵扣暂时性差异；

（5）编制所得税费用的相关分录（答案中的金额单位用万元表示）。

3. 甲公司在 20×1—20×4 年间每年应税收益分别为：－100 万元、40 万元、20 万元和 50 万元，适用所得税税率为 25%，假设无其他暂时性差异。甲公司预计在未来期间有足够的应纳税所得额用于抵扣可抵扣暂时性差异。

【要求】编制每年有关所得税的会计分录（答案中的金额单位用万元表示）。

4. 甲公司适用的企业所得税税率为25%。甲公司申报20×3年度企业所得税时，涉及以下事项：

（1）20×3年，甲公司应收账款年初余额为3 000万元，坏账准备年初余额为零；应收账款年末余额为24 000万元，坏账准备年末余额为2 000万元。税法规定，计提的各项资产减值损失在未发生实质性损失前不允许税前扣除。

（2）20×3年9月5日，甲公司以2 400万元购入某公司股票，作为交易性金融资产处理。至12月31日，该股票尚未出售，公允价值为2 600万元。税法规定，资产在持有期间公允价值的变动不计税，在处置时一并计算应计入应纳税所得额的金额。

（3）甲公司于20×1年1月购入的对某公司股权投资的初始投资成本为2 800万元，采用成本法核算。20×3年10月3日，甲公司从某公司分得现金股利200万元，计入投资收益。至12月31日，该项投资未发生减值。两个公司均为设在我国境内的居民企业。税法规定，我国境内居民企业之间取得的股息、红利免税。

（4）20×3年，甲公司将业务宣传活动外包给其他单位，当年发生业务宣传费4 800万元，至年末尚未支付。甲公司当年实现销售收入30 000万元。税法规定，企业发生的业务宣传费支出，不超过当年销售收入15%的部分，准予税前扣除；超过部分，准予结转以后年度税前扣除。

（5）其他相关资料：

①20×2年12月31日，甲公司可于3年内税前弥补的亏损2 600万元，甲公司对这部分未弥补亏损已确认递延所得税资产650万元。

②甲公司20×3年度实现利润总额3 000万元。

③除上述各项外，甲公司会计处理与税务处理不存在其他差异。

④甲公司预计未来期间能够产生足够的应纳税所得额用于利用可抵扣暂时性差异，预计未来期间适用所得税税率不会发生变化。

⑤甲公司对上述交易或事项已按《企业会计准则》规定进行处理。

【要求】

（1）确定甲公司20×3年12月31日有关资产、负债的账面价值及其计税基础，并计算相应的暂时性差异，将相关数据填列在“甲公司20×3年暂时性差异计算表”内。

（2）计算甲公司20×3年应确认的递延所得税费用（或收益）。

（3）编制甲公司20×3年与所得税相关的会计分录（答案中的金额单位用万元表示）。

甲公司20×3年暂时性差异计算表

单位：万元

项　　目	账面价值	计税基础	暂时性差异	
			应纳税暂时性差异	可抵扣暂时性差异
应收账款				
交易性金融资产				
长期股权投资				
应收股利				
其他应付款				
合计				

第七章

资产减值

学习目标

- □ 理解资产减值会计的理论基础和基本内容
- □ 掌握金融资产减值损失确认和计量的基本原理
- □ 掌握单项固定资产和无形资产减值损失的确认和计量方法
- □ 掌握资产组和商誉减值损失的确认和计量方法

学习指导

本章主要阐述资产减值会计的基本原理，核心内容是金融资产减值、单项固定资产减值、资产组减值和商誉减值的确认、计量和账务处理方法。通过本章学习，学生应当掌握相关资产的可变现净值、可收回金额等项目的确定，加强对资产减值会计的全面、深入的理解。

学习重点

资产减值会计的基本内容；资产减值损失的确认、计量和账务处理方法。

学习难点

总部资产和商誉的减值会计问题。

第一节　资产减值概述

一、资产减值与资产减值会计

在现行会计体系下，企业所取得的资产在初始确认时大多是按其取得成本入账的。到资产负债表日，资产的实际价值通常会不同于资产的初始入账金额（历史成本）或摊余成本，资产的实际价值可能高于其账面价值，也可能低于其账面价值。通俗地讲，资产减值是指资产在特定时点的实际价值低于其账面价值的状态。

资产减值会计的基本内容是，对于在资产负债表日处在减值状态的资产，按其实际价值计价，计提资产减值准备，确认减值损失并计入当期损益。这样处理的结果可以避免资产被高估，从而符合谨慎性原则。

二、资产减值损失的确认

要实际对资产的账面价值进行评估，也就是进行减值测试，需要预先确定资产减值损失的确认标准。否则，就无法认定一项资产是否已经发生了减值，减值金额为多少。

从理论上讲，企业应当在每一个报告期末直接对每一项资产的实际价值（可收回金额、可变现净值等）进行评估，以确定是否需要确认资产减值损失，但显然这是不符合成本效益原则的。应确定是否存在可能导致资产减值的企业内部和外部因素。如果不存在导致资产减值的因素，减值测试中止（商誉和使用寿命不确定的无形资产的减值测试除外）。如果存在可能导致资产减值的因素，就要对资产在减值测试日的实际价值（可收回金额、可变现净值等）进行评估，以进一步确定是否需要确认资产减值损失。

引起资产减值的事项很多，它不仅受到资产本身各类因素的影响，而且受到许多外部因素的直接或间接影响。会计人员了解和掌握资产减值的成因及产生的迹象，可以有效地判断资产减值与否，为资产减值的确认打下基础，从而可以节省资产减值的测试成本。

资产减值的确认，可以单项资产、资产类别或资产总体等为基础来进行。资产类别是指某一类资产内的各种具有相同性质或相同经济内容的具体资产的组合，如存货中的原材料、半成品和产成品，固定资产中的房屋建筑物、运输工具等。资产总体是指某一类资产内各项具体资产的全体，如企业的所有应收款项等。

按照单项资产进行确认的结果最为准确，但是在实务中却并不一定是最为理想的方法，因为某些企业的某一类资产可能单位价值小、数量却相当多。在这种情况下，出于重要性原则和成本效益原则的考虑，可以按照资产类别或资产总体进行减值准备的计提。

现行《企业会计准则》要求，企业应当尽可能按照单项进行减值测试。但是，在某些企业中可能存在无法按照单项资产确认减值的情况，因为有些资产并不能单独产生现金流量，需要由许多资产共同作用才能产生。这类情况有：（1）具有独立生产能力和获利能力的固定资产或其他资产的组合体；（2）企业整体；（3）企业的某些无形资产及相关资产；（4）企业的某一生产线或经营分部，等等。对于这些资产的减值测试，涉及的问题就要复杂得多。如何确定最小的资产组合（或称现金产出单元），如何将资产组合的减值损失分配给组合内的各项资产，这些都是必须要解决的具体问题。

资产减值损失的转回，是指企业在确定以前年度确认的减值损失不再存在或已经减少的情况下，重新评估该项资产的可收回金额，并以资产的历史成本或摊余成本为上限调增资产的账面金额。

在我国，现行《企业会计准则》规定，贷款及应收款项、存货等资产的减值损失允许转回，但《企业会计准则第 8 号——资产减值》所规范的长期资产的减值损失不允许转回。

三、资产减值损失的计量

用于计量资产减值损失的标准主要有以下几项：

1. 现行市场价值。现行市场价值是指在正常情况下，销售一项资产所能收到的现金或现金等价物。

2. 可变现净值。可变现净值，是指在日常经济活动中，资产的估计售价减去至完工时估计将要发生的成本、估计的销售费用以及相关税费后的金额。

3. 未来现金流量的现值。未来现金流量的现值是指资产在正常经营过程中预期会产生的现金净流入的折现金额。

4. 未来现金流量。未来现金流量是指资产在正常经营过程中预期会产生的现金净流入的非折现金额之和。这种方法与运用未来现金流量的现值的区别在于采用非折现的方法。

5. 公允价值。公允价值通常是指在公平交易中，熟悉情况、自愿交换的双方交换一项资产或清偿债务所使用的金额。公允价值本质上是一个面向市场、强调公平的计量属性。对于存在活跃市场的非现金资产，通常将其市价视为公允价值；对于不存在活跃市场，但与其类似的资产存在活跃市场的非现金资产，可以比照相关类似资产的市价确定其公允价值；对于资产本身及与其类似的资产均不存在活跃市场的非现金资产，可以适当的贴现率贴现计算现值的方法确定其公允价值；存在合同或者协议价格的，合同价或协议价也可以作为其公允价值。

6. 公允价值减去处置费用后的净额。公允价值减去处置费用后的净额是指公平交易中熟悉情况的、自愿交易的双方出售一项资产的所得金额减去处置成本。公允价值减去处置费用后的净额与可变现净值有着细微的区别，可变现净值包括预计售价减去必要的处置成本，而公允价值减去处置费用后的净额主要是指资产的现时售价减去必要的销售费用。在实际运用中，有时将二者等同起来。

7. 可收回金额。可收回金额多采用公允价值减去处置费用后的净额与未来现金流量的现值较高者来确定。

这种计量属性的理论依据是将非现金资产的取得和持有视为企业的一项投资决策，企业在决策时会遵循价值最大化的原则。当资产的公允价值减去处置费用后的净额大于未来现金流量的现值时，企业会出售资产并将所得现金流量用于其他投资；当资产未来现金流量的现值大于其公允价值减去处置费用后的净额时，企业会继续使用该项资产而不是出售它。

这种计量属性比较适合于资产市场不是十分完善的情况，尤其是对于有特定用途的资产。因为当资产的公允价值减去处置费用后的净额与未来现金流量的现值存在较大差别时，理性的投资者会做出最佳的选择，从而有利于更加准确地确定减值损失。

四、资产减值损失的账务处理

为了正确核算企业确认的资产减值损失和计提的资产减值准备，企业应当设置“资产减值损失”账户，按照资产类别进行明细核算，反映各类资产在当期确认的资产减值损失金额；同时，应当根据不同的资产类别，分别设置“坏账准备”“贷款损失准备”“存货跌价准备”“固定资产减值准备”“在建工程减值准备”“投资性房地产减值准备”“无形资产减值准备”“商誉减值准备”“长期股权投资减值准备”“消耗性生物资产减值准备”“生产性生物资产减值准备”等账户。

当企业根据会计准则的规定确定相关资产发生了减值时，应当根据所确认的资产减值金额，借记“资产减值损失”账户，贷记“坏账准备”“贷款损失准备”“存货跌价准备”“固定资产减值准备”“在建工程减值准备”“投资性房地产减值准备”“无形资产减值准备”“商誉减值准备”“长期股权投资减值准备”“生产性生物资产减值准备”等账户。在期末，企业应当将“资产减值损失”账户余额转入“本年利润”账户，结转后该账户应当没有余额。各资产减值准备账户累积每期计提的资产减值准备，直至相关资产被处置时才予以转出，或者对于允许转回减值损失的资产，在其减值损失转回时予以冲减。

第二节　单项固定资产减值

在我国，固定资产、无形资产等长期资产的减值由《企业会计准则第 8 号——资产减值》（以下简称“资产减值准则”）进行规范。具体来说，资产减值准则规范了以下资产的减值：（1）对子公司、联营企业和合营企业的长期股权投资；（2）采用成本模式进行后续计量的投资性房地产；（3）固定资产；（4）生产性生物资产；（5）无形资产；（6）商誉；（7）探明石油天然气矿区权益和井及相关设施等。

一、资产减值的迹象与测试

（一）资产减值的迹象

企业在资产负债表日应当判断资产是否存在可能发生减值的迹象，主要可从外部信息来源和内部信息来源两方面加以判断。

从企业外部信息来源来看，如果出现了资产可能发生减值的迹象，企业需要据此估计资产的可收回金额，决定是否需要确认减值损失。其中包括：资产的市价在当期大幅度下跌，其跌幅明显高于因时间的推移或者正常使用而预计的下跌；企业经营所处的经济、技术或者法律等环境以及资产所处的市场在当期或者将在近期发生重大变化，从而对企业产生不利影响；市场利率或者其他市场投资报酬率在当期已经提高，从而影响企业计算资产预计未来现金流量现值的折现率，导致资产可收回金额大幅度降低等。

从企业内部信息来源来看，下列情况均属于资产可能发生减值的迹象：有证据表明资产已经陈旧过时或者其实体已经损坏；资产已经或者将被闲置、终止使用或者计划提前处置；企业内部报告的证据表明资产的经济绩效已经低于或者将低于预期，如资产所创造的净现金流量或者实现的营业利润远远低于原来的预算或者预计金额，资产发生的营业损失远远高于原来的预算或者预计金额，资产在建造或者收购时所需的现金支出远远高于最初的预算，资产在经营或者维护中所需的现金支出远远高于最初的预算等。

上述列举的资产减值迹象并不能穷尽所有的情形，企业应当根据实际情况来认定资产可能发生减值的迹象。有确凿证据表明资产存在减值迹象的，应当在资产负债表日进行减值测试，估计资产的可收回金额。

（二）资产减值的测试

如果有确凿证据表明资产存在减值迹象，应当进行减值测试，估计资产的可收回金额。也就是说，对于由《企业会计准则第 8 号——资产减值》规范的固定资产、无形资产等长期资产的减值测试，是以资产的可收回金额为标杆的。

资产存在减值迹象是资产是否需要进行减值测试的必要前提，但是有两项资产除外，即因企业合并形成的商誉和使用寿命不确定的无形资产。根据《企业会计准则第 20 号——企业合并》和《企业会计准则第 6 号——无形资产》的规定，因企业合并所形成的商誉和使用寿命不确定的无形资产在后续计量中不再进行摊销，但是考虑到这两类资产的价值和产生的未来经济利益有较大的不确定性，为了避免高估资产价值，及时确认商誉和使用寿命不确定的无形资产的减值损失，如实反映企业财务状况和经营成果，对于这两类资产，企业至少应当于每年年度终了进行减值测试。

二、估计资产可收回金额的基本方法

（一）估计资产可收回金额的一般原理

根据资产减值准则的规定，资产存在减值迹象的，应当估计其可收回金额，然后将所估计的资产可收回金额与其账面价值相比较，以确定资产是否发生了减值，以及是否需要计提资产减值准备并确认相应的减值损失。在估计资产可收回金额时，原则上应当以单项资产为基础，如果企业难以对单项资产的可收回金额进行估计，应当以该资产所属的资产组为基础确定资产组的可收回金额。有关资产组的认定及其减值处理将在本章第四节中阐述。资产可收回金额的估计，应当根据其公允价值减去处置费用后的净额与资产预计未来现金流量的现值两者之间较高者确定。因此，要估计资产的可收回金额，通常需要同时估计该资产的公允价值减去处置费用后的净额和资产预计未来现金流量的现值。

（二）估计资产可收回金额的特殊考虑

在下列情况下，对资产可收回金额的估计可以有例外或者作特殊考虑：

1. 资产的公允价值减去处置费用后的净额与资产预计未来现金流量的现值，只要有一项超过了资产的账面价值，就表明资产没有发生减值，不需再估计另一项金额。

2. 如果没有确凿证据或者理由表明资产预计未来现金流量现值显著高于其公允价值减去处置费用后的净额，可以将资产的公允价值减去处置费用后的净额视为资产的可收回金额。企业持有待售的资产往往属于这种情况，即该资产在持有期间（处置之前）所产生的现金流量可能很少，其最终取得的未来现金流量往往就是资产的处置净收入。在这种情况下，以资产公允价值减去处置费用后的净额作为其可收回金额是适宜的，因为资产的未来现金流量现值不大会显著高于其公允价值减去处置费用后的净额。

3. 资产的公允价值减去处置费用后的净额如果无法可靠估计，应当以该资产预计未来现金流量的现值作为其可收回金额。

三、资产的公允价值减去处置费用后的净额的估计

（一）资产的公允价值减去处置费用后的净额的基本含义

资产的公允价值减去处置费用后的净额，通常反映的是资产如果被出售或者处置时可以收回的净现金收入。其中，资产的公允价值是指在公平交易中，熟悉情况的交易双方自愿进行资产交换的金额；处置费用是指可以直接归属于资产处置的增量成本，包括与资产处置有关的法律费用、相关税费、搬运费以及为使资产达到可销售状态所发生的直接费用等，但是财务费用和所得税费用等不包括在内。

（二）估计资产的公允价值减去处置费用后的净额的基本顺序

企业在估计资产的公允价值减去处置费用后的净额时，应当按照下列顺序进行：

1. 应当根据公平交易中资产的销售协议价格减去可直接归属于该资产处置费用的金额

确定资产的公允价值减去处置费用后的净额。这是估计资产的公允价值减去处置费用后的净额的最佳方法，企业应当优先采用这一方法。但是在实务中，企业的资产往往都是内部持续使用的，取得资产的销售协议价格并不容易，为此，需要采用其他方法估计资产的公允价值减去处置费用后的净额。

2. 在资产不存在销售协议但存在活跃市场的情况下，应当根据该资产的市场价格减去处置费用后的金额确定。资产的市场价格通常应当按照资产的买方出价确定。但是如果难以获得资产在估计日的买方出价的，企业可以以资产最近的交易价格作为其公允价值减去处置费用后的净额的估计基础，其前提是在资产的交易日和估计日之间，有关经济、市场环境等没有发生重大变化。

3. 在既不存在资产销售协议又不存在资产活跃市场的情况下，企业应当以可获取的最佳信息为基础。如果在资产负债表日处置资产，可以以熟悉情况的交易双方自愿进行公平交易愿意提供的交易价格减去资产处置费用后的金额为依据，估计资产的公允价值减去处置费用后的净额。在实务中，该金额可以参考同行业类似资产的最近交易价格或者结果进行估计。

如果企业按照上述要求仍然无法可靠估计资产的公允价值减去处置费用后的净额，则应当以该资产预计未来现金流量的现值作为其可收回金额。

四、资产预计未来现金流量的现值的估计

估计资产预计未来现金流量的现值时，应当先预计按照资产在持续使用过程中和最终处置时所产生的未来现金流量，再选择恰当的折现率对其折现后的金额加以确定。因此，预计资产未来现金流量的现值，主要应当综合考虑以下因素：（1）资产的预计未来现金流量；（2）资产的使用寿命；（3）折现率。其中，资产使用寿命的预计与《企业会计准则第 4 号——固定资产》《企业会计准则第 6 号——无形资产》等规定的使用寿命预计方法相同。以下重点阐述资产未来现金流量和折现率的预计方法。

（一）资产的未来现金流量的预计

1. 预计资产未来现金流量的基础。要估计资产未来现金流量的现值，需要首先预计资产的未来现金流量。为此，企业管理层应当在合理和有依据的基础上对资产剩余使用寿命内整个经济状况进行最佳估计，并将资产未来现金流量的预计建立在经企业管理层批准的最近财务预算或者预测数据之上。但是出于数据可靠性和便于操作等方面的考虑，建立在该预算或者预测基础上的预计现金流量最多涵盖 5 年。只有在企业管理层能够证明更长的期间是合理的情况下，才可以涵盖更长的期间。

如果资产的预计未来现金流量涵盖的期间比最近财务预算或者预测期长，那么企业应当以该预算或者预测期之后年份的稳定的或者递减的增长率为基础来估计预算或者预测期之后年份的现金流量。当然，如果企业管理层能够证明采用递增的增长率是合理的，也可以采用递增的增长率来估计后续年份的现金流量。同时，所使用的增长率原则上不应当超过企业经营的产品、市场、所处的行业或者所在国家或地区的长期平均增长率，或者该资产所处市场的长期平均增长率，除非企业能够证明采用更高的增长率是合理的。在恰当、合理的情况下，该增长率也可以是零或者负数。

由于经济环境随时都在变化，资产的实际现金流量往往会与预计数有出入，而且预计资产未来现金流量时的假设也有可能发生变化。因此，企业管理层在每次预计资产未来现金流量时，应当首先分析以前期间现金流量预计数与现金流量实际数出现差异的情况，以评判当期现金流量预计所依据的假设的合理性。通常情况下，企业管理层应当确保当期现金流量预计所依据的假设与前期实际结果相一致。

2. 资产预计未来现金流量应当包括的内容。预计资产未来现金流量应当包括以下内容：

（1）资产持续使用过程中预计产生的现金流入。

（2）为实现资产持续使用过程中产生的现金流入所必需的预计现金流出（包括为使资产达到预定可使用状态所发生的现金流出）。该现金流出应当是可直接归属于或者可通过合理和一致的基础分配到资产中的现金流出，后者通常是指那些与资产直接相关的间接费用。例如，在建工程和开发过程中的无形资产的预计未来现金流量，就应当包括预期为使该类资产达到预定可使用（或者可销售）状态而发生的全部现金流出数。

（3）资产使用寿命结束时，处置资产所收到或者支付的净现金流量。该现金流量应当是在公平交易中，熟悉情况的交易双方自愿进行交易时，企业预期可从资产的处置中获取或者支付的、减去预计处置费用后的金额。

3. 预计资产未来现金流量的方法。预计资产未来现金流量的具体方法有传统法和期望现金流量法两种。传统法是使用单一的未来每期预计现金流量和单一的折现率计算资产未来现金流量现值的方法。期望现金流量法是在每期现金流量的发生有多种可能性的情况下，对各种可能情况下的现金流量以其发生的概率为权数计算每期现金流量期望值，以此确定每期的预计现金流量的方法。

（二）折现率的预计

为了确定资产的可收回金额，计算资产的未来现金流量现值时所使用的折现率应当是反映当前市场货币时间价值和资产特定风险的税前利率。该折现率是企业在购置资产时所要求的必要报酬率。应当强调，如果在预计资产的未来现金流量时已经对资产特定风险的影响作了调整，那么折现率的估计就不需要再考虑这些特定风险，以免重复考虑。如果估计的是税后的折现率，应当将其调整为税前的折现率，以便于与资产的未来现金流量的估计基础相一致。

企业在确定折现率时，应当首先以该资产的市场利率为依据。如果该资产的市场利率无法获得，可以采用替代利率。在估计替代利率时，企业应当充分考虑资产剩余寿命期间的货币时间价值和其他相关因素，比如资产的未来现金流量金额及其时间的预计离散程度、资产内在不确定性的定价等。如果资产的预计未来现金流量已经将这些因素的影响作了相关调整，应当予以剔除。

替代利率可以根据企业加权平均资金成本、增量借款利率或者其他相关市场借款利率作适当调整后确定。调整时，应当考虑与资产的预计现金流量有关的特定风险以及其他有关政治风险、货币风险和价格风险等。

企业在估计资产的未来现金流量现值时，通常应采用单一的折现率。但如果资产未来现金流量的现值对未来不同期间的风险差异或者利率的期限结构反应敏感，那么企业应当对未来各不同期间分别采用不同的折现率。

(三) 资产未来现金流量现值的预计

在预计了资产的未来现金流量和折现率之后，只需将该资产的预计未来现金流量按照预计的折现率在预计期限内折现，即可确定资产未来现金流量的现值。其计算公式如下：

$$\text{资产未来现金流量的现值}(PV) = \sum \frac{NCF_t}{(1+R)^t}$$

式中，NCF_t 为第 t 年预计资产的未来现金流量；R 为折现率。

五、资产减值损失的账务处理

为了正确核算企业确认的资产减值损失和计提的资产减值准备，企业应当设置“资产减值损失”账户，按照资产类别进行明细核算，反映各类资产在当期确认的资产减值损失金额。同时，应当根据不同的资产类别，分别设置“固定资产减值准备”“在建工程减值准备”“投资性房地产减值准备”“无形资产减值准备”“商誉减值准备”“长期股权投资减值准备”“生产性生物资产减值准备”等账户。

当企业根据资产减值准则的规定确认资产发生了减值时，应当根据所确认的资产减值金额，借记“资产减值损失”账户，贷记“固定资产减值准备”“在建工程减值准备”“投资性房地产减值准备”“无形资产减值准备”“商誉减值准备”“长期股权投资减值准备”“生产性生物资产减值准备”等账户。在期末，企业应当将“资产减值损失”账户余额转入“本年利润”账户，结转后该账户应当没有余额。各资产减值准备账户累积计提额，直至相关资产被处置等时才予以转出。

第三节　资产组减值

《企业会计准则第 8 号——资产减值》规定，如果有迹象表明一项资产可能发生减值的，企业应当以单项资产为基础估计其可收回金额。但是在企业难以对单项资产的可收回金额进行估计的情况下，应当以该资产所属的资产组为基础确定资产组的可收回金额。可见，对资产组进行减值测试，需要首先恰当地认定资产组。

一、资产组的认定

(一) 资产组的概念

资产组，是企业可以认定的最小资产组合，其产生的现金流入应当基本上独立于其他资产或者资产组。资产组应当由创造现金流入相关的资产组成。

(二) 认定资产组应当考虑的因素

1. 资产组的认定，应当以资产组产生的主要现金流入是否独立于其他资产或者资产组的现金流入为依据。因此，资产组能否独立产生现金流入是认定资产组的最关键因素。例如，企业的某一生产线、营业网点、业务部门等，如果能够独立于其他部门或单位创造收入，产生现金流，或者其创造的收入和现金流绝大部分是独立于其他部门或单位的，并且属于可认定的最小的资产组合，通常应将该生产线、营业网点、业务部门等认定为一个资产组。

【例7-1】 某矿业公司拥有一个煤矿，与该煤矿的生产和运输相配套，建有一条专用铁路。该铁路除非报废出售，否则难以脱离煤矿的其他资产而产生单独的现金流。因此，企业难以对专用铁路的可收回金额进行单独估计，专用铁路和煤矿的其他相关资产必须结合在一起，成为一个资产组，以估计该资产组的可收回金额。

在资产组的认定中，企业几项资产的组合生产的产品（或者其他产出）存在活跃市场的，无论这些产品或者其他产出是用于对外销售还是仅供企业内部使用，均表明这几项资产的组合能够独立创造现金流入，在符合其他相关条件的情况下，应当将这些资产的组合认定为资产组。

【例7-2】 鑫润公司生产某单一产品，并且拥有A、B、C三家工厂。三家工厂分别位于三个不同的国家，而三个国家又位于三个不同的洲。工厂A生产一种组件，由工厂B或C进行组装，最终产品由B或C销往世界各地。工厂B的产品可以在本地销售，也可以在C所在洲销售（如果将产品从B运到C所在洲更加方便的话）。

B和C的生产能力合在一起尚有剩余，并没有被完全利用。B和C生产能力的利用程度依赖于鑫润公司对于销售产品在两地之间的分配。以下分别认定与A、B、C有关的资产组。

假定A生产的产品（即组件）存在活跃市场，则A可以认定为一个单独的资产组。原因是它生产的产品尽管主要用于B或C，但是由于该产品存在活跃市场，可以带来独立的现金流，因此通常应当认定为一个单独的资产组。在确定其未来现金流量的现值时，公司应当调整其财务预算或预测，将未来现金流量的预计调整为在公平交易的前提下A生产产品的未来价格最佳估计数，而不是其内部转移价格。对于B和C而言，即使其组装的产品存在活跃市场，B和C的现金流仍依赖于产品在两地之间的分配。B和C的未来现金流不可能单独地确定。因此，B和C组合在一起是可以认定的、可产生基本上独立于其他资产或资产组的现金流的资产组合，B和C应当认定为一个资产组。在确定该资产组未来现金流量的现值时，公司也应当调整其财务预算或预测，将未来现金流量的预计建立在公平交易的前提下从A购入产品的未来价格的最佳估计数，而不是其内部转移价格。

【例7-3】 沿用例7-2的资料，假定A生产的产品不存在活跃市场。

在这种情况下，由于A生产的产品不存在活跃市场，它的现金流入依赖于B或者C生产的最终产品的销售，因此，A很可能难以单独产生现金流，其可收回金额很可能难以单独估计。

而对于B和C而言，其生产的产品虽然存在活跃市场，但是B和C的现金流依赖于产品在两个工厂之间的分配，B和C在产能和销售上的管理是统一的。因此，B和C也难以单独产生现金流，因而也难以单独估计其可收回金额。

因此，只有A、B、C三个工厂组合在一起（即将鑫润公司作为一个整体）才可能是一个可以认定的、能够基本上独立产生现金流的最小的资产组合，从而将A、B、C的组合认定为一个资产组。

2. 资产组的认定，应当考虑企业管理层对生产经营活动的管理或者监控方式（如是按照生产线、业务种类还是按照地区或区域等）和对资产的持续使用或处置的决策方式等。

如果企业各生产线都是独立生产、管理和监控的，那么各生产线很可能应当认定为单独的资产组；如果某些机器设备是相互关联、相互依存的，其使用和处置是一体化决策的，那么这些机器设备很可能应当认定为一个资产组。

（三）资产组认定后不得随意变更

资产组一经确定，在各个会计期间应当保持一致，不得随意变更。即资产组的各项资产构成通常不能随意变更。例如，甲设备在20×2年归属于A资产组，在无特殊情况下，该设备在20×3年仍然应当归属于A资产组，而不能随意将其变更至其他资产组。但是，如果由于重组、变更资产用途等原因，导致资产组的构成确实需变更的，企业可以进行变更，但企业管理层应当证明该变更是合理的，并应当在财务报表附注中作相应说明。

二、资产组减值测试

资产组减值测试的原理和单项资产的减值测试相同，即企业需要预计资产组的可收回金额和计算资产组的账面价值，并将两者进行比较，如果资产组的可收回金额低于其账面价值，表明资产组发生了减值，应当确认减值损失。

（一）资产组账面价值和可收回金额的确定基础

资产组账面价值的确定基础应当与其可收回金额的确定方式一致，因为这样的比较才有意义。否则如果两者在不同的基础上进行估计和比较，就难以正确估算资产组的减值损失。

如同单项资产的可收回金额的确定，资产组的可收回金额应当按照该资产组的公允价值减去处置费用后的净额与其预计未来现金流量的现值两者之间较高者确定。

资产组的账面价值则应当包括可直接归属于资产组并可以合理和一致地分摊至资产组的资产账面价值。通常不应当包括已确认负债的账面价值，但如不考虑该负债金额就无法确定资产组可收回金额的除外。这是因为在预计资产组的可收回金额时，既不包括与该资产组的资产无关的现金流量，也不包括与已在财务报表中确认的与负债有关的现金流量。因此，为了与资产组可收回金额的确定基础相一致，资产组的账面价值也不应当包括这些项目。

资产组在处置时如要求购买者承担一项负债（如环境恢复负债等），该负债金额已经确认并计入相关资产的账面价值，而且企业只能取得包括上述资产和负债在内的单一公允价值减去处置费用后的净额，为了比较资产组的账面价值和可收回金额，在确定资产组的账面价值及其预计未来现金流量的现值时，应当将已确认的负债金额从中扣除。

【例7-4】 鑫润公司在某山区经营一座有色金属矿山，根据规定公司在完成矿山开采后应当将该地区恢复原貌。恢复费用主要为山体表层复原费用（比如恢复植被等），因为山体表层必须在矿山开发前挖走，因此，企业在山体表层挖走后，确认了一项预计负债，并计入矿山成本，假定其金额为1 000万元。

20×3年12月31日，随着开采进展，公司发现矿山中的有色金属储量远低于预期，因此，对该矿山进行了减值测试。考虑到矿山的现金流量状况，整座矿山被认定为一个资产组。该资产组在20×3年年末的账面价值为2 000万元（包括确认的恢复山体原貌的预计负债）。

矿山（资产组）如于20×3年12月31日对外出售，买方愿意出价1 640万元（包括恢复山体原貌的成本，即已经扣减这一成本因素），预计处置费用为40万元，因此该矿山的公允价值减去处置费用后的净额为1 600万元。

矿山的预计未来现金流量的现值为2 400万元，不包括恢复费用。

根据资产减值准则的要求，为了比较资产组的账面价值和可收回金额，在确定资产组的账面价值及其预计未来现金流量的现值时，应当将已确认的负债金额从中扣除。

在本例中，资产组的公允价值减去处置费用后的净额为1 600万元，该金额已经考虑了恢复费用。该资产组预计未来现金流量的现值在考虑了恢复费用后为1 400万元（2 400－1 000）。因此，该资产组的可收回金额为1 600万元。资产组的账面价值在扣除了已确认的与恢复原貌相关的预计负债后的金额为1 000万元（2 000－1 000）。这样，资产组的可收回金额大于其账面价值，所以，资产组没有发生减值，不必确认减值损失。

（二）资产组减值的会计处理

根据减值测试的结果，资产组（包括资产组组合，在后面有关总部资产或者商誉的减值测试时涉及）的可收回金额如低于其账面价值的，应当确认相应的减值损失。减值损失金额应当按照以下顺序进行分摊：首先抵减分摊至资产组的商誉的账面价值；然后根据资产组中除商誉之外的其他各项资产的账面价值所占比重，按比例抵减其他各项资产的账面价值。

以上资产账面价值的抵减，应当作为各单项资产（包括商誉）的减值损失处理，计入当期损益。抵减后的各资产的账面价值不得低于以下三者之中最高者：该资产的公允价值减去处置费用后的净额（如可确定）、该资产预计未来现金流量的现值（如可确定）和零。因此而导致的未能分摊的减值损失金额，应当按照相关资产组中其他各项资产的账面价值所占比重进行分摊。

【例7－5】 盛恒公司有一条甲生产线，该生产线生产某精密仪器，由A、B、C三部机器构成，成本分别为160万元、240万元和400万元。该生产线使用年限为10年，净残值为零，按年限平均法计提折旧。各机器均无法单独产生现金流量，但整条生产线构成完整的产销单位，属于一个资产组。20×3年甲生产线所生产的精密仪器有替代产品上市，到年底，导致公司精密仪器的销路锐减40%，因此，盛恒公司对甲生产线进行减值测试。

20×3年12月31日，A、B、C三部机器的账面价值分别为80万元、1 200万元和200万元。估计A机器的公允价值减去处置费用后的净额为60万元，B、C机器都无法合理估计其公允价值减去处置费用后的净额以及未来现金流量的现值。

整条生产线预计尚可使用5年。经估计其未来5年的现金流量及其恰当的折现率后，得到该生产线预计未来现金流量的现值为240万元。由于无法合理估计生产线的公允价值减去处置费用后的净额，公司以该生产线预计未来现金流量的现值为其可收回金额。

在20×3年12月31日，该生产线的账面价值为400万元，而其可收回金额为240万元，生产线的账面价值高于其可收回金额，因此该生产线已经发生了减值。公司应当确认减值损失160万元，并将该减值损失分摊到构成生产线的三部机器中。由于A机器的公允价值减去处置费用后的净额为60万元，因此，A机器分摊了减值损失后的账面价值不应低于60万元。具体分摊过程如表7－1所示。

表 7－1　　　　单位：元

项　　目	机器 A	机器 B	机器 C	整个生产组（资产组）
账面价值	800 000	1 200 000	2 000 000	4 000 000
可收回金额				2 400 000
减值损失				1 600 000
减值损失分摊比例	20%	30%	50%	
分摊减值损失	200 000	480 000	800 000	148 000
分摊后账面价值	600 000	720 000	1 200 000	
尚未分摊的减值损失				120 000
二次分摊比例		37.50%	62.50%	
二次分摊减值损失		45 000	75 000	120 000
二次分摊后应确认减值损失总额		525 000	875 000	
二次分摊后账面价值	600 000	675 000	125 000	2 400 000

按照分摊比例，机器 A 应当分摊减值损失 32 万元（1 600 000×20%），但由于机器 A 的公允价值减去处置费用后的净额为 60 万元，因此机器 A 最多只能确认减值损失 20 万元（80－60）。未能分摊的减值损失 12 万元（32－20），应当在机器 B 和机器 C 之间进行再分摊。

根据上述计算和分摊结果，构成甲生产线的机器 A、机器 B 和机器 C 应当分别确认减值损失 20 万元、52.5 万元和 87.5 万元，账务处理如下：

借：资产减值损失——机器 A　　200 000
　　　　　　　　——机器 B　　525 000
　　　　　　　　——机器 C　　875 000
　　贷：固定资产减值准备——机器 A　　200 000
　　　　　　　　　　　　——机器 B　　525 000
　　　　　　　　　　　　——机器 C　　875 000

三、总部资产的减值测试

企业总部资产包括企业集团或其事业部的办公楼、电子数据处理设备、研发中心等资产。总部资产的显著特征是难以脱离其他资产或者资产组产生独立的现金流，而且其账面价值难以完全归属于某一资产组。因此，总部资产通常难以单独进行减值测试，需要结合其他相关资产组或者资产组组合进行。资产组组合，是指由若干个资产组组成的最小资产组组合，包括资产组或资产组组合，以及按合理方法分摊的总部资产部分。

在资产负债表日，如果有迹象表明某项总部资产可能发生减值的，企业应当计算确定该总部资产所归属的资产组或者资产组组合的可收回金额，然后将其与相应的账面价值相比较，据以判断是否需要确认减值损失。

企业对某一资产组进行减值测试时，应当先认定所有与该资产组相关的总部资产，再根据相关总部资产能否按照合理和一致的基础分摊至该资产组分别进行以下处理：

1. 对于相关总部资产能够按照合理和一致的基础分摊至该资产组的部分，应当将该部分总部资产的账面价值分摊至该资产组，再据以比较该资产组的账面价值（包括已分摊的总部资产的账面价值部分）和可收回金额，并按照前述有关资产组减值测试的顺序和方法处理。

2. 对于相关总部资产中有部分资产难以按照合理和一致的基础分摊至该资产组的，应当按照下列步骤处理：

首先，在不考虑相关总部资产的情况下，估计和比较资产组的账面价值和可收回金额，并按照前述有关资产组减值测试的顺序和方法处理。

其次，认定由若干个资产组组成的最小的资产组组合，该资产组组合应当包括所测试的资产组与可以按照合理和一致的基础将该部分总部资产的账面价值分摊其上的部分。

最后，比较所认定的资产组组合的账面价值（包括已分摊的总部资产的账面价值部分）和可收回金额，并按照前述有关资产组减值测试的顺序和方法处理。

【例 7-6】 鑫润公司系高科技企业，拥有甲、乙、丙三个资产组。20×3 年年末，这三个资产组的账面价值分别为 800 万元、1 200 万元和 1 600 万元，没有商誉。这三个资产组为三条生产线，预计剩余使用寿命分别为 5 年、10 年和 10 年，采用直线法计提折旧。由于鑫润公司的竞争对手通过技术创新推出了具有更高技术含量的产品，并且受到市场欢迎，从而对鑫润公司的产品产生了重大的不利影响，为此，鑫润公司于 20×3 年年末对各资产组进行了减值测试。在对资产组进行减值测试时，首先应当认定与其相关的总部资产。鑫润公司的经营管理活动由总部负责，总部资产包括一栋办公大楼和一个研发中心，其中办公大楼的账面价值为 1 200 万元，研发中心的账面价值为 400 万元。办公大楼的账面价值可以在合理和一致的基础上分摊至各资产组，但是研发中心的账面价值难以在合理和一致的基础上分摊至各相关资产组。对于办公大楼的账面价值，企业根据各资产组的账面价值和剩余使用寿命加权平均计算的账面价值分摊比例进行分摊，具体如表 7-2 所示。

表 7-2　　办公大楼账面价值分摊表　　单位：万元

项　目	资产组甲	资产组乙	资产组丙	合计
账面价值	800	1 200	1 600	3 600
剩余使用寿命	5	10	10	
按使用寿命计算的权重	1	2	2	
加权计算后的账面价值	800	2 400	3 200	6 400
办公大楼分摊比例	12.50%	37.50%	50%	100%
分摊的办公大楼的账面价值	150	450	600	1 200
分摊了办公大楼之后的账面价值	950	1 650	2 200	4 800

企业随后应当确定各资产组的可收回金额，并将其与账面价值（包括已分摊的办公大楼的账面价值部分）相比较，以确定相应的减值损失。考虑到研发中心的账面价值难以按照合理和一致的基础分摊至资产组，因此确定由甲、乙、丙三个资产组组成最小资产组组合（即为鑫润公司整个企业），据以计算该资产组组合的可收回金额，并将其与该资产组组合的账面价值（包括已分摊的办公大楼账面价值和研发中心的账面价值）相比较，以确定相应的减值损失。假定各资产组和资产组组合的公允价值减去处置费用后的净额难以确定，企

业根据它们的预计未来现金流量的现值来计算其可收回金额，计算现值所用的折现率为15%，计算过程如表7－3所示。

表7－3　　各资产组和资产组组合的现值计算表　　单位：万元

年份	资产组甲		资产组乙		资产组丙		最小资产组组合（鑫润公司）	
	未来现金流量	现值	未来现金流量	现值	未来现金流量	现值	未来现金流量	现值
1	142	128	72	64	80	72	312	264
2	248	184	128	56	160	120	576	432
3	296	192	192	128	272	176	840	544
4	336	192	232	136	352	200	1 024	584
5	376	192	256	128	408	200	1 144	568
6			264	112	448	192	806	348
7			272	104	480	176	842	318
8			280	88	504	168	864	280
9			280	80	520	144	868	250
10			280	72	528	128	878	218
现值合计		888		1 008		1 576		3 806

根据上述资料，资产组甲、乙、丙的可收回金额分别为888万元、1 008万元和1 576万元，相应的账面价值（包括分摊的办公大楼账面价值）分别为950万元、1 650万元和2 200万元，三个资产组的可收回金额均低于其账面价值，应当分别确认62万元、642万元和624万元资产减值损失，并将该减值损失在办公大楼和资产组之间进行分摊。根据分摊结果，因资产组甲发生减值损失62万元而导致办公大楼减值9.78万元（62×150/950），导致资产组甲中所包括资产发生减值52.22万元（62×800/950）；因资产组乙发生减值损失642万元而导致办公大楼减值175.1万元（642×450/1 650），导致资产组乙中所包括资产发生减值466.9万元（642×1 200/1 650）；因资产组丙发生减值损失624万元而导致办公大楼减值170.18万元（624×600/2 200），导致资产组丙中所包括资产发生减值453.82万元（624×1 600/2 200）。

经过上述减值测试后，资产组甲、乙、丙和办公大楼的账面价值分别为747.78万元、733.1万元、1 146.18万元和844.94万元，研发中心的账面价值仍为400万元，由此包括研发中心在内的最小资产组组合（即盛恒公司）的账面额为3 872万元（747.78＋733.1＋1 146.18＋844.94＋400），其可收回金额为3 806万元，因此，还需要进一步确认研发中心的减值损失66万元（3 872－3 806）。减值测试过程和减值损失的分摊情况汇总于表7－4。

资产组甲、乙、丙的减值损失还需要在各资产组所包括的各个资产项目之间进行分配。假定资产组甲、乙、丙和研发中心都只是由单项固定资产组成，则应编制如下确认减值损失的会计分录：

表 7-4 资产组减值损失分摊表 单位：万元

项 目	资产组甲	资产组乙	资产组丙	合计	办公大楼
账面价值	800	1 200	1 600	3 600	1 200
分摊的办公大楼账面价值	150	450	600	1 200	—
包括办公大楼的账面价值	950	1 650	2 200	4 800	—
资产组的可收回金额	888	1 008	1 576	3 472	—
资产组的减值损失总额	62	642	624	1 328	—
办公大楼分摊的减值损失	9.78	175.1	170.18	355.06	355.06
资产组本身的减值损失	52.22	466.9	453.82	972.94	—
计提减值准备后的账面价值	747.78	733.1	1 146.18	2 627.06	844.94

借：资产减值损失——资产组甲　522 200
　　　　　　　　——资产组乙　4 669 000
　　　　　　　　——资产组丙　4 538 200
　　　　　　　　——办公大楼　3 550 600
　　　　　　　　——研发中心　660 000
　贷：固定资产减值准备——资产组甲　522 200
　　　　　　　　　　　——资产组乙　4 669 000
　　　　　　　　　　　——资产组丙　4 538 200
　　　　　　　　　　　——办公大楼　3 550 600
　　　　　　　　　　　——研发中心　660 000

第五节 商誉减值

一、商誉及其减值测试的基本特点

商誉本身的特点决定了它在减值测试方面也具有不同于其他资产的特点。

（一）商誉的特点

一般认为，商誉代表了一个企业所具有的获取超额收益的能力。商誉是极为特殊的资产，它是和企业整体密不可分的，既无法单独取得，也不能单独转让。按照我国现行《企业会计准则》的规定，只确认外购商誉，不确认自创商誉。而从商誉的计量来看，目前还没有有效的直接计量商誉的方法，只能采用间接计量的方法，也就是将企业购并成本大于所取得的被购并企业的可辨认净资产公允价值的份额的差额作为商誉的初始计量金额。

按照我国现行会计准则的规定，商誉的后续计量也具有其特点。商誉不予摊销，只需要定期进行减值测试。

（二）商誉减值测试的主要特点

对于商誉，至少应当在每年年度终了进行减值测试。与固定资产和无形资产等其他资产的减值测试相比，商誉的减值测试具有一些特点。由于商誉难以独立产生现金流量，因此无法对其进行直接的减值测试。商誉的减值测试应当与其相关的资产组或者资产组组合的减值测试相结合，也就是要将商誉的账面价值分摊到与其相关的资产组或资产组组合，通过相关的资产组或资产组组合对商誉进行间接的减值测试。这些相关的资产组或资产组组合应当是能够从企业合并的协同效应中受益的资产组或者资产组组合，但不应当大于按照《企业会计准则第35号——分部报告》所确定的报告分部。

为了资产减值测试的目的，对于因企业合并形成的商誉的账面价值，应当自购买日起按照合理的方法分摊至相关的资产组；难以分摊至相关资产组的，应当将其分摊至相关的资产组组合。

企业因重组等原因改变了其报告结构，从而影响到已分摊商誉的一个或者若干个资产组或资产组组合构成的，应当按照合理的方法，将商誉重新分摊至受影响的资产组或资产组组合。

二、商誉减值测试的方法与会计处理

企业在对包含商誉的相关资产组或者资产组组合进行减值测试时，如与商誉相关的资产组或者资产组组合存在减值迹象的，其减值测试的基本程序是：

第一步，首先对不包含商誉的资产组或者资产组组合进行减值测试，计算可收回金额，并与相关账面价值相比较。如果其可收回金额小于其账面价值，则将二者之间的差额确认为该资产组或资产组组合的减值损失，并按照资产组中除商誉之外的其他各项资产的账面价值所占比重分摊，按比例抵减其他各项资产的账面价值。抵减后的各资产的账面价值不得低于以下三者之中最高者：该资产的公允价值减去处置费用后的净额（如可确定）、该资产预计未来现金流量的现值（如可确定）和零。因此而导致的未能分摊的减值损失金额，应当按照相关资产组或者资产组组合中其他各项资产的账面价值所占比重进行分摊。

同时将与该资产组或资产组组合相关的商誉全额确认减值损失。

第二步，如果第一步测试的结果是资产组或者资产组组合的可收回金额大于其账面价值，则需要对包含商誉的资产组或者资产组组合进行减值测试，比较这些相关资产组或者资产组组合的账面价值（包括所分摊的商誉的账面价值部分）与其可收回金额。如相关资产组或者资产组组合的可收回金额低于其账面价值的，应当将其差额确认为商誉减值损失。

如果是对合并资产负债表上的子公司商誉进行减值测试，按照《企业会计准则第20号——企业合并》的规定，因企业合并所形成的商誉是母公司根据其在子公司所拥有的权益而确认的商誉，子公司中归属于少数股东的商誉并没有在合并财务报表中予以确认。因此，在对与商誉相关的资产组或者资产组组合进行减值测试时，由于其可收回金额预计包括归属于少数股东的商誉价值部分，因此为了使减值测试建立在一致的基础上，企业应当调整资产组的账面价值，将归属于少数股东权益的商誉包括在内，然后根据调整后的资产组账面价值与其可收回金额进行比较，以确定资产组（包括商誉）是否发生了减值。

上述资产组如发生减值的，应当首先抵减商誉的账面价值。但由于根据上述方法计算的商誉减值损失包括了应由少数股东权益承担的部分，而少数股东权益拥有的商誉价值及其减值损失都不在合并财务报表中反映，合并财务报表只反映归属于母公司的商誉减值损失，因此应当将商誉减值损失在可归属于母公司和少数股东权益部分之间按比例进行分摊，以确认归属于母公司的商誉减值损失。

【例7-7】 鑫润公司在20×3年1月1日以6 400万元的价格收购了盛恒公司80%的股权。在购买日，盛恒公司可辨认资产的公允价值为6 000万元，没有负债和或有负债。因此，鑫润公司在购买日编制的合并资产负债表中确认商誉1 600万元（6 400 - 6 000×80%）、盛恒公司的可辨认净资产6 000万元和少数股东权益1 200万元（6 000×20%）。

假定盛恒公司的所有资产被认定为一个资产组。由于该资产组包括商誉，因此，它至少应当于每年年度终了进行减值测试。

20×3年年末，鑫润公司确定该资产组的可收回金额为4 000万元，该资产组的可辨认净资产在合并资产负债表上列报的账面价值为5 400万元。可见，在资产组的账面价值中未包含商誉的情况下，就已经发生减值1 400万元。这意味着，应当确认全部商誉的减值损失1 600万元，并确认盛恒公司可辨认资产的减值损失1 400万元。

然后将减值损失1 400万元按照资产组中除商誉之外的其他各项资产的账面价值所占比重分摊，按比例抵减其他各项资产的账面价值。

确认商誉减值损失和固定资产等资产的减值损失的会计分录如下：

借：资产减值损失　　16 000 000

　　贷：商誉减值准备　　16 000 000

借：资产减值损失　　14 000 000

　　贷：固定资产减值准备等　　14 000 000

【例7-8】 沿用例7-7的资料，假定20×3年年末，鑫润公司在编制合并财务报表时进行的减值测试所确定的盛恒公司作为一个资产组的可收回金额为5 600万元。其他资料同例7-7。

在这种情况下，首先将资产组的可收回金额5 600万元与该资产组的可辨认净资产的账面价值5 400万元相比较，发现未包含商誉的资产组没有发生减值，因而该资产组的可辨认资产不需要确认减值损失。

然后，进一步将商誉考虑进来，看是否需要确认商誉的减值损失。由于在盛恒公司作为一个单独的资产组的可收回金额5 600万元中，包括归属于少数股东权益在商誉价值中应享有的部分，因此，出于减值测试的目的，在与资产组的可收回金额进行比较之前，必须对资产组的已确认金额进行调整，使其包括归属于少数股东权益的商誉价值400万元[（6 400/80% - 6 000）×20%]。然后再据以比较该资产组的调整后金额和可收回金额，确定是否发生了减值损失。其测试过程如表7-5所示。

表7-5　　**包含全部商誉的资产组的减值测试**　　单位：万元

20×3年年末		商誉	可辨认资产	合计
减值测试前已确认金额	(1)	1 600	5 400	7 000
未确认的归属于少数股东的商誉	(2)	400	—	400

续表

20×3年年末		商誉	可辨认资产	合计
调整后金额	(3) = (1) + (2)	2 000	5 400	7 400
可收回金额	(4)		5 600	
包含全部商誉的资产组的减值损失	(5) = (3) - (4)			1 800

根据上述计算结果，包含全部商誉的资产组发生减值损失1 800万元，该金额小于全部商誉2 000万元。由于在合并财务报表中确认的商誉仅限于鑫润公司持有盛恒公司80%的股权部分，因此，鑫润公司只需要在合并财务报表中确认归属于本公司的商誉减值损失，即1 800万元商誉减值损失的80%，为1 440万元。在确认1 440万元的商誉减值损失后，20×3年年末的合并资产负债表中保留的商誉金额为：

商誉＝1 600－1 440＝160（万元）

确认商誉减值损失的会计分录如下：

借：资产减值损失　　14 400 000

　　贷：商誉减值准备　　14 400 000

思考与练习

一、单项选择题

1. 下列各项资产减值准备中，在相应资产的持有期间内可以转回的是（　　）。
   A. 固定资产减值准备　　B. 持有至到期投资减值准备
   C. 商誉减值准备　　D. 长期股权投资减值准备
2. 关于资产组，下列说法中正确的是（　　）。
   A. 是指企业可以认定的最小资产组合，其产生的现金流入应当基本上独立于其他资产或者资产组产生的现金流入
   B. 是指企业同类资产的组合
   C. 是指企业不同类资产的组合
   D. 是指企业可以认定的资产组合，其产生的利润应当基本上独立于其他资产或者资产组产生的利润
3. 下列资产项目中，每年年末必须进行减值测试的是（　　）。
   A. 使用寿命有限的无形资产　　B. 投资性房地产
   C. 使用寿命不确定的无形资产　　D. 固定资产
4. 下列各项中，不应按照《企业会计准则第8号——资产减值》进行会计处理的是（　　）。
   A. 对子公司的投资
   B. 对联营企业的投资
   C. 对合营企业的投资
   D. 在活跃市场中有报价、公允价值能可靠计量的没有控制、共同控制或有重大影响

的权益性投资

5. 20×2 年 1 月 1 日，鑫润公司从债券二级市场购入盛恒公司公开发行的债券 1 000 万元，剩余期限 3 年，票面年利率 3%，每年年末付息一次，到期还本，发生交易费用 20 万元。公司将其划分为可供出售金融资产。20×2 年 12 月 31 日，该债券的市场价格为 1 000 万元。20×3 年，盛恒公司因投资决策失误，发生严重财务困难，但仍可支付该债券当年的票面利息。20×3 年 12 月 31 日，该债券的公允价值下降为 900 万元。鑫润公司预计，如盛恒公司不采取措施，该债券的公允价值预计会持续下跌。假定鑫润公司初始确认该债券时计算确定的债券实际利率为 2.5%，且不考虑其他因素。鑫润公司于 20×3 年 12 月 31 日就该债券应确认的减值损失为（　　）万元。

A. 110.89　　B. 95.39

C. 100　　D. 79.89

6. 20×1 年 12 月 31 日，某公司预计某生产线在未来 4 年内每年产生的现金流量净额分别为 200 万元、200 万元、300 万元、300 万元，20×6 年产生的现金流量净额以及该生产线使用寿命结束时处置形成的现金流量净额合计为 400 万元。假定按照 5% 的折现率和相应期间的时间价值系数计算该生产线未来现金流量的现值。该生产线的公允价值减去处置费用后的净额为 1 200 万元。20×1 年 12 月 31 日计提减值准备前该生产线的账面价值为 1 260 万元。已知部分时间价值系数如下表所示。

时间价值系数表

项目	1 年	2 年	3 年	4 年	5 年
5% 的复利现值系数	0.9524	0.9070	0.8638	0.8227	0.7835

该生产线 20×8 年 12 月 31 日应计提的减值准备为（　　）万元。

A. 8.77　　B. 60

C. 0　　D. 68.77

7. 甲公司 20×4 年 12 月购入一条生产线，入账价值为 2 100 万元，预计使用 8 年，预计净残值为 100 万元，按照年限平均法计提折旧。20×6 年 12 月 31 日甲公司对其进行减值测试后计提减值准备 200 万元，20×8 年 12 月 31 日该生产线公允价值减去处置费用后为 800 万元，预计持续使用和使用寿命结束时进行处置所形成的现金流量的现值为 1 200 万元，该企业 20×8 年 12 月 31 日应计提的减值准备是（　　）万元。

A. 133.33　　B. 166.67

C. 233.33　　D. 0

8. 鑫润公司在 20×3 年 1 月 1 日以 2 000 万元以吸收合并方式收购了盛恒公司 100% 的权益，盛恒公司可辨认资产的公允价值为 1 600 万元，假设不考虑负债。鑫润公司在其合并日财务报表中确认了商誉 400 万元。合并后盛恒公司成为鑫润的一个业务部门，盛恒公司的全部资产是产生现金流量的最小组合。20×3 年年末，鑫润公司确定盛恒的可收回金额为 1 200万元，假设盛恒可辨认资产账面价值为 1 100 万元，则应确认其资产减值为（　　）。

A. 商誉减值 400 万元

B. 商誉减值 300 万元，可辨认资产减值 100 万元

C. 商誉减值 300 万元

D. 可辨认资产减值 100 万元

9. 20×1 年 1 月 1 日鑫润公司以银行存款购买了盛恒公司有表决权资本的 30%，作为长期股权投资，采用权益法核算。自 20×3 年开始，盛恒公司由于所处行业生产技术发生重大变化，已失去竞争能力，拟于 20×4 年进行清理整顿。20×3 年 12 月 31 日，进行减值测试前该项投资的账面价值为 1 800 万元，公允价值为 1 400 万元，直接归属于该股权的处置费用为 10 万元。如果继续持有此项投资，预计在持有期间和处置投资时形成的未来现金流量的现值总额为 1 350 万元。则 20×3 年 12 月 31 日对该项长期股权投资应计提减值准备（　　）万元。

A. 450　　B. 140

C. 410　　D. 400

10. 某公司有 A、B、C 三家分公司作为 3 个资产组，账面价值分别为 600 万元、500 万元、400 万元，预计寿命均为 5 年，总部资产 300 万元。20×3 年年末公司所处的市场发生重大变化，对企业产生不利影响，公司对资产组进行了减值测试。假设总部资产能够按照各资产组账面价值的比例进行合理分摊，则分摊总部资产后各资产组账面价值分别为（　　）万元。

A. 720、600、480　　B. 700、600、500

C. 600、500、400　　D. 500、600、700

二、多项选择题

1. 以下不适用《企业会计准则第 8 号——资产减值》的资产有（　　）。

A. 存货

B. 对子公司、联营企业和合营企业的长期股权投资

C. 持有至到期投资

D. 固定资产

E. 采用公允价值计价的投资性房地产

2. 下列迹象中表明资产可能发生了减值情况的有（　　）。

A. 资产的市价当期大幅度下跌，其跌幅明显高于因时间的推移或者正常使用而预计的下跌

B. 企业经营所处的经济、技术或者法律等环境以及资产所处的市场在当期或者将在近期发生重大变化，从而对企业产生不利影响

C. 市场利率或者其他市场投资报酬率在当期已经提高，从而影响企业计算资产预计未来现金流量现值的折现率，导致资产可收回金额大幅度降低

D. 有证据表明资产已经陈旧过时或者其实体已经损坏

E. 资产已经或者将被闲置、终止使用或者计划提前处置

3. 关于《企业会计准则第 8 号——资产减值》规范的资产的减值，下列说法中正确的有（　　）。

A. 可收回金额的计量结果表明，资产的可收回金额低于其账面价值的，应当将资产的账面价值减记至可收回金额，减记的金额确认为资产减值损失，计入当期损

益，同时计提相应资产减值准备

B. 以前期间计提的资产减值准备，在处置资产时也不可以转回

C. 资产减值损失确认后，减值资产的折旧或者摊销费用应当在未来期间做相应调整，以使该资产在剩余使用寿命内，系统地分摊调整后的资产账面价值（扣除预计净残值）

D. 确认的资产减值损失，在以后会计期间可以转回

E. 资产减值损失一经确认，在以后会计期间不得转回

4. 根据重要性要求的考虑，可以不计算可收回金额的情况有（　　）。

A. 以前报告期间的计算结果表明，资产可收回金额远高于其账面价值，之后又没有发生消除这一差异的交易或者事项的

B. 以前报告期间的计算与分析表明，资产可收回金额对于《企业会计准则第 8 号——资产减值》中所列示的一种或者多种减值迹象反应不敏感

C. 资产的公允价值减去处置费用后的净额与资产预计未来现金流量的现值，只要其中一项超过了资产的账面价值，就表明资产没有发生减值，不需再估计另一项金额

D. 资产的公允价值减去处置费用后的净额与资产预计未来现金流量的现值，如果有一项超过了资产的账面价值，不能表明资产发生减值，仍然需要再估计另一项金额

E. 如果没有证据或者理由表明，资产预计未来现金流量现值显著高于其公允价值减去处置费用后的净额，可以将资产的公允价值减去处置费用后的净额视为资产的可收回金额

5. 关于资产减值，下列说法中正确的有（　　）。

A. 折现率是反映当前市场货币时间价值和资产特定风险的税前利率，该折现率是企业在购置或者投资资产时所要求的必要报酬率

B. 因企业合并所形成的商誉和使用寿命不确定的无形资产，无论是否存在减值迹象，每年都应当进行减值测试

C. 根据谨慎性原则，可收回金额应当根据资产的公允价值减去处置费用后的净额与资产预计未来现金流量的现值两者之间较低者确定

D. 资产预计未来现金流量的现值，应当按照资产在持续使用过程中和最终处置时所产生的预计未来现金流量，选择恰当的折现率对其进行折现后的金额加以确定

E. 预计资产的未来现金流量，应当以资产的当前状况为基础，还应当包括与将来可能会发生的、尚未做出承诺的重组事项或者与资产改良有关的预计未来现金流量

6. 预计资产未来现金流量的现值时应考虑的因素有（　　）。

A. 资产的预计未来现金流量　　B. 资产的预计使用寿命

C. 资产的折现率　　D. 资产目前的销售净价

E. 资产的公允价值

7. 以下表述正确的有（　　）。

A. 已经计提的固定资产减值准备不得转回

B. 长期股权投资减值损失一经确认，以后期间不得转回

C. 除以公允价值计量且其变动计入当期损益的金融资产外，其他金融资产可能发生减值

D. 持有至到期投资减值的影响消失后减计的金额应当恢复

E. 存货减值的影响消失后减计的金额应当恢复

8. 对资产组进行减值测试正确的处理方法有（　　）。

A. 资产组的可收回金额低于其账面价值的，应当确认相应的减值损失

B. 减值损失金额应当先抵减分摊至资产组中商誉的账面价值，再根据资产组中除商誉之外的其他各项资产的账面价值所占比重，按比例抵减其他各项资产的账面价值

C. 资产账面价值的抵减，应当作为各单项资产（包括商誉）的减值损失处理，计入当期损益

D. 抵减后的各资产的账面价值不得低于该资产的公允价值减去处置费用后的净额（如可确定）、该资产预计未来现金流量的现值（如可确定）和零三者之中最高者

E. 由此得出的未能分摊的减值损失金额，应当按照相关资产组中其他各项资产的账面价值所占比重进行分摊

9. 在认定资产组产生的现金流入是否基本上独立于其他资产组时，下列处理方法正确的有（　　）。

A. 如果管理层按照生产线来监控企业，可将生产线作为资产组

B. 如果管理层按照业务种类来监控企业，可将各业务种类中所使用的资产作为资产组

C. 如果管理层按照地区来监控企业，可将地区中所使用的资产作为资产组

D. 如果管理层按照区域来监控企业，可将区域中所使用的资产作为资产组

E. 资产组一经确定，各个会计期间应当保持一致，不得随意变更，如需变更，企业管理层应当证明该变更是合理的，并按相关企业会计准则的规定在附注中说明

10. 当有迹象表明某项总部资产可能发生减值时，企业正确的会计处理有（　　）。

A. 首先认定相关资产组和总部资产

B. 将能够按照合理和一致基础分摊的总部资产的账面价值分摊至资产组

C. 将包括已分摊总部资产的账面价值部分与资产组可收回金额比较确定减值损失

D. 对于难以按照合理和一致基础分摊至资产组的总部资产不再分摊和测试

E. 对于难以按照合理和一致基础分摊至资产组的总部资产可按最小资产组组合分摊

三、判断题

1. 某资产假如存在减值迹象就必须对该资产计提减值准备。（　　）

2. 在预计未来现金流量和折现率时，应当在一致的基础上考虑因一般通货膨胀而导致的物价上涨因素的影响。（　　）

3. 固定资产在计提了减值准备后，未来计提固定资产折旧时，仍然按照原来的固定资产原值为基础计提每期的折旧，不用考虑所计提的固定资产减值准备金额。（　　）

4. 资产预计未来现金流量现值的折现率的估计，应当是反映当前市场货币时间价值和资产特定风险的税前利率，通常采用市场利率，也可以采用替代利率。（ ）

5. 建立在预算或者预测基础上的预计现金流量最多涵盖5年，企业管理层如能证明更长的期间是合理的，可以涵盖更长的期间。（ ）

6. 有迹象表明一项资产可能发生减值的，公司应当以单项资产为基础估计其可收回金额。公司难以对单项资产的可收回金额进行估计的，应当以该资产所属的资产组为基础确定资产组的可收回金额。（ ）

7. 公司当期确认的减值损失应当反映于利润表中，而计提的资产减值准备应在资产负债表中反映，作为相关资产的备抵项目。（ ）

8.《企业会计准则第8号——资产减值》划定的资产一旦确认了资产减值损失，在以后会计期间永远不得转回或转销。（ ）

9. 因企业合并所形成的商誉和使用寿命不确定的无形资产，无论是否存在减值迹象，每年都应当进行减值测试。（ ）

10. 对于相关总部资产中有部分资产难以按照合理和一致的基础分摊至该资产组的，应当将该部分总部资产的账面价值分摊至该资产组，再据以比较该资产组的账面价值和可收回金额，然后按照相关处理方法进行核算。（ ）

四、计算分析与账务处理题

1. 鑫润公司2×08—2×14年无形资产业务有关的资料如下：

（1）2×08年12月20日，以银行存款1 200万元购入一项无形资产（不考虑相关税费），该无形资产的预计使用年限为10年。

（2）2×12年12月31日，预计该无形资产的预计未来现金流量现值为497万元，公允价值减去处置费用后的净额为480万元。该无形资产发生减值后，原预计使用年限不变。

（3）2×13年12月31日，预计该无形资产的未来现金流量现值为440万元，公允价值减去处置费用后的净额为420万元。调整该无形资产减值准备后，原预计使用年限不变。

（4）2×14年5月1日，将该无形资产对外出售，取得价款400万元并存入银行（不考虑相关税费）。

【要求】根据我国现行企业会计准则的规定（假定无形资产账面净值=无形资产原值-累计摊销）：

（1）编制购入该无形资产的会计分录。

（2）计算2×12年12月31日该无形资产的账面净值。

（3）编制2×12年12月31日该无形资产计提减值准备的会计分录。

（4）计算2×13年12月31日该无形资产的账面净值。

（5）编制2×13年12月31日调整该无形资产减值准备的会计分录。

（6）计算2×14年4月30日该无形资产的账面净值。

（7）计算该无形资产出售形成的净损益。

（8）编制该无形资产出售的会计分录。

2. 盛恒公司2×08年12月25日购入某生产线，生产光学器材，由甲、乙、丙三部机器构成，初始成本分别为1 200万元、1 200万元和1 600万元。使用年限为10年，预计净残值为零，按年限平均法计提折旧。三部机器均无法单独产生现金流量，但整条生产线构成完整的产销单位，属于一个资产组。2×13 年该生产线所生产光学产品有替代产品上市，到年底导致公司光学产品销量锐减 40%，因此，公司于年末对该条生产线进行减值测试。估计生产线未来 5 年现金流量及其折现率，得到其现值为 1 640 万元。而公司无法合理估计其公允价值减去处置费用后的净额，则以预计未来现金流量的现值作为其可收回金额。2×13 年末丙机器的公允价值减去处置费用后的净额为 776 万元，甲、乙机器都无法合理估计其公允价值减去处置费用后的净额以及未来现金流量的现值。整条生产线已使用 5 年，预计尚可使用 5 年。

【要求】

(1) 确定 2×13 年 12 月 31 日资产组账面价值。

(2) 计算资产减值损失，将计算结果填入资产减值损失计算表。

(3) 编制计提资产减值损失的会计分录。

资产减值损失计算表

单位：万元

项　目	机器甲	机器乙	机器丙	整条生产线（资产组）
账面价值				
可收回金额				
减值损失				
减值损失分摊比例				
分摊减值损失				
分摊后账面价值				
尚未分摊的减值损失				
二次分摊比例				
二次分摊减值损失				
二次分摊后应确认减值损失总额				
二次分摊后账面价值				

第八章

借款费用

学习目标

- □ 理解借款费用的概念
- □ 熟悉借款费用可予资本化的范围、借款费用开始资本化的条件、暂停资本化的条件及停止资本化的条件
- □ 掌握专门借款利息和一般借款利息资本化金额的计算，熟悉辅助费用和外币专门借款汇兑差额资本化金额的计算
- □ 掌握借款费用的账务处理

学习指导

本章主要阐述借款费用的确认和计量，尤其是借款费用资本化的条件以及借款费用资本化金额的计算等问题。借款费用的确认原则是：直接归属于符合资本化条件的资产构建的，应予资本化，计入资产成本；其他借款费用，计入财务费用。借款费用开始资本化、暂停资本化、停止资本化需要满足一定条件。熟练掌握专门借款利息资本化金额的计算、一般借款利息资本化金额的计算和外币专门借款汇兑差额资本化金额的计算等，每一会计期间的利息资本化金额不应超过当期相关借款实际发生的利息金额。

学习重点

借款费用资本化的条件以及借款费用资本化金额的计算和账务处理。

学习难点

借款费用利息资本化金额的计算和外币专门借款汇兑差额资本化金额的计算及相关的账务处理。

第一节　借款费用概述

一、借款费用的范围

借款费用，是企业因借入资金所付出的代价，它包括实际利率法计算确定的利息费用（包括折价或者溢价的摊销和相关辅助费用）和因外币借款所发生的汇兑差额等。对于企业发生的权益性融资费用，不应包括在借款费用中。承租人根据租赁准则所确认的融资租赁发生的融资费用也属于借款费用。

（一）因借款而发生的利息

因借款发生的利息，包括企业向银行或者其他金融机构等借入资金发生的利息、发行公司债券发生的利息以及为构建或者生产符合资本化条件的资产而发生的带息债务所承担的利息等。

（二）因借款发生的折价或溢价的摊销

折价或者溢价主要是指发行债券等所发生的折价或者溢价。发行债券中的折价或者溢价，其实质是对债券票面利息的调整（即将债券票面利率调整为实际利率），属于借款费用的范畴。

（三）因外币借款而发生的汇兑差额

因外币借款而发生的汇兑差额，是指由于汇率变动导致市场汇率出现差异，从而对外币借款本金及其利息的记账本位币金额所产生的影响金额。由于汇率的变化往往和利率的变化相联动，它是企业外币借款所承担的风险，因此，因外币借款相关汇率变化所导致的汇兑差额属于借款费用的组成部分。

（四）因借款而发生的辅助费用

因借款而发生的辅助费用，是指企业在借款过程中发生的诸如手续费、佣金、印刷费等费用，由于这些费用是因安排借款而发生的，也属于借入资金所付出的代价，因此也是借款费用的构成部分。

二、借款范围

按照借款费用准则，借款包括专门借款和一般借款。

专门借款，是指为购建或者生产符合资本化条件的资产而专门借入的款项。专门借款通常应当有明确的用途，即为购建或者生产某项符合资本化条件的资产而专门借入的，并通常应当具有标明该用途的借款合同。例如，某制造企业为了建造厂房向某银行专门贷款 1 亿元，某房地产开发企业为了开发某住宅小区向某银行专门贷款 2 亿元等，均属于专门借款，其使用目的明确，而且其使用受与银行相关合同的限制。

一般借款，是指除专门借款之外的借款。相对于专门借款而言，一般借款在借入时，其用途通常没有特指用于符合资本化条件的资产的购建或者生产。

三、符合资本化条件的资产

符合资本化条件的资产，是指需要经过相当长时间的购建或者生产活动才能达到预定可使用或者可销售状态的固定资产、投资性房地产和存货等资产。建造合同成本、确认为无形资产的开发支出等在符合条件的情况下，也可以认定为符合资本化条件的资产。符合资本化条件的存货主要包括房地产开发企业开发的用于对外出售的房地产开发产品、企业制造的用于对外出售的大型机器设备等。这类存货通常需要经过相当长时间的建造或生产过程，才能达到预定可销售状态。其中，“相当长时间”应当是指为资产的购建或者生产所必需的时间，通常为一年以上（含一年）。

在实务中，如果由于人为或者故意等非正常因素导致资产的购建或者生产时间相当长的，该资产不属于符合资本化条件的资产。购入即可使用的资产，或者购入后需要安装但所需安装时间较短的资产，或者需要建造或生产但建造或生产时间较短的资产，均不属于符合资本化条件的资产。

第二节　借款费用的确认

借款费用的确认主要解决的是将每期发生的借款费用资本化、计入相关资产的成本，还是将有关借款费用费用化、计入当期损益的问题。根据借款费用准则的规定，借款费用确认的基本原则是：企业发生的借款费用可直接归属于符合资本化条件的购建或者生产的资产，应当予以资本化，计入相关资产成本；其他借款费用应当在发生时根据其发生额确认为费用，计入当期损益。

只有发生在资本化期间内的有关借款费用才允许资本化，资本化期间的确定是借款费用确认和计量的重要前提。借款费用资本化期间是指从借款费用开始资本化时点到停止资本化时点的期间，但不包括借款费用暂停资本化的期间。

一、借款费用开始资本化的时点

借款费用允许开始资本化必须同时满足三个条件，即：资产支出已经发生、借款费用已经发生、为使资产达到预定可使用或者可销售状态所必要的购建或者生产活动已经开始。这三个条件中，只要有一个条件不满足，相关借款费用就不能资本化。

（一）资产支出已经发生

资产支出包括支付现金、转移非现金资产和承担带息债务所发生的支出。

1. 支付现金，是指用货币资金支付符合资本化条件的资产的购建或者生产支出。

【例 8－1】 某企业用现金或者银行存款购买为建造或者生产符合资本化条件的资产的所需材料，支付有关职工薪酬，向工程承包商支付工程进度款等，这些支出均属于资产支出。

2. 转移非现金资产，是指企业将自己的非现金资产直接用于符合资本化条件的资产的购建或者生产。

【例 8－2】 某企业将自己生产的产品，包括自己生产的水泥、钢材等，用于符合资本化条件的资产的建造或者生产，企业同时还将自己生产的产品向其他企业换取用于符合资本化条件的资产的建造或者生产所需的工程物资的，这些产品成本均属于资产支出。

3. 承担带息债务，是指企业为了购建或者生产符合资本化条件的资产的所需物资等而承担的带息应付款项（如带息应付票据）。企业以赊购方式购买这些物资所产生的债务可能带息，也可能不带息。如果企业赊购这些物资承担的是不带息债务，就不应当将购买价款计入资产支出，因为该债务在偿付前不需要承担利息，也没有占用借款资金。企业只有等到实际偿付债务，发生了资源流出时，才能将其作为资产支出。如果企业赊购物资承担的是带息债务，企业要为这笔债务付出代价，支付利息，就与企业向银行借入款项用以支付资产支出在性质上是一致的。企业为购建或者生产符合资本化条件的资产而承担的带息债务应当作为资产支出，当该带息债务发生时，视同资产支出已经发生。

【例 8－3】 某企业因建设长期工程所需，于 20×4 年 3 月 1 日购入一批工程用物资，开出一张 20 万元的带息银行承兑汇票，期限为 6 个月，票面年利率为 7%。对该事项，企业尽管没有为工程建设直接支付现金，但承担了带息债务，所以应当将 20 万元的购买工程用物资款作为资产支出，自 3 月 1 日开出承兑汇票开始，即表明资产支出已经发生。

（二）借款费用已经发生

借款费用已经发生是指企业已经发生了因购建或者生产符合资本化条件的资产而专门借入款项的借款费用，或者所占用的一般借款的借款费用。

【例 8－4】 某企业于本年 1 月 1 日为建造一幢建设期为 2 年的厂房，从银行专门借入款项 5 000 万元，当日开始计息。在本年 1 月 1 日即应当认为借款费用已经发生。

（三）为使资产达到预定可使用或者可销售状态所必要的购建或者生产活动已经开始

为使资产达到预定可使用或者可销售状态所必要的购建或者生产活动已经开始，是指符合资本化条件的资产的实体建造或者生产工作已经开始，如主体设备的安装、厂房的实际开工建造等。它不包括仅仅持有资产但没有发生为改变资产形态而进行的实质上的建造或者生产活动。

【例 8－5】 某企业为了建设厂房购置了建筑用地，但是尚未开工兴建房屋，有关房屋实体建造活动也没有开始。在这种情况下，即使企业为了购置建筑用地已发生了支出，也不应当将其认定为使资产达到预定可使用状态所必要的购建活动已经开始。

企业只有在上述三个条件同时满足的情况下，有关借款费用才可开始资本化；只要其中有一个条件没有满足，借款费用就不能开始资本化。

二、借款费用暂停资本化的时间

符合资本化条件的资产在购建或者生产过程中发生非正常中断且中断时间连续超过 3 个月的，应当暂停借款费用的资本化。中断的原因必须是非正常中断，属于正常中断的，相关借款费用仍可资本化。在实务中，企业应当遵循“实质重于形式”等原则来判断借款费用暂停资本化的时间，如果相关资产购建或者生产的中断时间较长而且满足其他规定条件的，相关借款费用应当暂停资本化。

【例 8－6】 某企业于 20×4 年 1 月 1 日利用专门借款开工兴建一幢办公楼，支出已经发生，因此借款费用从当日起开始资本化。工程预计于 20×5 年 3 月完工。

20×4 年 5 月 15 日，由于工程施工发生了安全事故，导致工程中断，直到 9 月 10 日才复工。

分析： 该中断就属于非正常中断，因此，上述专门借款在 5 月 15 日至 9 月 10 日期间所发生的借款费用不应资本化，而应作为财务费用计入当期损益。

非正常中断与正常中断的区别

非正常中断与正常中断显著不同。

正常中断通常仅限于因购建或者生产符合资本化条件的资产达到预定可使用或者可销售状态所必要的程序，或者事先可预见的不可抗力因素导致的中断。例如，某些工程建造到一定阶段必须暂停下来进行质量或者安全检查，检查通过后才可继续下一阶段的建造工作。这类中断是在施工前可以预见的，而且是工程建造必须经过的程序，属于正常中断。

某些地区的工程在建造过程中，由于可预见的不可抗力因素（如雨季或冰冻季节等原因）导致施工出现停顿，也属于正常中断。

非正常中断，通常是由于企业管理决策上的原因或者其他不可预见的原因等所导致的中断。例如，企业因与施工方发生了质量纠纷，或者工程、生产用料没有及时供应，或者资金周转发生了困难，或者施工、生产发生了安全事故，或者发生了与资产购建、生产有关的劳动纠纷等原因，导致资产购建或者生产活动发生中断，均属于非正常中断。

【例8－7】 某企业在北方某地建造某工程期间，遇上冰冻季节（通常为6个月），工程施工因此中断，待冰冻季节过后方能继续施工。

由于该地区在施工期间出现较长时间的冰冻为正常情况，由此导致的施工中断是可预见的不可抗力因素导致的中断，属于正常中断。在正常中断期间所发生的借款费用可以继续资本化，计入相关资产的成本。

三、借款费用停止资本化的时点

购建或者生产符合资本化条件的资产达到预定可使用或者可销售状态时，借款费用应当停止资本化。如果所购建或者生产的符合资本化条件的资产的各部分是分别建造、分别完工的，企业应当区别情况界定借款费用停止资本化的时点。

若所购建或者生产的符合资本化条件的资产的各部分是分别完工，每部分在其他部分继续建造或者生产过程中可供使用或者可对外销售，且为使该部分资产达到预定可使用或可销售状态所必要的购建或者生产活动实质上已经完成的，应当停止与该部分资产相关的借款费用的资本化，因为该部分资产已经达到了预定可使用或者可销售状态。

【例8－8】 某企业利用借入资金建造由若干幢厂房组成的生产车间，每幢厂房完工时间不一样，但每幢厂房在其他厂房继续建造期间均可单独使用。

在这种情况下，当其中的一幢厂房完工并达到预定可使用状态时，企业应当停止该幢厂房相关借款费用的资本化。

【例8－9】 某企业借入一笔款项，于20×2年2月1日采用出包方式开工兴建一幢办公楼。20×3年10月10日工程全部完工，达到合同要求。10月30日工程验收合格，11月15日办理工程竣工结算，11月20日完成全部资产移交手续，12月1日办公楼正式投入使用。

分析： 在本例中，该企业应当将20×3年10月10日确定为工程达到预定可使用状态的时点，作为借款费用停止资本化的时点。后续的工程验收日、竣工结算日、资产移交日和投入使用日均不应作为借款费用停止资本化的时点，否则会导致资产价值和利润的高估。

如果企业购建或者生产的资产的各部分分别完工，但必须等到整体完工后才可使用或者对外销售的，应当在该资产整体完工时停止借款费用的资本化。在这种情况下，即使各部分资产已经完工，也不能认为该部分资产已经达到了预定可使用或者可销售状态。企业只能在所购建固定资产整体完工时，才能认为资产已经达到了预定可使用或者可销售状态，借款费用方可停止资本化。

【例8－10】 某企业建设某一涉及数项工程的钢铁冶炼项目，每个单项工程都是根据各道冶炼工序设计建造的，只有在每项工程都建造完毕后，整个冶炼项目才能正式运转，达到生产和设计要求。每一个单项工程完工后不应认为资产已经达到了预定可使用状态，只有等到整个冶炼项目全部完工，达到预定可使用状态时，才能停止借款费用的资本化。

第三节　借款费用的计量

一、借款利息资本化金额的确定

在借款资本化期间内，每一会计期间的利息资本化金额应当按照下列规定确定：

1. 为购建或者生产符合资本化条件的资产而借入专门借款的，应当以专门借款当期实际发生的利息费用，减去将尚未动用的借款资金存入银行取得的利息收入或进行暂时性投资取得的投资收益后的金额，确定专门借款应予资本化的利息金额。

$$\text{专门借款利息资本化金额} = \text{当期实际发生的专门借款利息费用} - \text{尚未动用的借款资金的利息收入或暂时性利息收益}$$

2. 为购建或者生产符合资本化条件的资产而占用了一般借款的，企业应当根据累计资产支出超过专门借款部分的资产支出加权平均数乘以所占用一般借款的资本化率，计算确定一般借款应予资本化的利息金额。资本化率应当根据一般借款加权平均利率计算确定。

$$\text{一般借款利息资本化金额} = \text{累计资产支出超过专门借款部分的资产支出加权平均数} \times \text{所用一般借款资本化率}$$

累计资产支出超过专门借款部分的资产支出加权平均数

＝（至当期末止购建或生产符合资本化条件的累计资产支出－专门借款累计金额）

×资产累计支出超出专门借款部分实际占用天数÷会计期间涵盖的天数

$$\text{所占用一般借款资本化率} = \frac{\text{占用一般借款当期实际发生的利息之和}}{\text{所占用一般借款本金加权平均数}} \times 100\%$$

$$\text{所占用一般借款本金加权平均数} = \sum\left(\text{所占用每笔一般借款本金} \times \text{每笔一般借款在当期所占用的天数} \div \text{当期天数}\right)$$

3. 每一会计期间的利息资本化金额不应当超过当期相关借款实际发生的利息金额。企业在确定每期利息（包括折价或溢价的摊销）资本化金额时，应当首先判断符合资本化条件的资产在购建或者生产过程中所占用的资金来源。如果所占用的资金是专门借款资金，则应当在资本化期间内，根据每期实际发生的专门借款利息费用，确定应予资本化的金额。在企业将闲置的专门借款资金存入银行取得利息收入或者进行暂时性投资获取投资收益的情况下，企业还应当将这些相关的利息收入或者投资收益从资本化金额中扣除，以如实反映符合资本化条件的资产的实际成本。

【例 8－11】 鑫润公司于 20×3 年 1 月 1 日正式动工兴建一幢厂房，工期预计为 1 年零 6 个月。工程采用出包方式，分别于 20×3 年 1 月 1 日、20×3 年 7 月 1 日和 20×4 年 1 月 1 日支付工程进度款。

鑫润公司为建造厂房于 20×3 年 1 月 1 日专门借款 4 000 万元，借款期限为 3 年，年利率为 6%。另外，在 20×3 年 7 月 1 日又专门借款 8 000 万元，借款期限为 5 年，年利率为 7%。借款利息按年支付（如无特别说明，本章例题中名义利率与实际利率相同）。

闲置借款资金均用于固定收益债券短期投资，该短期投资月收益率为 0.5%。

厂房于 20×4 年 6 月 30 日完工，达到预定可使用状态。

鑫润公司为建造该厂房的支出金额如表 8－1 所示。

表 8－1 单位：万元

日　期	每期资产支出金额	累计资产支出金额	闲置借款资金用于短期投资金额
20×3 年 1 月 1 日	3 000	3 000	1 000
20×3 年 7 月 1 日	5 000	8 000	4 000
20×4 年 1 月 1 日	3 000	11 000	1 000
总　计	11 000	—	6 000

由于鑫润公司使用了专门借款建造厂房，而且厂房建造支出没有超过专门借款金额，因此公司 20×3 年、20×4 年为建造厂房应予资本化的利息金额计算如下：

（1）确定借款费用资本化期间为 20×3 年 1 月 1 日至 20×4 年 6 月 30 日。

（2）计算在资本化期间内专门借款实际发生的利息金额：

20×3 年专门借款发生的利息金额＝4 000×6%＋8 000×7%×6/12＝520（万元）

20×4 年 1 月 1 日至 6 月 30 日专门借款发生的利息金额

利息金额＝4 000×6%×6/12＋8 000×7%×6/12＝400（万元）

（3）计算在资本化期间内利用闲置的专门借款资金进行短期投资的收益：

20×3 年短期投资收益＝1 000×0.5%×6＋4 000×0.5%×6＝150（万元）

20×4 年 1 月 1 日至 6 月 30 日短期投资收益＝1 000×0.5%×6＝30（万元）

（4）由于在资本化期间内，专门借款利息费用的资本化金额应当以其实际发生的利息费用减去将闲置的借款资金进行短期投资取得的投资收益后的金额确定，因此：

公司 20×3 年的利息资本化金额＝520－150＝370（万元）

公司 20×4 年的利息资本化金额＝400－30＝370（万元）

借：在建工程　　3 700 000
　　应收利息（或银行存款）　　1 500 000
　　贷：应付利息　　5 200 000

借：在建工程　　3 700 000

应收利息（或银行存款）　　300 000

贷：应付利息　　4 000 000

企业在购建或者生产符合资本化条件的资产时，如果专门借款资金不足而占用了一般借款资金，或者企业为购建或者生产符合资本化条件的资产并没有借入专门借款，而占用的都是一般借款资金，在这两种情况下，企业应当根据为购建或者生产符合资本化条件的资产而发生的累计资产支出超过专门借款部分的资产支出加权平均数乘以所占用一般借款的资本化率，计算确定一般借款应予资本化的利息金额。资本化率应当根据一般借款加权平均利率计算确定。如果符合资本化条件的资产的购建或者生产没有借入专门借款，应以累计资产支出加权平均数为基础计算所占用的一般借款利息资本化金额。即企业占用一般借款资金购建或者生产符合资本化条件的资产时，一般借款的借款费用资本化金额的确定应当与资产支出挂钩。

【例 8－12】 沿用例 8－11，假定鑫润公司为建造厂房于 20×3 年 1 月 1 日专门借款 4 000万元，借款期限为 3 年，年利率为 6%。除此之外，没有其他专门借款。

在厂房建造过程中占用了两笔一般借款，具体资料如下：

（1）向甲银行长期贷款 4 000 万元，期限为 20×2 年 12 月 1 日至 20×5 年 12 月 1 日，年利率为 6%，按年支付利息。

（2）发行公司债券 2 亿元，于 20×2 年 1 月 1 日发行，期限为 5 年，年利率为 8%，按年支付利息。

假定全年按 360 天计算。

其他相关资料均同例 8－11。

在这种情况下，公司应当首先计算专门借款利息的资本化金额，然后计算所占用一般借款利息的资本化金额。具体如下：

（1）计算专门借款利息资本化金额：

20×3 年专门借款利息资本化金额＝4 000×6%－1 000×0.5%×6＝210（万元）

20×4 年专门借款利息资本化金额＝4 000×6%×180/360＝120（万元）

（2）计算一般借款资本化金额：

在建造厂房过程中，自 20×3 年 7 月 1 日起已经有 4 000 万元占用了一般借款，另外，20×4 年 1 月 1 日支出的 3 000 万元也占用了一般借款。计算这两笔资产支出的加权平均数如下：

20×3 年占用了一般借款的资产支出加权平均数＝4 000×180/360＝2 000（万元）

一般借款利息资本化率（年）＝(4 000×6%＋20 000×8%)/(4 000＋20 000)
＝7.67%

20×3 年应予资本化的一般借款利息金额＝2 000×7.67%＝153.40（万元）

20×4 年占用了一般借款的资产支出加权平均数＝(4 000＋3 000)×180/360
＝3 500（万元）

20×4 年应予资本化的一般借款利息金额＝3 500× 7.67%＝268.45（万元）

（3）根据上述计算结果，公司建造厂房应予资本化的利息金额如下：

20×3 年利息资本化金额＝210＋153.40＝363.40（万元）

20×4 年利息资本化金额＝120＋268.45＝388.45（万元）

（4）有关账务处理如下：

20×3 年 12 月 31 日：

借：在建工程	3 634 000	
财务费用	16 866 000	
应收利息（或银行存款）	300 000	
贷：应付利息		20 800 000

注：20×3 年实际借款利息 =4 000× 6% +4 000×6% +40 000×8%

=2 080（万元）

20×4 年 6 月 30 日：

借：在建工程	3 884 500	
财务费用	6 515 500	
贷：应付利息		10 400 000

注：20×4 年 1 月 1 日至 6 月 30 日的实际借款利息 =2 080 ÷2 =1 040（万元）

二、外币专门借款汇兑差额资本化金额的确定

企业为购建或者生产符合资本化条件的资产所借入的专门借款为外币借款时，由于取得外币借款日、使用外币借款日和会计结算日往往并不一致，而外汇汇率又在随时发生变化，因此，外币借款会产生汇兑差额。相应地，在借款费用资本化期间内，为购建固定资产而专门借入的外币借款所产生的汇兑差额，是购建固定资产的一项代价，应当予以资本化，计入固定资产成本。出于简化核算的考虑，在资本化期间内，外币专门借款本金及其利息的汇兑差额应当予以资本化，计入符合资本化条件的资产的成本；除外币专门借款之外的其他外币借款本金及其利息所产生的汇兑差额，应当作为财务费用计入当期损益。

【例 8 -13】 鑫润公司于 20×3 年 1 月 1 日，为建造某工程项目专门以面值发行美元公司债券 2 000 万元，年利率为 8%，期限为 3 年，假定不考虑与发行债券有关的辅助费用。合同约定，发行债券后每年 1 月 1 日支付利息，到期还本。

工程于 20×3 年 1 月 1 日开始实体建造，20×4 年 6 月 30 日完工，达到预定可使用状态。期间发生的资产支出如下：

20×3 年 1 月 1 日，支出 400 万美元；

20×3 年 7 月 1 日，支出 1 000 万美元；

20×4 年 1 月 1 日，支出 600 万美元。

公司的记账本位币为人民币，外币业务采用外币业务发生当日的市场汇率折算。相关汇率如下：

20×3 年 1 月 1 日，市场汇率为 1 美元 =7. 70 元人民币；

20×3 年 12 月 31 日，市场汇率为 1 美元 =7. 75 元人民币；

20×4 年 1 月 1 日，市场汇率为 1 美元 =7. 77 元人民币；

20×4 年 6 月 30 日，市场汇率为 1 美元 =7. 80 元人民币。

本例中，公司计算外币借款汇兑差额资本化金额如下：

（1）计算 20×3 年汇兑差额资本化金额：

①债券应付利息 =2 000×8% ×7. 75 =1 240（万元）

账务处理为：

借：在建工程　　12 400 000

　　贷：应付利息　　12 400 000

②外币债券本金及利息汇兑差额：

=2 000 ×（7.75 - 7.70）+160 ×（7.75 - 7.75）=100（万元）

账务处理为：

借：在建工程　　1 000 000

　　贷：应付债券　　1 000 000

（2）20×4 年 1 月 1 日实际支付利息时，应当支付 160 万美元，折算成人民币为 1 243.20万元。该金额与原账面金额之间的差额 3.20 万元应当继续予以资本化，计入在建工程成本。账务处理为：

借：应付利息　　12 400 000

　　在建工程　　32 000

　　贷：银行存款　　12 432 000

（3）计算 20×4 年 6 月 30 日时的汇兑差额资本化金额：

①债券应付利息 =2 000 ×8% ×1/2 ×7.80 =624（万元）

账务处理为：

借：在建工程　　6 240 000

　　贷：应付利息　　6 240 000

②外币债券本金及利息汇兑差额

=2 000 ×（7.80 - 7.75）+80 ×（7.80 - 7.80）=100（万元）

账务处理为：

借：在建工程　　1 000 000

　　贷：应付债券　　1 000 000

思考与练习

一、单项选择题

1. 借款费用准则中的专门借款是指（　　）。

　A. 为购建或者生产符合资本化条件的资产而专门借入的款项

　B. 发行债券收款

　C. 长期借款

　D. 技术改造借款

2. 如果固定资产的购建活动发生非正常中断，并且中断时间连续超过（　　），应当暂停借款费用的资本化，将其确认为当期费用，直至资产的购建活动重新开始。

　A. 1 年　　　　B. 3 个月

　C. 半年　　　　D. 2 年

3. 当所购建的固定资产（　　）时，应当停止其借款费用的资本化；以后发生的借款费用应当于发生当期确认为费用。

A. 达到预定可使用状态　　B. 交付使用

C. 竣工决算　　D. 交付使用并办理竣工决算手续

4. 在资本化期间内，对于专门借款闲置资金产生的利息收入或投资收益应（　　）。

A. 计入营业外收入　　B. 计入投资收益

C. 冲减财务费用　　D. 冲减借款费用资本化的金额

5. 某上市公司股东大会于20×4年1月4日做出决议，决定建造厂房。为此，公司于3月5日向银行专门借款5 000万元，年利率为6%，款项于当日划入公司银行存款账户。3月15日，厂房正式动工兴建。3月16日，公司购入建造厂房用水泥和钢材一批，价款500万元，当日用银行存款支付。3月31日，计提当月专门借款利息。公司在3月份没有发生其他与厂房购建有关的支出，则公司专门借款利息应开始资本化的时间为（　　）。

A. 3月5日　　B. 3月15日

C. 3月16日　　D. 3月31日

6. 某公司20×3年1月1日为建造生产装置取得专门借款2 000万元，借款期限为3年，年利率为8%。公司于20×3年1月1日向施工单位支付工程进度款600万元，20×3年4月1日支付工程进度款800万元，20×3年9月1日支付进度款600万元。公司将暂时闲置资金用于月固定收益率为0.5%的理财项目。10月1日至12月31日公司因装置的质量问题停工，公司20×3年应资本化的借款利息是（　　）万元。

A. 160　　B. 124

C. 102　　D. 84

7. 某公司为股份有限公司，20×3年7月1日为新建生产车间而向商业银行借入专门借款1 000万元，年利率为5%，款项已存入银行。至20×3年12月31日，因建筑地面上建筑物的拆迁补偿问题尚未解决，建筑地面上原建筑物尚未开始拆迁；该项借款存入银行所获得的利息收入为16.7万元。公司20×3年就上述借款应予以资本化的利息为（　　）万元。

A. 0　　B. 20

C. 8.3　　D. 50

8. 企业因资产支出数超过专门借款数，为此于20×4年又借入了两笔一般借款，1月1日借入300万元，3月1日又借入了900万元。资产的建造工作从20×3年10月1日开始。假定企业按季计算资本化金额。则20×4年第一季度一般借款本金加权平均数为（　　）万元。

A. 1 200　　B. 400

C. 800　　D. 600

9. 某公司为购建固定资产于20×3年1月1日按面值发行债券一批，面值为800万元，期限5年，票面年利率6%，筹集资金8 000万元（不考虑债券发行费用）；7月1日又向银行借入2年期、年利率5%的款项4 000万元。上述两项借款属于一般借款，假设无其他一般借款，则该公司20×3年一般借款的加权平均年利率为（　　）。

A. 5%　　B. 5.67%

C. 5.8%　　D. 6%

10. 盛恒公司为建造一条生产线专门于20×4年1月1日按面值发行美元公司债券150万美元，年利率为8%，期限为3年，按季计提利息，按年支付利息。工程于20×4年1月1日开始实体建造并于当日发生了相关资产支出，预计工期为2年。盛恒公司的记账本位币为人民币，外币业务采用外币业务发生时当日的市场汇率折算。假定相关汇率如下：20×4年1月1日，市场汇率为1美元=6.9元人民币，3月31日的市场汇率为1美元=7.1元人民币。不考虑其他因素，则第一季度外币专门借款汇兑差额的资本化金额为（　　）万元人民币。

A. 30.6　　B. 0

C. 30　　D. 29.4

二、多项选择题

1. 下列各项中，属于借款费用的有（　　）。

A. 为发行公司债券而支付的佣金　　B. 为发行公司股票而支付的佣金

C. 所发行公司债券的溢价收入　　D. 所发行公司债券的溢价摊销额

E. 承租人所确认的融资租赁发生的融资费用

2. 借款费用准则中的资产支出包括（　　）。

A. 为购建符合资本化条件的资产而支付现金

B. 为购建符合资本化条件的资产而转移非现金资产

C. 为购建符合资本化条件的资产而以承担带息债务形式发生的支出

D. 计提在建工程人员工资

E. 计提在建工程人员福利费

3. 依据《企业会计准则第17号——借款费用》，下列为购建固定资产而发生的支出中，属于资产支出已经发生的有（　　）。

A. 以外币专门借款向工程承包方支付进度款

B. 自供应商处赊购（不带息）建造固定资产项目的物资

C. 企业将自己生产的库存商品用于固定资产建造

D. 因建设长期工程所需，购入工程用物资一批，开出一张10万元的带息银行承兑汇票

E. 用银行存款支付在建工程人员工资

4. 下列关于专门借款的借款费用资本化时点的表述中，不正确的有（　　）。

A. 符合资本化条件的资产在购建或生产过程中发生正常中断，且中断时间连续超过3个月的，应当暂停借款费用的资本化

B. 符合资本化条件的资产在购建或生产过程中发生非正常中断，且中断时间累计超过3个月的，应当暂停借款费用的资本化

C. 所购建或生产的符合资本化条件的资产各部分分别建造、分别完工的，在某部分完工时应停止与该部分资产相关的借款费用的资本化

D. 所购建或生产的符合资本化条件的资产各部分分别建造、分别完工，但必须等到整体完工后才可使用或对外销售的，应在该资产整体完工时停止借款费用的资本化

E. 符合资本化条件的资产在购建或生产过程中发生非正常中断，且中断时间连续超过3个月的，应当暂停借款费用的资本化

5. 下列各项中，属于借款费用的有（　　）。

A. 折价的摊销　　B. 借款辅助费用

C. 外币借款发生的汇兑差额　　D. 借款利息

E. 溢价的摊销

6. 借款费用资本化必须同时满足的条件有（　　）。

A. 资产支出已经发生

B. 借款费用已经发生

C. 为使资产达到预定可使用或者可销售状态所必要的购建或者生产活动已经开始

D. 已使用借款购入工程物资

E. 已经预付工程款

7. 下列选项中，符合资本化条件的资产包括（　　）。

A. 需要经过相当长时间才能达到预定可使用状态的固定资产

B. 需要经过相当长时间才能达到预定可使用状态的投资性房地产

C. 需要经过相当长时间生产活动才能达到预定可销售状态的存货

D. 需要经过半年的生产活动才能达到预定可销售状态的存货

E. 发生的开办费

8. 关于辅助费用以及因外币借款而发生的汇兑差额，下列说法中正确的有（　　）。

A. 在资本化期间内，外币专门借款本金及利息的汇兑差额，应当予以资本化，计入符合资本化条件的资产的成本

B. 在资本化期间内，外币专门借款本金及利息的汇兑差额的计算与资产支出相挂钩

C. 专门借款发生的辅助费用，在所购建或者生产的符合资本化条件的资产达到预定可使用或者可销售状态之前发生的，应当在发生时根据其发生额予以资本化，计入符合资本化条件的资产的成本

D. 专门借款发生的辅助费用，在所购建或者生产的符合资本化条件的资产达到预定可使用或者可销售状态之后发生的，应当在发生时根据其发生额确认为费用，计入当期损益

E. 除外币专门借款之外的其他外币借款本金及其利息所产生的汇兑差额应当作为财务费用，计入当期损益

9. 在资本化期间内，下列有关借款费用会计处理的表述中，正确的有（　　）。

A. 为购建固定资产向商业银行借入专门借款发生的辅助费用，应予以资本化

B. 为购建固定资产取得的外币专门借款本金发生的汇兑差额，应予以资本化

C. 在资本化期间内，每一会计期间的利息资本化金额，不应当超过当期相关借款实际发生的利息金额

D. 为购建固定资产取得的外币专门借款利息发生的汇兑差额，全部计入当期损益

E. 外币一般借款的借款费用计入当期损益，不予资本化

10. 企业为购建固定资产专门借入的款项所发生的借款费用，停止资本化的时点有（　　）。

A. 所购建固定资产与设计要求或合同要求相符或基本相符时

B. 固定资产的实体建造工作已经全部完成或实质上已经完成时

C. 继续发生在所购建固定资产上的支出金额很少或者几乎不再发生时

D. 需要试生产的固定资产的在试生产结果表明资产能够正常生产出合格产品时

E. 必须上述四个条件同时具备才能停止资本化

三、判断题

1. 在借款费用资本化期间内，建造资产的累计支出金额未超过专门借款金额的，发生的专门借款利息扣除该期间与专门借款相关的收益后的金额，应当计入所建造资产成本。 （　　）

2. 对于企业发生的权益性融资费用，不应包括在借款费用中。 （　　）

3. 房地产开发企业用于项目开发的借款费用符合资本化条件的应计入开发成本。 （　　）

4. 为购建生产符合资本化条件的资产而借入专门借款的，公司应当根据累计资产支出加权平均数乘以所占用专门借款的利率，计算确定专门借款应予资本化的利息金额，存在闲置资金利息收入或投资收益的，应将利息收入或投资收益扣除。 （　　）

5. 资本化期间，是指从借款费用开始资本化时点到停止资本化时点的期间，借款费用暂停资本化的期间包括在内。 （　　）

6. 每一会计期间的利息资本化金额，不应当超过当期相关借款实际发生的利息金额。 （　　）

7. 一般借款的借款费用的资本化金额的确定应当与资产支出相挂钩。 （　　）

8. 在资本化期间内，外币专门借款本金及利息的汇兑差额，应当予以资本化，计入符合资本化条件的资产的成本。 （　　）

9. 企业只有发生在资本化期间内的有关借款费用，才允许资本化。 （　　）

10. 实体建造（包括安装）或者生产工作已经全部完成或者实质已经完成，可以视为资产达到预定可使用（或可销售）状态。 （　　）

四、计算分析与账务处理题

1. 鑫润公司于20×3年1月1日动工兴建一办公楼，工程采用出包方式，每半年支付一次工程进度款。工程于20×8年6月30日完工，达到预定可使用状态。公司建造工程资产支出如下：

（1）20×3年1月1日，支出6 000万元。

（2）20×3年7月1日，支出10 000万元，累计支出16 000万元。

（3）20×4年1月1日，支出6 000万元，累计支出22 000万元。

公司为建造办公楼于20×3年1月1日专门借款8 000万元，借款期限为3年，年利率为8%，按年支付利息。除此之外，无其他专门借款。

办公楼的建造还占用两笔一般借款：

（1）从A银行取得长期借款8 000万元，期限为20×2年12月1日至20×5年12月1日，年利率为6%，按年支付利息。

（2）发行公司债券4亿元，发行日为20×2年1月1日，期限为5年，年利率为8%，按年支付利息。

闲置专门借款资金用于固定收益债券暂时性投资，假定暂时性投资月收益率为 0.5%。假定全年按360 天计。

【要求】

（1）计算 20×3 年和 20×4 年专门借款利息资本化金额。

（2）计算 20×3 年和 20×4 年一般借款利息资本化金额。

（3）计算 20×3 年和 20×4 年利息资本化金额。

（4）编制 20×3 年和 20×4 年与利息资本化金额相关的会计分录。

2. 甲公司为上市公司，为了扩大生产规模，经研究决定，采用出包方式建造生产厂房一栋。20×3 年 7—12 月发生的有关借款及工程支出业务资料如下：

（1）7 月 1 日，为建造生产厂房从银行借入三年期的专门借款 3 000 万元，年利率为 7.2%，于每季度末支付借款利息。当日，该工程已开工。

（2）7 月 1 日，以银行存款支付工程款 1 900 万元。暂时闲置的专门借款在银行的存款年利率为 1.2%，于每季度末收取存款利息。

（3）10 月 1 日，借入半年期的一般借款300 万元，年利率为 4.8%，利息于每季度末支付。

（4）10 月 1 日，公司与施工单位发生纠纷，工程暂时停工。

（5）11 月 1 日，公司与施工单位达成谅解协议，工程恢复施工，以银行存款支付工程款 1 250 万元。

（6）12 月 1 日，借入 1 年期的一般借款 600 万元，年利率为 6%，利息于每季度末支付。

（7）12 月 1 日，以银行存款支付工程款 1 100 万元。

假定工程支出超过专门借款时占用一般借款；仍不足的，占用自有资金。

【要求】

（1）计算公司 20×3 年第三季度专门借款利息支出、暂时闲置专门借款的存款利息收入和专门借款利息支出资本化金额。

（2）计算公司 20×3 年第四季度专门借款利息支出、暂时闲置专门借款的存款利息收入和专门借款利息支出资本化金额。

（3）计算公司 20×3 年第四季度一般借款利息支出、占用一般借款工程支出的累计支出加权平均数、一般借款平均资本化率和一般借款利息支出资本化金额（一般借款平均资本化率的计算结果在百分号前保留两位小数，答案中的金额单位用万元来表示）。

第九章

会计政策、会计估计变更和差错更正

学习目标

- □ 理解会计政策、会计估计和会计差错的概念，熟悉常见的会计政策变更和会计估计变更事项的区分
- □ 掌握会计政策、会计估计变更和会计差错更正的会计处理方法
- □ 了解会计政策、会计估计和会计差错的披露

学习指导

本章主要阐述会计政策变更、会计估计变更和前期差错更正的会计处理方法。需掌握追溯调整法、未来适用法和追溯重述法。会计政策变更原则上采用追溯调整法，但若是会计政策变更累积影响数不能确定，即追溯调整不切实可行，则采用未来适用法。会计估计变更一律采用未来适用法。前期差错更正可以采用未来适用法和追溯重述法。会计估计变更和会计差错更正对于企业当期损益的影响是不同的。会计政策变更和会计差错更正涉及损益的调整方法不同：会计政策变更直接通过“利润分配——未分配利润”账户调整损益；差错更正采用追溯重述法时，先通过“以前年度损益调整”账户调整，最后转入“利润分配”账户。另外，注意涉及所得税的会计处理。

学习重点

会计政策与会计估计的判断；会计政策变更和前期差错更正的会计处理方法。

学习难点

追溯调整法和追溯重述法以及财务报表相关项目的调整。

第一节　会计政策及其变更

一、会计政策

（一）会计政策的概念

会计政策，是指企业在会计确认、计量和报告中所采用的原则、基础和会计处理方法。

1. 原则，是指按照《企业会计准则》规定的、适合于企业会计要素确认过程中所采用的具体会计原则。例如，《企业会计准则第 14 号——收入》规定的以交易已经完成、经济

利益能够流入企业、收入和成本能够可靠计量等作为收入确认的标准，就属于收入确认的具体会计原则。

2. 基础，是指为了将会计原则应用于交易或者事项而采用的基础，主要是计量基础（即计量属性），包括历史成本、重置成本、可变现净值、现值和公允价值等。

3. 会计处理方法，是指企业按照法律、行政法规或者国家统一的会计制度等规定采用或者选择的、适合于本企业的具体会计处理方法。

（二）会计政策的判断

原则、基础和会计处理方法构成了会计政策相互关联的有机整体。对会计政策的判断通常应当考虑从会计要素的确认出发，根据各项资产、负债、所有者权益、收入、费用等会计要素的确认条件、计量属性以及两者相关的处理方法、列报要求等确定相应的会计政策。

- 在资产方面，存货的取得、发出和期末计价的处理方法，长期投资的取得及后续计量中的成本法或权益法，投资性房地产的确认及其后续计量模式，固定资产、无形资产的确认条件及其减值政策，金融资产的分类，非货币性资产交换商业实质的判断等，属于资产要素的会计政策。
- 在负债方面，借款费用资本化的条件、债务重组的确认和计量、预计负债的确认条件、应付职工薪酬和股份支付的确认和计量、金融负债的分类等，属于负债要素的会计政策。
- 在所有者权益方面，权益工具的确认和计量、混合金融工具的分析等，属于所有者权益要素的会计政策。
- 在收入方面，商品销售收入和提供劳务收入的确认条件、建造合同、租赁合同、保险合同、贷款合同等合同收入的确认与计量方法，属于收入要素的会计政策。
- 在费用方面，商品销售成本及劳务成本的结转、期间费用的划分等，属于费用要素的会计政策。

除会计要素相关会计政策外，财务报表列报方面所涉及的编制现金流量表的直接法和间接法、合并财务报表合并范围的判断、分部报告中报告分部的确定，也属于会计政策。

（三）会计政策的特点

第一，会计政策的选择性。会计政策是在允许的会计原则、计量基础和会计处理方法中做出指定或具体选择。

第二，会计政策具有强制性。在我国，会计准则和会计制度属于行政法规，会计政策由会计准则或会计制度规定，具有一定的强制性。企业必须在法规所允许的范围内选择适合本企业实际情况的会计政策。

第三，会计政策的层次性。会计政策包括会计原则、计量基础和会计处理方法三个层次。三者是一个具有逻辑性的、密不可分的整体，通过这个整体，会计政策才能得以应用和落实。

（四）重要的会计政策

企业应当披露重要的会计政策，不具有重要性的会计政策可以不予披露。判断会计政策是否重要，应当考虑与会计政策相关的项目的性质和金额。

企业应当披露的重要的会计政策包括：（1）发出存货成本的计量；（2）长期股权投资的后续计量；（3）投资性房地产的后续计量；（4）固定资产的初始计量；（5）生物资产的初始计量；（6）无形资产的确认；（7）非货币性资产交换的计量；（8）收入的确认；（9）合同收入和费用的确认；（10）借款费用的处理；（11）合并政策；（12）其他重要会计政策。

二、会计政策变更

会计政策变更，是指企业对相同的交易或者事项由原来采用的会计政策改用另一会计政策的行为。为保证会计信息的可比性，使财务报表使用者在比较企业一个以上期间的财务报表时，能够正确判断企业的财务状况、经营成果和现金流量的趋势，一般情况下，企业采用的会计政策在每一会计期间和前后各期应当保持一致，不得随意变更。否则，势必削弱会计信息的可比性。但是，满足下列条件之一的，可以变更会计政策：

（一）法律、行政法规或者国家统一的会计制度等要求变更

这种情况是指，按照法律、行政法规以及国家统一的会计制度的规定，要求企业采用新的会计政策，则企业应当按照法律、行政法规以及国家统一的会计制度的规定改变原会计政策，按照新的会计政策执行。例如，《企业会计准则第 1 号——存货》规定，不允许企业采用后进先出法核算发出存货成本，这就要求执行企业会计准则体系的企业按照新规定，将原来以后进先出法核算发出存货成本改为按准则规定可以采用的会计政策来核算。

（二）会计政策变更能够提供更可靠、更相关的会计信息

由于经济环境、客观情况的改变，使企业原采用的会计政策所提供的会计信息已不能恰当地反映企业的财务状况、经营成果和现金流量等情况。在这种情况下，应改变原有会计政策，按变更后新的会计政策进行会计处理，以便对外提供更可靠、更相关的会计信息。例如，某企业一直采用成本模式对投资性房地产进行后续计量，如果该企业能够从房地产交易市场上持续地取得同类或类似房地产的市场价格及其他相关信息，从而能够对投资性房地产的公允价值做出合理的估计，此时采用公允价值模式对投资性房地产进行后续计量可以更好地反映其价值。这种情况下，该企业可以将投资性房地产的后续计量方法由成本模式变更为公允价值模式。

需要注意的是，除法律、行政法规以及国家统一的会计制度要求变更会计政策的，应当按照国家的相关规定执行外，企业因满足上述第二个条件变更会计政策时，必须有充分、合理的证据表明其变更的合理性，并说明变更会计政策后，能够提供关于企业财务状况、经营成果和现金流量等更可靠、更相关的会计信息的理由。对会计政策的变更，企业仍应经股东大会或董事会、经理（厂长）会议或类似机构批准，并按照法律、行政法规等的规定报送有关各方备案。如无充分、合理的证据表明会计政策变更的合理性，或者未重新经股东大会或董事会、经理（厂长）会议或类似机构批准擅自变更会计政策的，或者连续、反复地自行变更会计政策的，视为滥用会计政策，按照前期差错更正的方法进行处理。

上市公司的会计政策目录及变更会计政策后重新制定的会计政策目录，除应当按照信息披露的要求对外公布外，还应当报公司上市所在地交易所备案。未报公司上市所在地交易所

备案的，视为滥用会计政策，按照前期差错更正的方法进行处理。

（三）不属于会计政策变更的情况

1. 本期发生的交易或者事项与以前相比具有本质差别而采用新的会计政策。会计政策是针对特定类型的交易或事项，如果发生的交易或事项与其他交易或事项有本质区别，那么，企业实际上是为新的交易或事项选择适当的会计政策，并没有改变原有的会计政策。例如，某企业以往租入的设备均为因临时需要而租入的，因此按经营租赁会计处理方法核算，但自本年度起租入的设备均采用融资租赁方式，该企业自本年度起对新租赁的设备采用融资租赁会计处理方法核算。由于该企业自本年度起租赁的设备均改为融资租赁，经营租赁和融资租赁有着本质差别，因而改变会计政策不属于会计政策变更。

2. 对初次发生的或不重要的交易或者事项采用新的会计政策。对初次发生的某类交易或事项采用适当的会计政策，并未改变原有的会计政策。例如，某企业初次签订一项建造合同，为另一企业建造三栋厂房，该企业对该项建造合同采用完工百分比法确认收入。由于该企业初次发生该项交易，采用完工百分比法确认该项交易的收入，不属于会计政策变更。

三、会计政策变更与会计估计变更的划分

企业应当正确划分会计政策变更与会计估计变更，并按照不同的方法进行相关会计处理。

（一）会计政策变更与会计估计变更的划分基础

企业应当以变更事项的会计确认、计量基础和列报项目是否发生变更作为判断该变更是会计政策变更，还是会计估计变更的划分基础。

1. 以会计确认是否发生变更作为判断基础。《企业会计准则——基本准则》规定了资产、负债、所有者权益、收入、费用和利润等六项会计要素的确认标准，是会计处理的首要环节。一般地，对会计确认的指定或选择是会计政策，其相应的变更是会计政策变更。会计确认、计量的变更一般会引起列报项目的变更。

例如，某企业在前期将某项内部研发项目开发阶段的支出计入当期损益，而当期按照《企业会计准则第 6 号——无形资产》的规定，该项支出符合无形资产的确定条件，应当确认为无形资产。该事项的会计确认发生变更，即前期将开发费用确认为一项费用，而当期将其确认为一项资产。该事项中会计确认发生了变化，所以该变更属于会计政策变更。

2. 以计量基础是否发生变更作为判断基础。《企业会计准则——基本准则》规定了历史成本、重置成本、可变现净值、现值和公允价值等五项会计计量属性，是会计处理的计量基础。一般地，对计量基础的指定或选择是会计政策，其相应的变更是会计政策变更。

例如，某企业在前期对购入的价款超过正常信用条件延期支付的固定资产初始计量采用历史成本，而当期按照《企业会计准则第 4 号——固定资产》的规定，该类固定资产的初始成本应以购买价款的现值为基础确定。该事项的计量基础发生了变化，所以该变更属于会计政策变更。

3. 以列报项目是否发生变更作为判断基础。《企业会计准则第 30 号——财务报表列报》规定了财务报表项目应采用的列报原则。一般地，对列报项目的指定或选择是会计政策，其

相应的变更是会计政策变更。当然，在实务中，有时列报项目的变更往往伴随着会计确认的变更或者相反。例如，某商业企业在前期将商品采购费用列入营业费用，当期根据《企业会计准则第1号——存货》的规定，将采购费用列入成本。因为列报项目发生了变化，所以该变更是会计政策变更。当然这里也涉及会计确认、计量的变更。

4. 根据会计确认、计量基础和列报项目所选择的，为取得与该项目有关的金额或数值所采用的处理方法，不是会计政策，而是会计估计，其相应的变更是会计估计变更。例如，某企业需要对某项资产采用公允价值进行计量，而公允价值的确定需要根据市场情况选择不同的处理方法。在不存在销售协议和资产活跃市场的情况下，需要根据同行业类似资产的近期交易价格对该项资产进行估计；在不存在销售协议但存在资产活跃市场的情况下，其公允价值应当按照该项资产的市场价格为基础进行估计。因为企业所确定的公允价值是与该项资产有关的金额，所以为确定公允价值所采用的处理方法是会计估计，不是会计政策。相应地，当企业面对的市场情况发生变化时，其采用的确定公允价值的方法变更是会计估计变更，不是会计政策变更。

总之，在单个会计期间，会计政策决定了财务报表所列报的会计信息和列报方式；会计估计是用来确定与财务报表所列报的会计信息有关的金额和数值。

（二）划分会计政策变更和会计估计变更的方法

企业可以采用以下具体方法划分会计政策变更与会计估计变更：分析并判断该事项是否涉及会计确认、计量基础选择或列报项目的变更，当至少涉及其中一项划分基础变更的，该事项是会计政策变更。不涉及这些划分基础变更时，该事项可以判断为会计估计变更。

例如，某企业在前期将与自行购建的固定资产相关的一般借款费用计入当期损益，当期根据会计准则的规定，将符合条件的有关借款费用予以资本化，企业因此将对该事项进行变更。该事项的计量基础未发生变更，即都是以历史成本作为计量基础；该事项的会计确认发生变更，即前期将借款费用确认为一项费用，而当期将其确认为一项资产；同时，会计确认的变更导致该事项在资产负债表和利润表相关项目的列报也发生变更。该事项涉及会计确认和列报的变更，所以属于会计政策变更。

例如，企业原采用双倍余额递减法计提固定资产折旧，根据固定资产使用的实际情况，企业决定改用直线法计提固定资产折旧。该事项前后采用的两种计提折旧方法都是以历史成本作为计量基础，对该事项的会计确认和列报项目也未发生变更，只是固定资产折旧、固定资产净值等相关金额发生了变化。因此，该事项属于会计估计变更。

四、会计政策变更的会计处理

发生会计政策变更时，有两种会计处理方法，即追溯调整法和未来适用法。

（一）会计政策变更的会计处理方法的选择

会计政策变更根据具体情况，分别按照以下规定处理：

1. 法律、行政法规或者国家统一的会计制度等要求变更的情况下，企业应当分别按以下情况进行处理：

（1）若国家发布相关的会计处理办法，则按照国家发布的相关会计处理规定进行处理。

例如，2007 年 1 月 1 日我国上市公司执行新《企业会计准则》，会计政策发生了较大的变动，财政部制定了《企业会计准则第 38 号——首次执行企业会计准则》，规定了企业执行新会计准则时应遵循的处理办法。

（2）若国家没有发布相关的会计处理办法，则采用追溯调整法进行会计处理。

2. 在会计政策变更能够提供更可靠、更相关的会计信息的情况下，企业应当采用追溯调整法进行会计处理，将会计政策变更累积影响数调整列报前期最早期初留存收益，其他相关项目的期初余额和列报前期披露的其他比较数据也应当一并调整。

3. 确定会计政策变更对列报前期影响数不切实可行的，应当从可追溯调整的最早期间期初开始应用变更后的会计政策。

4. 在当期期初确定会计政策变更对以前各期累积影响数不切实可行的，应当采用未来适用法处理。例如，企业因账簿、凭证超过法定保存期限而销毁，或因不可抗力而毁坏、遗失，如火灾、水灾等，或因人为因素，如盗窃、故意毁坏等，可能使当期期初确定会计政策变更对以前各期累积影响数无法计算，即不切实可行。在这种情况下，会计政策变更应当采用未来适用法进行处理。

（二）追溯调整法

追溯调整法，是指对某项交易或事项变更会计政策，视同该项交易或事项初次发生时就采用了变更后的会计政策，并以此对财务报表相关项目进行调整的方法。

追溯调整法的运用通常由以下几步构成：

第一步，计算会计政策变更的累积影响数；

第二步，编制相关项目的调整分录；

第三步，调整列报前期最早期初财务报表相关项目及其金额；

第四步，附注说明。

采用追溯调整法时，对于比较财务报表期间的会计政策变更，应调整各期间净损益各项目和财务报表其他相关项目，视同该政策在比较财务报表期间一直采用。对于比较财务报表可比期间以前的会计政策变更的累积影响数，应调整比较财务报表最早期间的期初留存收益，财务报表其他相关项目的数字也应一并调整。因此，追溯调整法是将会计政策变更的累积影响数调整列报前期最早期初留存收益，而不计入当期损益。但确定会计政策变更对列报前期影响数不切实可行的，应当从可追溯调整的最早期间的初始阶段就应用变更后的会计政策。

（三）会计政策变更累积影响数

会计政策变更累积影响数，是指按照变更后的会计政策对以前各期追溯计算的列报前期最早期初留存收益应有金额与现有金额之间的差额。根据上述定义的表述，会计政策变更的累积影响数可以分解为以下两个金额之间的差额：（1）在变更会计政策当期，按变更后的会计政策对以前各期追溯计算，所得到的列报前期最早期初留存收益金额；（2）在变更会计政策当期，列报前期最早期初留存收益金额。

上述留存收益金额，包括法定盈余公积、任意盈余公积以及未分配利润各项目，不考虑由于损益的变化而应当追加分派的利润或股利。例如，某企业由于会计政策变化，增加了以前期间可供分配的利润，该企业通常按净利润的20%分派股利。但在计算调整会计政策变更当期期初的留存收益时，不应当考虑由于以前期间净利润的变化而需要分派的股利。

在财务报表只提供列报项目上一个可比会计期间比较数据的情况下，上述的第二项（在变更会计政策当期，列报前期最早期初留存收益金额）即为上期资产负债表所反映的期初留存收益，可以从上年资产负债表项目中获得；需要计算确定的是第一项，即按变更后的会计政策对以前各期追溯计算所得到的上期期初留存收益金额。

累积影响数通常可以通过以下步骤计算获得：

第一步，根据新会计政策重新计算受影响的前期交易或事项；

第二步，计算两种会计政策下的差异；

第三步，计算差异的所得税影响金额；

第四步，确定前期中的每一期的税后差异；

第五步，计算会计政策变更的累积影响数。

（四）不切实可行的判断

不切实可行，是指企业在采取所有合理努力后，仍然无法采用某项规定。

对于以下特定前期，对某项会计政策变更应用追溯调整法是不切实可行的：

1. 应用追溯调整法的累积影响数不能确定。

2. 应用追溯调整法要求对管理层在该期当时的意图做出假定。

3. 应用追溯调整法要求对有关金额进行重大估计，并且不可能将有关交易发生时存在状况的证据（如有关金额确认、计量或披露日期存在事实的证据，以及在受变更影响的当期和未来期间确认会计估计变更的影响的证据）和该期间财务报表批准报出时能够取得的信息这两类信息与其他信息客观地加以区分。

在某些情况下，调整一个或者多个前期比较信息以获得与当期会计信息的可比性是不切实可行的。例如，某个或者多个前期财务报表有关项目的数据难以收集，而要再造会计信息则可能是不切实可行的。

在前期采用一项新会计政策时，不论是对管理层在某个前期的意图做出假定，还是估计在前期确认、计量或者披露的金额，都不应当使用“后见之明”。

（五）未来适用法

未来适用法，是指将变更后的会计政策应用于变更日及以后发生的交易或者事项，或者在会计估计变更当期和未来期间确认会计估计变更影响数的方法。在未来适用法下，不需要计算会计政策变更产生的累积影响数，也无须重编以前年度的财务报表。对企业会计账簿记录及财务报表上反映的金额，变更之日仍保留原有的金额，不因会计政策变更而改变以前年度的既定结果，并在现有金额的基础上再按新的会计政策进行核算。

五、会计政策变更的披露

企业应当在附注中披露与会计政策变更有关的下列信息：

1. 会计政策变更的性质、内容和原因。其中包括：对会计政策变更的简要阐述、变更的日期、变更前采用的会计政策和变更后所采用的新会计政策及会计政策变更的原因。例如，依据法律或会计准则等行政法规、规章的要求变更会计政策时，在财务报表附注中应当披露所依据的文件。对于由于执行《企业会计准则》而发生的变更，应在财务报表附注中说明：依据《企业会计准则第×号——××》的要求变更会计政策……

2. 当期和各个列报前期财务报表中受影响的项目名称和调整金额。其中包括：采用追溯调整法时，计算出的会计政策变更的累积影响数；当期和各个列报前期财务报表中需要调整的净损益及其影响金额，以及其他需要调整的项目名称和调整金额。

3. 无法进行追溯调整的，说明该事实和原因以及开始应用变更后的会计政策的时点、具体应用情况。其中包括：无法进行追溯调整的事实；确定会计政策变更对列报前期影响数不切实可行的原因；在当期期初确定会计政策变更对以前各期累积影响数不切实可行的原因；开始应用新会计政策的时点和具体应用情况。

【例9－1】 鑫润公司20×2年、20×3年分别以900万元和220万元的价格从股票市场购入甲、乙两只以交易为目的的股票，市价一直高于购入成本。假定不考虑相关税费。公司采用成本与市价孰低法对购入股票进行计量。公司从20×4年起对其以交易为目的购入的股票由成本与市价孰低改为公允价值计量，公司保存的会计资料比较齐备，可以通过会计资料追溯计算。假设公司适用的所得税税率为25%，公司按净利润的10%提取法定盈余公积，按净利润的5%提取任意盈余公积。20×3年公司发行在外的普通股加权平均数为4 500万股。甲、乙股票有关成本及公允价值资料见表9－1。

表9－1　　甲、乙股票有关成本及公允价值　　单位：元

	购入成本	20×2年年末公允价值	20×3年年末公允价值
甲股票	9 000 000	10 200 000	10 200 000
乙股票	2 200 000	—	2 600 000

根据上述资料，鑫润公司的会计处理如下：

1. 计算改变交易性金融资产计量方法后的累积影响数，见表9－2。

表9－2　　改变交易性金融资产计量方法后的累积影响数　　单位：元

时间	公允价值	成本与市价孰低	税前差异	所得税影响	税后差异
20×2年年末	10 200 000	9 000 000	1 200 000	300 000	900 000
20×3年年末	2 600 000	2 200 000	400 000	100 000	300 000
合计	12 800 000	11 200 000	1 600 000	400 000	1 200 000

鑫润公司20×4年12月31日的比较财务报表最早期初为20×3年1月1日。

鑫润公司在20×2年年末的交易性金融资产按公允价值计量的账面价值为1 020万元，按成本与市价孰低计量的账面价值为900万元。两者的所得税影响合计为30万元，两者差异的税后净影响额为90万元，即为该公司20×3年期初交易性金融资产由成本与市价孰低改为公允价值的累积影响数。

鑫润公司在20×3年年末交易性金融资产按公允价值计量的账面价值为1 280万元，按成本与市价孰低计量的账面价值为1 120万元。两者的所得税影响合计40万元，两者差异的税后净影响额为120万元，其中，90万元是调整20×3年累积影响数，30万元是调整

20×3年当期金额。

鑫润公司按照公允价值重新计量20×3年年末乙股票账面价值，其结果为公允价值变动收益少计了40万元，所得税费用少计了10万元，净利润少计了30万元。

2. 编制有关项目的调整分录。

（1）对20×2年有关事项的调整分录：

①调整会计政策变更累积影响数：

借：交易性金融资产——公允价值变动　　1 200 000

　　贷：利润分配——未分配利润　　900 000

　　　　递延所得税负债　　300 000

②调整利润分配：

借：利润分配——未分配利润　　135 000

　　贷：盈余公积　　135 000

其中，按照净利润的10%提取法定盈余公积，按照净利润的5%提取任意盈余公积。

（2）对20×3年有关事项的调整分录：

①调整交易性金融资产：

借：交易性金融资产——公允价值变动　　400 000

　　贷：利润分配——未分配利润　　300 000

　　　　递延所得税负债　　100 000

②调整利润分配：

借：利润分配——未分配利润　　45 000

　　贷：盈余公积　　45 000

3. 财务报表调整和重述（财务报表略）。

鑫润公司在列报20×4年财务报表时，应调整20×4年资产负债表有关项目的年初余额、利润表有关项目的上年金额及所有者权益变动表有关项目的上年金额和本年金额。

（1）资产负债表项目的调整：调增交易性金融资产年初余额160万元；调增递延所得税负债年初余额40万元；调增盈余公积年初余额18万元；调增未分配利润年初余额102万元。

（2）利润表项目的调整：调增公允价值变动收益上年金额40万元；调增所得税费用上年金额10万元；调增净利润上年金额30万元；调增基本每股收益上年金额0.0066元。

（3）所有者权益变动表项目的调整：调增会计政策变更项目中盈余公积上年金额13.5万元，未分配利润上年金额76.5万元，所有者权益合计上年金额90万元。

调增会计政策变更项目中盈余公积本年金额4.5万元，未分配利润本年金额25.5万元。

4. 附注说明：本公司20×4年按照会计准则规定，对交易性金融资产期末计量由成本与市价孰低改为以公允价值计量。此项会计政策变更采用追溯调整法，20×4年比较财务报表已重新表述。20×3年期初运用新会计政策追溯计算的会计政策变更累积影响数为90万元。调增20×3年的期初留存收益90万元，其中，调增未分配利润76.5万元，调增盈余公积13.5万元。会计政策变更对20×3年度财务报表本年金额的影响为调增未分配利润25.5万元，调增盈余公积4.5万元，调增净利润30万元。

【例9-2】 盛恒公司原对发出存货采用后进先出法，按新会计准则相关规定，公司从

20×4 年 1 月 1 日起改用先进先出法。20×4 年 1 月 1 日存货的价值为 500 万元，公司当年购入存货的实际成本为 3 600 万元，20×4 年 12 月 31 日按先进先出法计算确定的存货价值为 900 万元，当年销售额为 5 000 万元。假设该年度其他费用为 240 万元，所得税税率为 25%。20×4年 12 月 31 日按后进先出法计算的存货价值为 440 万元。

盛恒公司由于法律环境而改变会计政策，假定对其采用未来适用法进行处理，即对存货采用先进先出法从 20×4 年及以后才适用，不需要计算 20×4 年 1 月 1 日以前按先进先出法计算的存货应有的余额以及对留存收益的影响金额。

计算确定会计政策变更对当期净利润的影响如表 9－3 所示。

表 9－3　　当期净利润的影响计算表　　单位：元

项　　目	先进先出法	后进先出法
营业收入	50 000 000	50 000 000
减：营业成本	32 000 000	36 600 000
减：其他费用	2 400 000	2 400 000
利润总额	15 600 000	11 000 000
减：所得税	3 900 000	2 750 000
净利润	11 700 000	8 250 000
差额	3 450 000	

公司由于会计政策变更使当期净利润增加了 345 万元。其中，采用先进先出法的销售成本为：期初存货＋购入存货实际成本－期末存货＝500＋3 600－900＝3 200 万元；采用后进先出法的销售成本为：期初存货＋购入存货实际成本－期末存货＝500＋3 600－440＝3 660 万元。

第二节　会计估计变更及其更正

一、会计估计概述

（一）会计估计的概念

会计估计，是指企业对结果不确定的交易或者事项以最近可利用的信息为基础所做的判断。由于商业活动中内在的不确定因素影响，许多财务报表中的项目不能精确计量，而只能加以估计。估计涉及以最近可利用的、可靠的信息为基础所做的判断。

（二）会计估计的特点

1. 会计估计的存在是由于经济活动中内在的不确定性因素的影响。在会计核算中，企业总是力求保持会计核算的准确性，但有些经济业务本身具有不确定性（如坏账、固定资产折旧年限、固定资产残余价值、无形资产摊销年限、收入确认，等等），因而需要根据经验做出估计。可以说，在进行会计核算和相关信息披露的过程中，会计估计是不可避免的，并不削弱其可靠性。

2. 进行会计估计时，往往以最近可利用的信息或资料为基础。企业在会计核算时，由于经营活动中内在的不确定性，不得不经常进行估计。一些估计的主要目的是为了确定资产或负债的账面价值，如坏账准备、担保责任引起的负债；另一些估计的主要目的是确定将在某一期间记录的收益或费用的金额，如某一期间的折旧、摊销的金额。企业在进行会计估计时，通常应根据当时的情况和经验，以一定的信息或资料为基础。但是，随着时间的推移、环境的变化，进行会计估计的基础可能会发生变化，因此进行会计估计所依据的信息或者资料不得不经常发生变化。由于最新的信息是最接近目标的信息，以其为基础所做的估计最接近实际，所以进行会计估计时，应以最近可利用的信息或资料为基础。

3. 进行会计估计并不会削弱会计确认和计量的可靠性。企业为了定期、及时地提供有用的会计信息，将延续不断的经营活动人为划分为一定的期间，并在权责发生制的基础上对企业的财务状况和经营成果进行定期确认和计量。例如，在会计分期的情况下，许多企业的交易跨越若干会计年度，以致于需要在一定程度上做出决定：某一年度发生的开支，哪些可以合理地预期能够产生其他年度以收益形式表示的利益，从而全部或部分向后递延；哪些可以合理地预期在当期能够得到补偿，从而确认为费用。也就是说，需要决定在结算日，哪些开支可以在资产负债表中处理，哪些开支可以在损益表中作为当年费用处理。因此，由于会计分期和货币计量的前提，在确认和计量过程中，不得不对许多尚在延续中、其结果尚未确定的交易或事项予以估计入账。

（三）会计估计的判断

会计估计的判断，应当考虑与会计估计相关项目的性质和金额。通常情况下，下列属于会计估计：

1. 存货可变现净值的确定；
2. 采用公允价值模式下投资性房地产公允价值的确定；
3. 固定资产的使用寿命、预计净残值和折旧方法、弃置费用的确定；
4. 消耗性生物资产可变现净值的确定、生产性生物资产的使用寿命、预计净残值和折旧方法；
5. 使用寿命有限的无形资产的预计使用寿命、残值、摊销方法；
6. 非货币性资产公允价值的确定；
7. 固定资产、无形资产、长期股权投资等非流动资产可收回金额的确定；
8. 职工薪酬金额的确定；
9. 与股份支付相关的公允价值的确定；
10. 与债务重组相关的公允价值的确定；
11. 预计负债金额的确定；
12. 收入金额的确定、提供劳务完工进度的确定；
13. 建造合同完工进度的确定；
14. 与政府补助相关的公允价值的确定；
15. 一般借款资本化金额的确定；

16. 应纳税暂时性差异和可抵扣暂时性差异的确定；

17. 与非同一控制下的企业合并相关的公允价值的确定；

18. 租赁资产公允价值的确定、最低租赁付款额现值的确定、承租人融资租赁折现率的确定、融资费用和融资收入的确定、未担保余值的确定；

19. 与金融工具相关的公允价值的确定、摊余成本的确定、金融减值损失的确定；

20. 继续涉入所转移金融资产程度的确定、金融资产所有权上风险和报酬转移程度的确定；

21. 套期工具和被套期项目公允价值的确定；

22. 保险合同准备金的计算及充足性测试；

23. 探明矿区权益、井及相关设施的折耗计提方法，与油气开采活动相关的设备及设施的折旧方法，弃置费用的确定。

二、会计估计变更的概念

会计估计变更，是指由于资产和负债的当前状况及预期经济利益和义务发生了变化，从而对资产或负债的账面价值或者资产的定期消耗金额进行调整。

由于企业经营活动中内在的不确定因素，许多财务报表项目不能准确地计量，只能加以估计，估计过程涉及以最近可以得到的信息为基础所做的判断。但是，估计毕竟是就现有资料对未来所做的判断，随着时间的推移，如果赖以进行估计的基础发生变化，或者由于取得了新的信息、积累了更多的经验或后来有了发展，则可能不得不对估计进行修订。当然，会计估计变更的依据应当真实、可靠。

会计估计变更的情形

1. 赖以进行估计的基础发生了变化。企业进行会计估计，总是依赖于一定的基础。如果其所依赖的基础发生了变化，则会计估计也应相应发生变化。例如，某企业的一项无形资产摊销年限原定为10年，以后发生的情况表明，该资产的受益年限已不足10年，则需相应调减摊销年限。

2. 取得了新的信息、积累了更多的经验。企业进行会计估计是就现有资料对未来所做的判断，随着时间的推移，企业有可能取得新的信息、积累更多的经验，在这种情况下，企业可能不得不对会计估计进行修订，即发生会计估计变更。

例如，某企业原根据当时能够得到的信息，对某应收账款计提了一定金额的坏账准备。现在掌握了新的信息，判定应收账款基本不能收回，企业应当全额计提坏账准备。

会计估计变更并不意味着以前期间会计估计是错误的，只是由于情况发生变化，或者掌握了新的信息，积累了更多的经验，使得变更会计估计能够更好地反映企业的财务状况和经营成果。如果以前期间的会计估计是错误的，则属于会计差错，应按会计差错更正的会计处理办法进行处理。

三、会计估计变更的会计处理

企业对会计估计变更应当采用未来适用法处理，其处理方法为：

1. 会计估计变更仅影响变更当期的，其影响数应当在变更当期予以确认。

2. 既影响变更当期又影响未来期间的，其影响数应当在变更当期和未来期间予以确认。例如，某企业的一项可计提折旧的固定资产，其有效使用年限或预计净残值的估计发生变更，影响了变更当期及资产以后使用年限内各个期间的折旧费用，这项会计估计的变更应于变更当期及以后各期确认。

会计估计变更的影响数应计入变更当期与前期相同的项目。为了保证不同期间的财务报表具有可比性，如果会计估计变更的影响数以前包括在企业日常活动的损益中，则以后也应包括在相应的损益类项目中；如果会计估计变更的影响数以前包括在特殊项目中，则以后也相应作为特殊项目反映。

3. 企业应当正确划分会计政策变更和会计估计变更，并按不同的方法进行相关会计处理。企业通过判断会计政策变更和会计估计变更划分基础仍然难以对某项变更进行区分的，应当将其作为会计估计变更处理。

四、会计估计变更的披露

企业应当在附注中披露与会计估计变更有关的下列信息：

1. 会计估计变更的内容和原因。包括变更的内容、变更日期以及会计估计变更的原因。

2. 会计估计变更对当期和未来期间的影响数。包括会计估计变更对当期和未来期间损益的影响金额，以及对其他各项目的影响金额。

3. 会计估计变更的影响数不能确定的，披露这一事实和原因。

【例 9－3】 鑫润公司有一台管理用设备，原始价值为 84 000 元，预计使用寿命为 8 年，净残值为 4 000 元，自 20×0 年 1 月 1 日起按直线法计提折旧。20×4 年 1 月，由于新技术的发展等原因，需要对原预计使用寿命和净残值做出修正，修改后的预计使用寿命为 6 年，净残值为 2 000 元。公司的所得税税率为 25%，假定税法允许按变更后的折旧额在税前扣除。

鑫润公司对上述会计估计变更的会计处理如下：

（1）不调整以前各期折旧，也不计算累积影响数。

（2）变更日以后发生的经济业务改按新估计的使用寿命提取折旧。

按原估计，每年折旧额为 10 000 元，已提折旧 4 年，共计 40 000 元，固定资产净值为 44 000 元，则第 5 年相关科目的期初余额如下：

固定资产	84 000
减：累计折旧	40 000
固定资产净值	44 000

改变估计使用寿命后，20×4 年 1 月 1 日起每年计提的折旧费用为 21 000 元[（44 000－2 000）÷（6－4）]。20×4 年不必对以前年度已提折旧进行调整，只需按重新预计的尚可使用寿命和净残值计算年折旧费用，编制会计分录如下：

借：管理费用　　21 000

贷：累计折旧　　21 000

（3）附注说明：本公司的一台管理用设备，原始价值为 84 000 元，原预计使用寿命为 8 年，预计净残值为 4 000 元，按直线法计提折旧。由于新技术的发展，该设备已不能按原预计使用寿命计提折旧，本公司于 20×4 年年初变更该设备的使用寿命为 6 年，预计净残值为 2 000 元，以反映该设备的真实使用寿命和净残值。此估计变更影响本年度净利润减少数为 8 250 元 [（21 000 - 10 000）×（1 - 25%）]。

第三节　前期差错更正

一、前期差错概述

前期差错，是指由于没有运用或错误运用下列两种信息，而对前期财务报表造成省略或错报：（1）编报前期财务报表时预期能够取得并加以考虑的可靠信息；（2）前期财务报告批准报出时能够取得的可靠信息。前期差错通常包括计算错误，应用会计政策错误、疏忽或曲解事实以及舞弊产生的影响等。

没有运用或错误运用上述两种信息而形成的前期差错的情形通常包括计算以及账户分类错误，采用法律、行政法规或者国家统一的会计制度等不允许的会计政策和对事实的疏忽或曲解等等。

企业应当严格区分会计估计变更和前期差错更正，对于前期根据当时的信息、假设等做了合理估计，在当期按照新的信息、假设等需要对前期估计金额做出变更的，应当作为会计估计变更处理，不应作为前期差错更正处理。

二、前期差错更正的会计处理

重要的前期差错，是指足以影响财务报表使用者对企业财务状况、经营成果和现金流量做出正确判断的前期差错。不重要的前期差错，是指不足以影响财务报表使用者做出相应正确判断的前期差错。

前期差错的重要性取决于在相关环境下对遗漏或错误表述的规模和性质的判断。前期差错所影响的财务报表项目的金额或性质，是判断该前期差错是否具有重要性的决定性因素。一般来说，前期差错所影响的财务报表项目的金额越大、性质越严重，其重要性水平越高。

会计差错产生于财务报表项目的确认、计量、列报的会计处理过程中。如果财务报表中包含重要差错，或者差错不重要但是为故意造成的（以便形成对企业财务状况、经营成果和现金流量等会计信息的某种特定形式的列报），即应认为该财务报表未遵循企业会计准则的规定进行编报。在当期发现的当期差错应当在财务报表发布之前予以更正。当重要差错直到下一期间才被发现，就形成了前期差错。

企业应当采用追溯重述法更正重要的前期差错，但确定前期差错累积影响数不切实可行的除外。对于不重要的前期差错，可以采用未来适用法更正。追溯重述法，是指在发现前期差错时，视同该项前期差错从未发生过，从而对财务报表相关项目进行更正的方法。

（一）不重要的前期差错的处理

对于不重要的前期差错，企业不需调整财务报表相关项目的期初数，但应调整发现当期与前期相同的相关项目。属于影响损益的，应直接计入本期与上期相同的净损益项目；属于不影响损益的，应调整本期与前期相同的相关项目。

（二）重要的前期差错的处理

对于重要的前期差错，企业应当在其发现当期的财务报表中，调整前期比较数据。具体地说，企业应当在重要的前期差错发现当期的财务报表中，通过下述处理对其进行追溯更正：（1）追溯重述差错发生期间列报的前期比较金额；（2）如果前期差错发生在列报的最早前期之前，则追溯重述列报的最早前期的资产、负债和所有者权益相关项目的期初余额。

对于发生的重要前期差错，如影响损益，应将其对损益的影响数调整发现当期的期初留存收益，财务报表其他相关项目的期初数也应一并调整；如不影响损益，应调整财务报表相关项目的期初数。

在编制比较财务报表时，对于比较财务报表期间的重要的前期差错，应调整该期间的净损益和其他相关项目，视同该差错在产生的当期已经更正；对于比较财务报表期间以前的重要的前期差错，应调整比较财务报表最早期间的期初留存收益，财务报表其他相关项目的数字也应一并调整。

确定前期差错影响数不切实可行的，可以从可追溯重述的最早期间开始调整留存收益的期初余额，财务报表其他相关项目的期初余额也应当一并调整。也可以采用未来适用法。当企业确定前期差错对列报的一个或者多个前期比较信息的特定期的累积影响数不切实可行时，应当追溯重述切实可行的最早期间的资产、负债和所有者权益相关项目的期初余额（可能是当期）；当企业在当期期初确定前期差错对所有前期的累积影响数不切实可行时，应当从确定前期差错影响数切实可行的最早日期开始采用未来适用法追溯重述比较信息。

需要注意的是，为了保证经营活动的正常进行，企业应当建立健全内部控制制度，保证会计资料的真实、完整。对于年度资产负债表日至财务报告批准报出日之间发现的报告年度的会计差错及报告年度前不重要的前期差错，应按照《企业会计准则第29号——资产负债表日后事项》的规定进行处理。

（三）前期差错更正涉及所得税的会计处理

1. 应交所得税的调整。具体来讲，当会计准则和税法对涉及损益类调整事项处理的口径相同时，应考虑应交所得税和所得税费用的调整；当会计准则和税法对涉及的损益类调整事项处理的口径不同时，则不应考虑应交所得税的调整。

2. 递延所得税资产和递延所得税负债的调整。若调整事项涉及暂时性差异，则应调整递延所得税资产或递延所得税负债。

三、前期差错更正的披露

企业应当在附注中披露与前期差错更正有关的下列信息：（1）前期差错的性质；（2）各个列报前期财务报表中受影响的项目名称和更正金额；（3）无法进行追溯重述的，

说明该事实和原因以及对前期差错开始进行更正的时点、具体更正情况。

在以后期间的财务报表中，不需要重复披露在以前期间的附注中已披露的前期差错更正的信息。

【例 9－4】 不重要的前期差错的会计处理：

鑫润公司在 20×4 年 12 月 31 日发现，一台价值 19 200 元、应计入固定资产，并于 20×3年 2 月 1 日开始计提折旧的管理用设备，在 20×3 年计入了当期费用。该公司固定资产折旧采用直线法，该资产估计使用年限为 4 年，假设不考虑净残值和所得税因素，则在 20×4 年 12 月 31 日更正此差错的会计分录为：

借：固定资产	19 200	
贷：管理费用		10 000
累计折旧		9 200

假设该项差错直到 20×7 年 2 月后才发现，则不需要做任何分录，因为该项差错已经抵消了。

【例 9－5】 重要的前期差错的会计处理：

鑫润公司在 20×4 年发现，20×3 年公司漏记一项固定资产的折旧费用 30 万元，所得税申报表中未扣除该项费用。20×3 年适用所得税税率为 25%，无其他纳税调整事项。该公司按净利润的 10%、5% 分别提取法定盈余公积和任意盈余公积。公司 20×3 年发行在外的普通股加权平均数为 1 800 万股。

（1）分析前期差错的影响数：

20×3 年少计折旧费用 30 万元；多计所得税费用 7.5 万元（30 万×25%）；多计净利润 22.5 万元；多计应交税金 7.5 万元（30 万×25%）；多提法定盈余公积和任意盈余公积 22 500（225 000×10%）元和 11 250（225 000×5%）元。假定税法允许调整应交所得税。

（2）编制有关项目的调整分录：

①补提折旧：

借：以前年度损益调整	300 000	
贷：累计折旧		300 000

②调整应交所得税：

借：应交税费——应交所得税	75 000	
贷：以前年度损益调整		75 000

③将“以前年度损益调整”科目余额转入利润分配：

借：利润分配——未分配利润	225 000	
贷：以前年度损益调整		225 000

④调整利润分配有关数字：

借：盈余公积	33 750	
贷：利润分配——未分配利润		33 750

（3）财务报表调整和重述（财务报表略）。

鑫润公司在列报 20×4 年财务报表时，应调整 20×4 年资产负债表有关项目的年初余额、利润表有关项目及所有者权益变动表的上年金额。

①资产负债表项目的调整：

调增累计折旧 30 万元；调减应交税金 7.5 万元；调减盈余公积 33 750 元；调减未分配利润 191 250 元。

②利润表项目的调整：

调增营业成本上年金额 30 万元；调减所得税费用上年金额 7.5 万元；调增净利润上年金额 22.5 万元；调减基本每股收益上年金额 0.0125 元。

③所有者权益变动表项目的调整：

调减前期差错更正项目中盈余公积本年金额 33 750 元，未分配利润本年金额 191 250 元，所有者权益合计上年金额 22.5 万元。

（4）附注说明：本年度发现 20×3 年漏记固定资产折旧 30 万元，在编制 20×3 年与 20×4年比较财务报表时，已对该项差错进行了更正。更正后，调减 20×3 年净利润及留存收益 22.5 万元，调增累计折旧 30 万元。

思考与练习

一、单项选择题

1. 会计政策是指（　　）。

A. 企业在会计确认、计量和报告中所采用的原则、基础和会计处理方法

B. 企业在会计确认中所采用的原则、基础和会计处理方法

C. 企业在会计计量中所采用的原则、基础和会计处理方法

D. 企业在会计报告中所采用的原则、基础和会计处理方法

2. 下列各项中，不属于会计政策变更的是（　　）。

A. 缩短固定资产预计可使用年限

B. 所得税核算由应付税款法改为债务法

C. 建造合同的收入确认由完成合同法改为完工百分比法

D. 投资性房地产后续计量由成本计量模式改为公允价值计量模式

3. 在下列事项中，属于会计政策变更的是（　　）。

A. 某一已使用机器设备的使用年限由 6 年改为 4 年

B. 坏账准备的计提比例由应收账款余额的 5% 改为 10%

C. 某一固定资产改扩建后将其使用年限由 5 年延长至 8 年

D. 投资性房地产后续计量由成本计量模式改为公允价值计量模式

4. 当难以区分某种会计变更属于会计政策变更还是会计估计变更时，通常将这种会计变更（　　）。

A. 视为前期差错处理　　B. 视为会计政策变更处理

C. 视为会计估计变更处理　　D. 视为资产负债表日后调整事项处理

5. 会计政策变更时，会计处理方法的选择应遵循的原则是（　　）。

A. 必须采用未来适用法

B. 在追溯调整法和未来适用法中任选其一

C. 必须采用追溯调整法

D. 会计政策变更累积影响数可以合理确定时采用追溯调整法，不能合理确定时采用未来适用法

6. A公司所得税税率25%，采用资产负债表债务法核算。20×7年10月A公司以1 000万元购入B上市公司的股票，作为短期投资，期末按成本法计价。A公司从20×8年1月1日起执行新《企业会计准则》，并按照新《企业会计准则》的规定，将上述短期投资划分为交易性金融资产。20×7年年末该股票公允价值为800万元，该会计政策变更对A公司20×8年的期初留存收益的影响为（　　）万元。

A. -300　　　　B. -50

C. -150　　　　D. -200

7. 采用追溯调整法计算出会计政策变更的累积影响数后，应当（　　）。

A. 重新编制以前年度会计报表

B. 调整列报前期最早期初留存收益及会计报表其他相关项目的期初数和上年数

C. 调整列报前期最早期末及未来各期会计报表相关项目的数字

D. 只需在报表附注中说明其累积影响金额

8. 甲股份有限公司20×4年实现净利润500万元。该公司20×4年发生和发现的下列交易或事项中，会影响其年初未分配利润的是（　　）。

A. 发现20×3年少计财务费用300万元

B. 发现20×3年少提折旧费用0.1万元

C. 为20×3年售出的设备提供售后服务发生支出50万元

D. 因客户资信状况明显改善，将应收账款坏账准备计提比例由20%改为5%

9. 某企业的一台设备从20×2年1月1日开始计提折旧，其原值为111 000元，预计使用年限为5年，预计净残值为1 000元，采用双倍余额递减法计提折旧。从20×4年起，该企业将该固定资产的折旧方法改为平均年限法，设备的预计使用年限由5年改为4年，设备的预计净残值由1 000元改为600元。该设备20×4年的折旧额为（　　）元。

A. 19 500　　　　B. 19 680

C. 27 500　　　　D. 27 600

10. 大华公司发出存货按先进先出法计价，期末存货按成本与可变现净值孰低法计价。20×4年1月1日将发出存货由先进先出法改为加权平均法。20×4年初存货账面价值（账面余额等于账面价值）为40 000元、50千克；20×4年1月、2月分别购入材料600千克、350千克，单价分别为850元、900元；3月5日领用400千克。用未来适用法处理该项会计政策的变更，若期末该存货的可变现净值为520 000元，由于发出存货计价方法的改变对期末计提存货跌价准备的影响金额为（　　）元。

A. 6 000　　　　B. 8 500

C. 7 500　　　　D. 8 650

二、多项选择题

1. 下列各项中，属于会计政策变更的有（　　）。

A. 存货跌价准备由按单项存货计提变更为按存货类别计提

B. 固定资产的折旧方法由年限平均法变更为年数总和法

C. 投资性房地产的后续计量由成本模式变更为公允价值模式

D. 发出存货的计价方法由先进先出法变更为加权平均法

E. 应收账款计提坏账准备由余额百分比法变更为账龄分析法

2. 下列各项中，不属于会计政策变更的有（　　）。

A. 缩短固定资产预计可使用年限

B. 所得税核算由应付税款法改为纳税影响会计法

C. 建造合同的收入确认由完成合同法改为完工百分比法

D. 坏账的核算由直接转销法改为备抵法

E. 由于投资目的发生变化，企业将长期股权投资转作短期投资核算

3. 下列会计处理中应采用未来适用法处理的有（　　）。

A. 当期期初确定会计政策变更对以前各期累积影响数不切实可行

B. 无形资产摊销方法发生变更

C. 固定资产预计使用年限发生变更

D. 难以对某项变更区分为会计政策变更或会计估计变更

E. 当期期初确定会计政策变更对以前各期累积影响数能够合理确定

4. 关于会计估计变更，下列说法中正确的有（　　）。

A. 会计估计变更是指由于资产和负债的当前状况及预期经济利益和义务发生了变化，从而对资产或负债的账面价值，或者资产的定期消耗金额进行调整

B. 会计估计变更仅影响变更当期的，其影响数应当在变更当期予以确认

C. 会计估计变更既影响变更当期又影响未来期间的，其影响数应当在变更当期和未来期间予以确认

D. 会计估计变更既影响变更当期又影响未来期间的，其影响数应当在变更当期予以确认

E. 会计估计变更既影响变更当期又影响未来期间的，其影响数应当在变更当期期初予以确认

5. 关于前期差错，下列说法中正确的有（　　）。

A. 企业应当采用追溯重述法更正重要的前期差错，但确定前期差错累积影响数不切实可行的除外

B. 企业应当采用追溯重述法更正所有的前期差错

C. 追溯重述法是指在发现前期差错时，视同该项前期差错从未发生过，从而对财务报表相关项目进行更正的方法

D. 确定前期差错影响数不切实可行的，可以从可追溯重述的最早期间开始调整留存收益的期初余额，财务报表其他相关项目的期初余额也应当一并调整；也可以采用未来适用法

E. 确定前期差错影响数不切实可行的，不可以采用未来适用法

6. 下列需要做出会计追溯的事项有（　　）。

A. 因投资比例改变而具有重大影响，长期股权投资由成本法改为权益法

B. 上年应采用而未采用权益法的长期股权投资，本期改为权益法核算

C. 坏账准备由余额百分比法计提改为账龄分析法核算

D. 所得税会计由应付税款法改为资产负债表债务法

E. 发现前期重要的无形资产未按照确定方法摊销

7. 下列事项中，应做出会计差错更正的有（　　）。

A. 固定资产盘盈

B. 将计划持有至到期的债券投资计入交易性金融资产

C. 已经达到可使用状态的借款费用继续资本化

D. 将工程人员的工资计入在建工程价值

E. 期末应计和递延项目未做调整

8. A公司20×8年12月31日发现，一台价值9 000元、应计入固定资产并于20×3年1月开始计提折旧的管理用设备，在20×2年年末计入了当期费用。该公司对固定资产均采用年限平均法计提折旧，该固定资产估计使用寿命为5年，无净残值。A公司20×8年12月31日的比较财务报表列报前期最早期初为20×7年1月1日，则下列说法正确的有（　　）。

A. 该项前期差错对企业20×8年度报表的期初留存收益没有影响

B. 该项前期差错对企业20×8年度当期损益没有影响

C. 企业不需要对该项前期差错做任何差错变更的会计分录

D. 由于该项前期差错金额较小，企业不应该追溯调整，只需调整当期损益

E. 该项会计差错会影响A公司20×8年12月31日的比较财务报表有关项目金额

9. 根据《企业会计准则第28号——会计政策、会计估计变更和差错更正》的规定，企业发生会计估计变更时，应在会计报表附注中披露的内容有（　　）。

A. 会计估计变更的内容

B. 会计估计变更的原因

C. 会计估计变更对当期和未来期间的影响数

D. 会计估计变更的影响数不能确定的，披露这一事实和原因

E. 会计估计变更累积影响数

10. 前期差错在会计报表附注中应披露的内容有（　　）。

A. 前期差错的性质

B. 各个列报前期财务报表中受影响的项目名称和更正金额

C. 无法进行追溯重述的，说明该事实和原因

D. 无法进行追溯重述的，说明对前期差错开始进行更正的时点

E. 无法进行追溯重述的，说明具体更正情况

三、判断题

1. 如果以前期间由于没有正确运用当时已掌握的相关信息而导致会计估有误，则属于差错，按前期差错更正的规定进行会计处理。（　　）

2. 企业对会计估计变更应当采用未来适用法或追溯调整法进行会计处理。（　　）

3. 企业对于本期发现的前期差错，只需调整会计报表相关项目的期初数，无须在会计报表附注中披露。（　　）

4. 将经营性租赁的固定资产通过变更合同转为融资租赁固定资产，在会计上应当作为

会计政策变更处理。 （ ）

5. 会计估计变更的影响数包括对期初留存收益的影响和对当期损益的影响。 （ ）

6. 无形资产摊销方法的改变属于会计估计变更。 （ ）

7. 本期发生的交易或事项与以前相比具有本质差别而采用新的会计政策，不属于会计政策变更。 （ ）

8. 固定资产折旧方法变更应作为会计政策变更进行会计处理。 （ ）

9. 确定前期差错影响数不切实可行的，可以从可追溯重述的最早期间开始调整期初留存收益的期初余额，财务报表其他相关项目的期初余额应当一并调整，不可以采用未来适用法。 （ ）

10. 企业难以对某项变更区分为会计政策变更或会计估计变更的，应当将其作为会计政策变更处理。 （ ）

四、计算分析与账务处理题

1. 乙股份有限公司为一般工业企业，所得税税率为25%，按净利润的10%提取法定盈余公积，按净利润的5%提取任意盈余公积。在20×3年度发生如下事项：

（1）乙公司于20×0年1月1日起计提折旧的管理用机器设备一台，原价为40万元，预计使用年限为10年（不考虑净残值因素），按直线法计提折旧。由于技术进步的原因，从20×3年1月1日起，决定对原估计的使用年限改为8年（假定会计和税法对折旧的处理始终保持相同）。

（2）乙公司于20×3年3月发现20×0年预付的车辆保险费4 000元（未达到重要性水平），记入"待摊费用"账户，但未进行摊销。

（3）乙公司于20×2年所得税汇算清缴前发现20×2年已经售出并已确认收入的一批产成品，没有相应地结转产品销售成本，成本金额为16万元。

【要求】

判断上述事项各属于何种会计变更或差错，同时说明乙公司20×3年度应如何进行相应的会计处理及事项（1）、（3）应如何在报表中披露。

2. 甲股份有限公司20×3年度实现净利润200万元，适用的所得税税率为25%，按净利润的10%计提法定盈余公积。该公司所得税采用债务法核算。有关事项如下：

（1）考虑到技术进步因素，自20×3年1月1日起将一套办公自动化设备的使用年限改为5年。该套设备系20×0年12月28日购入并投入使用，原价为162万元，预计使用年限为8年，预计净残值为2万元，采用直线法计提折旧。按税法规定，该套设备的使用年限为8年，并按直线法计提折旧。

（2）20×3年底发现如下差错：

①20×3年2月份购入一批管理用低值易耗品，价款12 000元，误记为固定资产，至年底已提折旧1 200元，计入管理费用。甲公司对低值易耗品采用领用时一次摊销的方法，至年底该批低值易耗品已被管理部门领用50%。

②20×2年3月3日购入的一项专利权，价款3万元，会计和税法规定的摊销期均为15年，但20×3年未予摊销。

③20×2年11月3日销售的一批产品，符合销售收入确认条件，已经确认收入60万

元，但销售成本 50 万元尚未结转，在计算 20×2 年度应纳税所得额时也未扣除该项销售成本。假定此项销售成本可计入 20×3 年应纳税所得额。

【要求】

（1）计算 20×3 年该套办公自动化设备应计提的折旧额，以及上述会计估计变更对 20×3年度所得税费用和净利润的影响额，并列出计算过程。

（2）编制上述会计差错更正相关的会计分录（不考虑期末结转损益类账户的影响，涉及应交税金的应写出明细账户）。

第十章

资产负债表日后事项

学习目标

- □ 熟悉资产负债表日调整事项和非调整事项的判断
- □ 掌握资产负债表日后调整事项的处理原则
- □ 掌握调整事项的具体会计处理方法
- □ 了解资产负债表日后非调整事项披露

学习指导

本章主要阐述资产负债表日后调整事项的处理原则和具体会计处理方法。注意资产负债表日后事项定义的理解、调整事项与非调整事项的区别、汇算清缴日对日后调整事项所得税处理的影响等。熟练掌握资产负债表日后调整事项的账务处理和财务报表有关项目的调整。

学习重点

资产负债表日后调整事项的账务处理。

学习难点

资产负债表日后调整事项的账务处理和财务报表相关项目的调整。

第一节　资产负债表日后事项概述

财务报告的编制需要一定的时间，因此，资产负债表日与财务报告的批准报出日之间往往存在时间差，这段时间发生的一些事项可能对财务报告使用者有重要影响。

一、资产负债表日后事项的概念

资产负债表日后事项，是指资产负债表日至财务报告批准报出日之间发生的有利或不利事项。

理解这一概念，需要注意以下几点：

第一，资产负债表日是指会计年度末和会计中期期末。其中，年度资产负债表日是指公历 12 月 31 日；会计中期通常包括半年度、季度和月度等，会计中期期末相应地是指公历半年末、季末和月末等。

第二，财务报告批准报出日是指董事会或类似机构批准财务报告报出的日期。通常是指对财务报告的内容负有法律责任的单位或个人批准财务报告对外公布的批准日期。

财务报告的批准者包括所有者、所有者中的多数、董事会或类似的管理单位、部门和个人。公司制企业的董事会有权批准对外公布财务报告，因此，公司制企业财务报告批准报出日是指董事会批准财务报告报出的日期。对于非公司制企业，财务报告批准报出日是指经理（厂长）会议或类似机构批准财务报告报出的日期。

第三，有利或不利事项是指资产负债表日后对企业财务状况和经营成果具有一定影响（既包括有利影响也包括不利影响）的事项。如果某些事项的发生对企业财务状况和经营成果无任何影响，那么，这些事项既不是有利事项也不是不利事项，也就不属于准则所称的资产负债表日后事项。

另外，资产负债表日后事项不是在这个特定期间内发生的全部事项，而是与资产负债表日存在状况有关的事项，或虽然与资产负债表日存在状况无关，但对企业财务状况和经营成果具有一定影响的事项。

二、资产负债表日后事项涵盖的期间

资产负债表日后事项涵盖的期间，是自资产负债表日次日起至财务报告批准报出日止的这段时间，具体是指报告期下一期间的第一天至董事会或类似机构批准财务报告对外公布的日期。财务报告批准报出以后、实际报出之前又发生与资产负债表日后事项有关的事项，并由此影响财务报告对外公布日期的，应以董事会或类似机构再次批准财务报告对外公布的日期为截止日期。

【例 10－1】 盛恒公司 20×3 年的年度财务报告于 20×4 年 3 月 16 日编制完成，注册会计师完成年度审计工作并签署审计报告的日期为 20×4 年 4 月 15 日。20×4 年 4 月 20 日董事会批准财务报告对外公布，财务报告实际对外公布的日期为 20×4 年 4 月 25 日，股东大会召开日期为 20×4 年 5 月 7 日。

分析：本例中，该公司 20×3 年年报的资产负债表日后事项涵盖的期间为 20×4 年 1 月 1 日至20×4年 4 月 20 日。如果在 4 月 20—25 日之间发生了重大事项，需要调整财务报表相关项目的数字或需要在财务报表附注中披露；经调整或说明后的财务报告再经董事会批准报出的日期为 20×4 年 4 月 27 日，则资产负债表日后事项涵盖的期间为 20×4 年 1 月 1 日至 20×4年 4 月 27 日。

三、资产负债表日后事项的内容

资产负债表日后事项包括资产负债表日后调整事项（以下简称“调整事项”）和资产负债表日后非调整事项（以下简称“非调整事项”）两类。

（一）调整事项

资产负债表日后调整事项，是指对资产负债表日已经存在的情况提供了新的或进一步证据的事项。

如果资产负债表日及所属会计期间已经存在某种情况，但当时并不知道其存在或者不能知道确切结果，资产负债表日后发生的事项能够证实该情况的存在或者确切结果，则该事项属于资产负债表日后事项中的调整事项。如果资产负债表日后事项对资产负债表日的情况提供了进一步的证据，证据表明的情况与原来的估计和判断不完全一致，则需要对原来的会计处理进行调整。

调整事项的特点：①事项在资产负债表日已经存在，资产负债表日后得以证实；②事项对按资产负债表日存在状况编制的财务报表产生了影响。

（二）非调整事项

资产负债表日后非调整事项，是指表明资产负债表日后发生的情况的事项。非调整事项的发生不影响资产负债表日企业的财务报表数字，只说明资产负债表日后发生了某些情况。对于财务报告使用者来说，非调整事项说明的情况有的重要，有的不重要。其中重要的非调整事项虽然与资产负债表日的财务报表数字无关，但可能影响资产负债表日以后的财务状况和经营成果，要求适当披露。

非调整事项的特点是：该事项虽然不影响资产负债表日的存在情况，但重要的非调整事项如不加以说明将会影响财务报告使用者做出正确估计和决策。

（三）调整事项与非调整事项的区别

如何确定资产负债表日后发生的某一事项是调整事项还是非调整事项，是运用资产负债表日后事项准则的关键。某一事项究竟是调整事项还是非调整事项，取决于该事项表明的情况在资产负债表日或资产负债表日以前是否已经存在。若该情况在资产负债表日或之前已经存在，则属于调整事项；反之，则属于非调整事项。

【例 10－2】 债务人财务情况恶化导致债权人发生坏账损失。包括两种情况：

（1）20×3 年 12 月 31 日盛恒公司财务状况良好，鑫润公司预计应收账款可按时收回；盛恒公司一周后发生重大火灾，导致鑫润公司 50% 的应收账款无法收回。

（2）20×3 年 12 月 31 日鑫润公司根据掌握的资料判断，盛恒公司有可能破产清算。鑫润公司估计对盛恒公司的应收账款将有 10% 无法收回，故按 10% 的比例计提坏账准备。一周后鑫润公司接到通知，盛恒公司已被宣告破产清算，鑫润公司估计有 60% 的债权无法收回。

分析：

（1）导致鑫润公司 20×3 年度应收账款损失的因素是火灾，应收账款发生损失这一事实在资产负债表日以后才发生，因此盛恒公司发生火灾导致鑫润公司应收款项发生坏账的事项属于非调整事项。

（2）导致鑫润公司 20×3 年度应收账款无法收回的事实是盛恒公司财务状况恶化，该事实在资产负债表日已经存在，盛恒公司被宣告破产只是证实了资产负债表日财务状况恶化的情况，因此该事项属于调整事项。

第二节　资产负债表日后调整事项的会计处理

一、资产负债表日后调整事项的处理原则

企业发生资产负债表日后调整事项，应当调整资产负债表日已编制的财务报表。对于年

度财务报告而言，由于资产负债表日后事项发生在报告年度的次年，报告年度的有关账目已经结转，特别是损益类科目在结账后已无余额。因此，年度资产负债表日后发生的调整事项，应分别按以下情况进行处理：

1. 涉及损益的事项，通过“以前年度损益调整”账户核算。调整增加以前年度利润或调整减少以前年度亏损的事项，记入“以前年度损益调整”账户的贷方；反之，记入“以前年度损益调整”账户的借方。

需要注意的是，涉及损益的调整事项如果发生在该企业资产负债表日所属年度（即报告年度）所得税汇算清缴前的，应调整报告年度应纳税所得额、应纳所得税税额；发生在该企业报告年度所得税汇算清缴后的，应调整本年度（即报告年度的次年）应纳所得税税额。

2. 涉及利润分配调整的事项，直接在“利润分配——未分配利润”账户中核算。

3. 不涉及损益以及利润分配的事项，调整相关账户。

4. 通过上述账务处理后，还应同时调整财务报表相关项目的数字，包括：（1）资产负债表日编制的财务报表相关项目的期末数或本年发生数；（2）当期编制的财务报表相关项目的期初数或上年数；（3）经过上述调整后，如果涉及报表附注内容的，还应做出相应调整。

二、资产负债表日后调整事项的具体会计处理

以下举例说明资产负债表日后调整事项的具体会计处理。假定鑫润公司财务报告批准报出日是次年3月31日，所得税税率为25%，按净利润的10%提取法定盈余公积，提取法定盈余公积后不再作其他分配；调整事项按税法规定均可调整应缴纳的所得税；涉及递延所得税资产的，均假定未来期间很可能取得用来抵扣暂时性差异的应纳税所得额。

（一）资产负债表日后诉讼案件结案，法院判决证实了企业在资产负债表日已经存在现时义务，需要调整原先确认的与该诉讼案件相关的预计负债，或确认一项新负债

这一事项是指导致诉讼的事项在资产负债表日已经发生，但因尚不具备确认负债的条件而未确认，资产负债表日后至财务报告批准报出日之间获得了新的或进一步的证据（法院判决结果），表明符合负债的确认条件，因此应在财务报告中确认一项新负债；或者在资产负债表日虽已确认，但需要根据判决结果调整已确认负债的金额。

【例10－3】 鑫润公司因违约，于20×3年12月被盛恒公司告上法庭，要求鑫润公司赔偿160万元。20×3年12月31日法院尚未判决，鑫润公司按或有事项准则对该诉讼事项确认预计负债100万元。20×4年3月10日，经法院判决鑫润应赔偿乙120万元，双方均服从判决。判决当日，鑫润公司向盛恒公司支付赔偿款120万元。两公司20×3年所得税汇算清缴在20×4年4月10日完成（假定该项预计负债产生的损失不允许在预计时税前抵扣，只有在损失实际发生时才允许税前抵扣）。公司适用的所得税税率为25%。

分析：本例中，20×4年3月10日的判决证实了鑫润、盛恒两公司在资产负债表日（即20×3年12月31日）分别存在现时赔偿义务和获赔权利，因此两公司都应将“法院判决”这一事项作为调整事项进行处理。

1. 鑫润公司的账务处理如下：

（1）20×4 年 3 月 10 日，记录支付的赔款，并调整递延所得税资产：

借：以前年度损益调整　200 000

　　贷：其他应付款　200 000

借：应交税费——应交所得税　50 000

　　贷：以前年度损益调整　（200 000×25%）50 000

借：应交税费——应交所得税　250 000

　　贷：以前年度损益调整　250 000

借：以前年度损益调整　250 000

　　贷：递延所得税资产　250 000

借：预计负债　1 000 000

　　贷：其他应付款　1 000 000

借：其他应付款　1 200 000

　　贷：银行存款　1 200 000

注：20×3 年年末因确认预计负债 100 万元时已确认相应的递延所得税资产，日后事项发生后递延所得税资产不复存在，故应冲销相应记录。

（2）将“以前年度损益调整”科目余额转入“未分配利润”：

借：利润分配——未分配利润　150 000

　　贷：以前年度损益调整　150 000

（3）因净利润变动，调整盈余公积：

借：盈余公积　（150 000×10%）15 000

　　贷：利润分配——未分配利润　15 000

（4）调整报告年度财务报表：

①资产负债表项目的年末数调整。调减递延所得税资产 25 万元；调减预计负债 100 万元；调增其他应付款 120 万元；调减应交税费 30 万元；调减盈余公积 1.5 万元；调减未分配利润 13.5 万元。

②利润表项目的调整。调增营业外支出 20 万元；调减所得税费用 5 万元。

③所有者权益变动表的调整。调减净利润 15 万元；提取盈余公积项目中盈余公积一栏调减 1.5 万元，未分配利润一栏调增 1.5 万元。

20×4 年 3 月财务报表相关项目调整略。

2. 乙公司的账务处理如下：

（1）20×4 年 3 月 10 日，记录收到的赔款：

借：银行存款　1 200 000

　　贷：以前年度损益调整　1 200 000

借：以前年度损益调整　（1 200 000×25%）300 000

　　贷：应交税费——应交所得税　300 000

（2）将“以前年度损益调整”科目余额转入“未分配利润”：

借：以前年度损益调整　900 000

　　贷：利润分配——未分配利润　900 000

（3）因净利润增加，补提盈余公积：

借：利润分配——未分配利润　　90 000

　　贷：盈余公积　　（450 000×10%）90 000

（4）调整报告年度财务报表：

①资产负债表项目的年末数字调整。调增盈余公积 9 万元；调增未分配利润 81 万元；调增应交税费 30 万元。

②利润表项目的调整。调增营业外收入 120 万元；调增所得税费用 30 万元。

③所有者权益变动表项目的调整。调增净利润 90 万元；提取盈余公积项目中盈余公积一栏调增 9 万元；未分配利润一栏调减 9 万元。

20×4 年 3 月财务报表相关项目调整略。

（二）资产负债表日后取得确凿证据，表明某项资产在资产负债表日发生了减值或者需要调整该项资产原先确认的减值金额

【例 10－4】 20×3 年 4 月，鑫润公司销售给盛恒公司一批产品，货款为 11.6 万元（含增值税），盛恒公司于 5 月份收到所购物资并验收入库。按合同规定，盛恒公司应于收到所购物资后一个月内付款。由于盛恒公司财务状况不佳，到 20×3 年 12 月 31 日仍未付款。鑫润公司于 12 月 31 日编制 20×3 年度财务报表时，已为该项应收账款提取坏账准备 5 800元；12 月 31 日资产负债表上“应收账款”项目的金额为 15.2 万元，其中 110 200 元为该项应收账款。鑫润公司 20×4 年 2 月 2 日（所得税汇算清缴前）收到法院通知，盛恒公司已宣告破产清算，无力偿还所欠部分货款。鑫润公司预计可收回应收账款的 40%。适用的所得税率为 25%。

分析：本例中，鑫润公司在收到法院通知后，首先可判断该事项属于资产负债表日后调整事项；然后应根据调整事项的处理原则进行处理。具体过程如下：

（1）补提坏账准备：

应补提的坏账准备＝116 000×60%－5 800＝63 800（元）

借：以前年度损益调整　　63 800

　　贷：坏账准备　　63 800

（2）调整递延所得税资产：

借：递延所得税资产　　15 950

　　贷：以前年度损益调整　　（63 800×25%）15 950

（3）将“以前年度损益调整”科目的余额转入“利润分配”：

借：利润分配——未分配利润　　47 850

　　贷：以前年度损益调整　　（63 800－15 950）47 850

（4）调整利润分配有关数字：

借：盈余公积　　4 785

　　贷：利润分配——未分配利润　　（47 850×10%）4 785

（5）调整报告年度财务报表：

①资产负债表项目的调整。调减应收账款年末数 63 800 元；调增递延所得税资产15 950 元；调减盈余公积 4 785 元；调减未分配利润 43 065 元。

②利润表项目的调整。调增资产减值损失 63 800 元；调减所得税费用 15 950 元。

③所有者权益变动表项目的调整。调减净利润 47 850 元；提取盈余公积项目中盈余公积一栏调减 4 785 元；未分配利润一栏调增 4 785 元。

20×4 年 2 月财务报表相关项目调整略。

（三）资产负债表日后进一步确定资产负债表日前购入资产的成本或售出资产的收入

这类调整事项包括两方面的内容：（1）若资产负债表日前购入的资产已经按暂估金额等入账，资产负债表日后获得证据，可以进一步确定该资产的成本，则应该对已入账的资产成本进行调整。（2）企业在资产负债表日已根据收入确认条件确认资产销售收入，但资产负债表日后获得关于资产收入的进一步证据，如发生销售退回等，此时也应调整财务报表相关项目的金额。

需要说明的是，资产负债表日后发生的销售退回，既包括报告年度或报告中期销售的商品在资产负债表日后发生的销售退回，也包括以前期间销售的商品在资产负债表日后发生的销售退回。

资产负债表所属期间或以前期间所售商品在资产负债表日后退回的，应作为资产负债表日后调整事项处理。发生于资产负债表日后至财务报告批准报出日之间的销售退回事项，可能发生于年度所得税汇算清缴之前，也可能发生于年度所得税汇算清缴之后，其会计处理分别为：

1. 涉及报告年度所属期间的销售退回发生于报告年度所得税汇算清缴之前，应调整报告年度利润表的收入、成本等，并相应调整报告年度的应纳税所得额以及报告年度应缴纳的所得税等。

【例 10-5】 鑫润公司 20×3 年 12 月 20 日销售一批商品给丙企业，取得收入 20 万元（不含税，增值税率 13%）。鑫润公司发出商品后，按照正常情况已确认收入，并结转成本 16 万元。此笔货款到年末尚未收到，鑫润公司未对应收账款计提坏账准备。20×4 年 1 月 18 日，由于产品质量问题，本批货物被退回。假定企业于 20×4 年 2 月 28 日完成 20×3 年所得税汇算清缴。公司适用的所得税税率为 25%。

分析：本例中，销售退回业务发生在资产负债表日后事项涵盖期间内，应属于资产负债表日后调整事项。

鑫润公司的账务处理如下：

（1）20×4 年 1 月 18 日，调整销售收入：

借：以前年度损益调整　　200 000
　　应交税费——应交增值税（销项税额）　　26 000
　　贷：应收账款　　226 000

（2）调整销售成本：

借：库存商品　　160 000
　　贷：以前年度损益调整　　160 000

（3）调整应缴纳的所得税：

借：应交税费——应交所得税　　10 000
　　贷：以前年度损益调整　　10 000

注：10 000 =（200 000 - 160 000）×25%

(4) 将“以前年度损益调整”科目余额转入“未分配利润”:

借:利润分配——未分配利润 30 000

  贷:以前年度损益调整 30 000

(5) 调整盈余公积:

借:盈余公积 3 000

  贷:利润分配——未分配利润 3 000

(6) 调整报告年度相关财务报表:

①资产负债表项目的年末数调整。调减应收账款 22.6 万元;调增库存商品 16 万元;调减盈余公积 3 000 元;调减未分配利润 2.7 万元。

②利润表项目的调整。调减营业收入 20 万元;调减营业成本 16 万元。

③所有者权益表项目的调整。调减净利润 3 万元;提取盈余公积项目中盈余公积一栏调减 3 000 元,未分配利润一栏调增 3 000 元。

20×4 年 1 月财务报表相关项目调整略。

2. 若资产负债表日后事项中涉及报告年度所属期间的销售退回发生于报告年度所得税汇算清缴之后,应调整报告年度会计报表的收入、成本等,但按照税法规定在此期间的销售退回所涉及的应交所得税,应作为本年度的纳税调整事项。

【例 10-6】 沿用例 10-5 的资料,假定销售退回的时间改为 20×4 年 3 月 5 日(即报告期所得税汇算清缴后)。

鑫润公司的账务处理如下:

(1) 20×4 年 3 月 5 日,调整销售收入:

借:以前年度损益调整 200 000

  应交税费——应交增值税(销项税额) 26 000

  贷:应收账款 226 000

(2) 调整销售成本:

借:库存商品 160 000

  贷:以前年度损益调整 160 000

(3) 调整递延所得税:

借:递延所得税资产 10 000

  贷:以前年度损益调整 10 000

注:10 000 = (200 000 - 160 000) ×25%

(4) 将“以前年度损益调整”科目余额转入“未分配利润”:

借:利润分配——未分配利润 30 000

  贷:以前年度损益调整 30 000

(5) 调整盈余公积:

借:盈余公积 3 000

  贷:利润分配——未分配利润 3 000

(6) 调整报告年度相关财务报表:

①资产负债表项目的年末数调整。调减应收账款 22.6 万元;调增库存商品 16 万元;调增递延所得税资产 1 万元;调减盈余公积 3 000 元;调减未分配利润 2.7 万元。

②利润表项目的调整。调减营业收入20万元；调减营业成本16万元；调减所得税费用1万元；调减净利润3万元。

③所有者权益表项目的调整。调减净利润3万元；提取盈余公积项目中盈余公积一栏调减3 000元，未分配利润一栏调增3 000元。

20×4年3月财务报表相关项目调整略。

（四）资产负债表日后发现了财务报表舞弊或差错

这一事项是指资产负债表日后发现报告期或以前期间存在的财务报表舞弊或差错。企业发生这一事项后，应当将其作为资产负债表日后调整事项，调整报告期间财务报告相关项目的数字。

第三节　资产负债表日后非调整事项的会计处理

一、资产负债表日后非调整事项的处理原则

资产负债表日后发生的非调整事项，是表明资产负债表日后发生的情况的事项，与资产负债表日存在状况无关，不应当调整资产负债表日的财务报表。但有的非调整事项对财务报告使用者具有重大影响，如不加以说明，将不利于财务报告使用者做出正确估计和决策，因此，要求在附注中披露“重要的资产负债表日后非调整事项的性质、内容，及其对财务状况和经营成果的影响”。

二、资产负债表日后非调整事项的具体会计处理

资产负债表日后发生的非调整事项，应当在报表附注中披露每项重要的资产负债表日后非调整事项的性质、内容，及其对财务状况和经营成果的影响。无法做出估计的，应当说明原因。资产负债表日后非调整事项的主要例子有：

1. 资产负债表日后发生重大诉讼、仲裁、承诺。资产负债表日后发生的重大诉讼等事项，对企业影响较大，为防止误导投资者及其他财务报告使用者，应当在报表附注中进行相关披露。

2. 资产负债表日后资产价格、税收政策、外汇汇率发生重大变化。

【例10－7】　鑫润公司有一笔长期美元贷款，在编制20×3年12月31日的财务报表时已按20×3年年末的汇率进行折算（假定2013年年末的汇率为1美元兑换7.83元人民币），假定国家规定从20×4年1月1日起人民币对美元的汇率发生重大变化。

分析：本例中，鑫润公司在资产负债表日已经按照规定的汇率对有关账户进行了调整，因此，无论资产负债表日后的资产价格和汇率如何变化，均不应影响资产负债表日的财务状况和经营成果。但是，如果资产负债表日后资产价格、外汇汇率发生重大变化，应对由此产生的影响在报表附注中进行披露。同样，国家税收政策发生重大改变将会影响企业的财务状况和经营成果，也应当在报表附注中及时披露该信息。

3. 资产负债表日后因自然灾害导致资产发生重大损失。

【例 10－8】 鑫润公司拥有某外国公司（盛源企业）15%的股权，无重大影响，投资成本 200 万元。盛源公司的股票在国外的某家股票交易所上市交易。在编制 20×3 年 12 月 31 日的资产负债表时，鑫润公司对盛源公司投资的账面价值按初始投资成本反映。20×4 年 1 月，该国发生海啸，造成盛源公司的股票市场价值大幅下跌，鑫润企业对盛源公司的股权投资遭受重大损失。

分析： 本例中，自然灾害导致的资产重大损失对公司资产负债表日后财务状况的影响较大，如果不加以披露，有可能使财务报告使用者做出错误的决策，因此应作为非调整事项在报表附注中进行披露。本例中海啸发生在 20×4 年 1 月，属于资产负债表日后才发生或存在的事项，应当作为非调整事项在 20×3 年度报表附注中进行披露。

4. 资产负债表日后发行股票和债券以及其他巨额举债。企业发行股票、债券以及向银行或非银行金融机构举借巨额债务都是比较重大的事项。虽然这一事项与企业资产负债表日的存在状况无关，但这一事项的披露能使财务报告使用者了解与此有关的情况及可能带来的影响，故应披露。

5. 资产负债表日后资本公积转增资本。企业以资本公积转增资本将会改变企业的资本（或股本）结构，影响较大，需要在报表附注中进行披露。

6. 资产负债表日后发生巨额亏损。企业资产负债表日后发生巨额亏损将会对企业报告期以后的财务状况和经营成果产生重大影响，应当在报表附注中及时披露该事项，以便为投资者或其他财务报告使用者做出正确决策提供信息。

7. 资产负债表日后发生企业合并或处置子公司。企业合并或者处置子公司的行为可以影响股权结构、经营范围等方面，对企业未来生产经营活动能产生重大影响，因此企业应在附注中披露处置子公司的信息。

8. 资产负债表日后，企业利润分配方案中拟分配的以及经审议批准宣告发放的股利或利润。资产负债表日后，企业制订利润分配方案，拟分配或经审议批准宣告发放股利或利润的行为，并不会致使企业在资产负债表日形成现时义务。因此虽然发生该事项可导致企业负有支付股利或利润的义务，但支付义务在资产负债表日尚不存在，不应该调整资产负债表日的财务报告，因此，该事项为非调整事项。但由于该事项对企业资产负债表日后的财务状况有较大影响，可能导致现金较大规模流出、企业股权结构变动等，为便于财务报告使用者更充分了解相关信息，企业需要在财务报告中适当披露该信息。

思考与练习

一、单项选择题

1. 下列有关资产负债表日后事项的表述中，不正确的是（　　）。
   A. 调整事项是对报告年度资产负债表日已经存在的情况提供了进一步证据的事项
   B. 非调整事项是报告年度资产负债表日及之前其状况不存在的事项
   C. 调整事项均应通过“以前年度损益调整”科目进行账务处理
   D. 重要的非调整事项只需在报告年度财务报表附注中披露

2. 资产负债表日至财务会计报告批准报出日之间发生的下列事项，属于资产负债表日后调整事项的是（　　）。

A. 为子公司的银行借款提供担保

B. 对资产负债表日存在的债务签订债务重组协议

C. 法院判决赔偿的金额与资产负债表日预计的相关负债的金额不一致

D. 债务单位遭受自然灾害导致资产负债表日存在的应收款项无法收回

3. 某上市公司20×3年度财务报告于20×4年2月10日编制完成，注册会计师完成审计及其签署审计报告的日期是20×4年4月10日，经董事会批准报告对外公布的日期是4月20日，股东大会召开日期是4月25日，按照准则规定，资产负债表日后事项的时间区间为（　　）。

A. 20×4年1月1日至20×4年2月10日

B. 20×4年2月10日至20×4年4月20日

C. 20×4年1月1日至20×4年4月20日

D. 20×4年1月1日至20×4年4月25日

4. 根据现行会计制度的规定，企业在资产负债表日至财务会计报告批准报出日之间发生的下列事项中，属于调整事项的是（　　）。

A. 发生重大企业合并　　B. 对外提供重大担保

C. 上年度销售商品发生退货　　D. 自然灾害导致资产发生重大损失

5. 资产负债表日至财务会计报告批准报出日之间发生的下列事项，属于资产负债表日后调整事项的是（　　）。

A. 为子公司的银行借款提供担保

B. 对资产负债表日存在的债务签订债务重组协议

C. 法院判决赔偿的金额与资产负债表日预计的相关负债的金额不一致

D. 债务单位遭受自然灾害导致资产负债表日存在的应收款项无法收回

6. 资产负债表日至财务会计报告批准报出日之间发生的调整事项在进行调整处理时，不能调整的项目是（　　）。

A. 货币资金收支项目　　B. 涉及应收账款的事项

C. 涉及所有者权益的事项　　D. 涉及损益调整的事项

7. 甲公司20×4年1月10日向乙公司销售一批商品并确认收入实现，20×4年2月20日乙公司因产品质量原因将上述商品退货。甲公司20×3年财务会计报告批准报出日为20×4年3月31日。甲公司对此项退货业务正确的处理方法是（　　）。

A. 作为资产负债表日后事项中的调整事项处理

B. 作为资产负债表日后事项中的非调整事项处理

C. 冲减20×4年1月份相关收入、成本和税金等相关项目

D. 冲减20×4年2月份相关收入、成本和税金等相关项目

8. 甲公司20×4年3月在上年度财务会计报告批准报出前发现一台管理用固定资产未计提折旧，属于重大差错。该固定资产系20×2年6月接受乙公司捐赠取得。根据甲公司的折旧政策，该固定资产20×2年应计提折旧100万元，20×3年应计提折旧200万元。假定甲公司按净利润的10%提取法定盈余公积，不考虑所得税等其他因素，甲公司20×3年度

资产负债表“未分配利润”项目“年末数”应调减的金额为（ ）万元。

A. 90　　B. 180

C. 200　　D. 270

9. “以前年度损益调整”科目用来核算（ ）。

A. 本年度发现的以前年度非重大差错涉及损益调整的事项

B. 资产负债表日后事项中的非调整事项涉及损益调整的事项

C. 本年度发现的以前年度重大差错涉及损益调整的事项

D. 本年度发现的以前年度重大差错涉及利润分配调整的事项

10. 甲公司因严重违约于20×3年10月被乙公司起诉，原告提出索赔要求，法院20×4年1月10日做出了判决，甲公司需在判决后30日内向原告赔偿60万元，甲公司已经执行。甲公司在20×3年12月31日已经估计到很可能赔偿40万～60万元。甲公司财务报表批准报出日为4月30日，甲公司20×4年4月30日报出的资产负债表中对上述业务的披露是（ ）。

A. 预计负债50万元

B. 预计负债50万元，其他应付款10万元

C. 其他应付款60万元

D. 因为甲公司已经执行判决进行赔偿，无披露内容

二、多项选择题

1. 下列发生于报告年度资产负债表日至财务报告批准报出日之间的各事项中，应调整报告年度财务报表相关项目金额的有（ ）。

A. 董事会通过报告年度利润分配预案

B. 发现年度财务报告存在重大会计差错

C. 资产负债表日未决诉讼结案，实际判决金额与已确认预计负债不同

D. 新证据表明存货在报告年度资产负债表日的可变现净值与原估计不同

E. 发行股票和债券

2. 甲股份有限公司20×3年年度财务报告经董事会批准对外公布的日期为20×4年3月30日，实际对外公布的日期为20×4年4月3日。该公司20×4年1月1日至4月3日发生的下列事项中，应当作为资产负债表日后事项中的调整事项的有（ ）。

A. 3月1日发现20×3年10月接受捐赠获得的一项固定资产尚未入账

B. 4月2日甲公司为从丙银行借入8 000万元长期借款而签订重大资产抵押合同

C. 2月1日与丁公司签订的债务重组协议执行完毕，该债务重组协议系甲公司于20×4年1月5日与丁公司签订

D. 3月10日甲公司被法院判决败诉并要求支付赔款1 000万元，对此项诉讼甲公司已于20×3年末确认预计负债800万元

E. 1月10日经批准发行三年期债券50万元，于3月15日发行结束

3. 下列于年度资产负债表日至财务会计报告批准报出日之间发生的事项中，属于资产负债表日后事项的有（ ）。

A. 支付生产工人工资　　B. 固定资产和投资发生严重减值

C. 火灾造成重大损失　　　　　　　　D. 股票和债券的发行

E. 外汇汇率发生重大变化

4. 甲公司在资产负债表日至财务会计报告批准报出日之间发生的下列事项中，属于资产负债表日后非调整事项的有（　　）。

A. 发生重大仲裁

B. 甲公司的股东 A 公司将持有甲公司 51% 的股份转让给 B 公司

C. 在资产负债表日后发生并确定支付的巨额赔偿

D. 新的证据表明，在资产负债表日对长期合同应计收益的估计存在重大误差

E. 因自然灾害导致资产发生重大损失

5. 科海股份有限公司 20×3 年年度财务会计报告于 20×4 年 2 月 20 日批准报出。公司发生的下列事项中，必须在其 20×3 年年度会计报表附注中披露的有（　　）。

A. 20×3 年 11 月 1 日，从该公司董事持有 51% 股份的公司购货 800 万元

B. 20×4 年 1 月 20 日，公司因水灾造成存货重大损失 500 万元

C. 20×4 年 1 月 30 日，发现上年应计入财务费用的借款利息 0.1 万元误计入在建工程

D. 20×4 年 2 月 1 日，公司向一家网络公司投资 500 万元，从而持有该公司 50% 的股份

E. 20×4 年 1 月 10 日经批准发行三年期债券 100 万元，于 2 月 15 日发行结束

6. 在报告年度资产负债表日至财务报告批准报出日之间发生的下列事项中，属于资产负债表日后调整事项的有（　　）。

A. 发现报告年度财务报表存在严重舞弊

B. 发现报告年度会计处理存在重大差错

C. 国家发布对企业经营业绩将产生重大影响的产业政策

D. 发现某商品销售合同在报告年度资产负债表日已成为亏损合同的证据

E. 外汇汇率发生重大变化

7. 上市公司在其年度资产负债表日后至财务会计报告批准报出日前发生的下列事项中，属于非调整事项的有（　　）。

A. 以前年度售出商品发生退货

B. 董事会提出股票股利分配方案

C. 因发生火灾导致存货严重损失

D. 交易性金融资产在资产负债表日后市价严重下跌

E. 将资本公积转增资本

8. 某公司 20×3 年度财务报告批准报出日为 20×4 年 3 月 30 日，该公司 20×4 年 1 月 1 日至 3 月 30 日之间发生的下列事项，需要对 20×3 年度会计报表进行调整的有（　　）。

A. 20×4 年 1 月 29 日得到法院通知，因 20×3 年度银行贷款担保应向银行支及罚息等计 95 万元（20×3 年年末已确认预计负债 80 万元）

B. 20×4 年 1 月 25 日完成了 20×3 年 12 月 20 日所销售设备的安装工作，并收到销售款 100 万元

C. 20×4 年 2 月 15 日由于质量原因收到了被退回的于 20×3 年 12 月 15 日销售的设

备1台

D. 20×4年3月29日股东大会提出利润分配方案，决定将10万元的资本公积转增资本

E. 该公司有一笔长期美元贷款，20×4年1月1日国家进行外汇管理体制改革，人民币对美元的汇率发生了重大变化

9. 某上市公司财务报告批准报出日为次年4月30日，该公司在资产负债表日后事项期间后发生以下事项，其中属于非调整事项的有（　　）。

A. 接到某债务人于1月28日发生一场火灾，导致重大损失，以致不能偿还货款的通知，该公司已将此货款于资产负债表日计入应收账款

B. 外汇汇率发生较大变动

C. 发行债券以筹集生产经营用资金

D. 在资产负债表日后发生严重火灾，损失仓库一栋

E. 购买另外一家小型企业

10. 对于资产负债表日后事项中的非调整事项，应在会计报表附注中披露的有（　　）。

A. 非调整事项可能对财务状况的影响

B. 非调整事项可能对经营成果的影响

C. 非调整事项无法估计对财务和经营状况影响的原因

D. 非调整事项可能在报告年度以后发生的可能的调整

E. 非调整事项的性质、内容

三、判断题

1. 资产负债表日后期间的非调整事项是指资产负债表日或以前已经存在，但对编制财务报告没有影响的事项。（　　）

2. 若交易性金融资产在资产负债表日后期间市价严重下跌，公司应将其视为资产负债表日后非调整事项。（　　）

3. 对于资产负债表日后事项中的调整事项，无论是有利事项还是不利事项，均应当调整报告年度会计报表相关项目数字。（　　）

4. 对于资产负债表日后事项中的调整事项，涉及损益的事项应通过“以前年度损益调整”科目核算，然后将“以前年度损益调整”的余额转入“本年利润”科目。（　　）

5. 20×7年度财务会计报告批准报出前，该公司董事会于20×8年2月25日提出分派股票股利方案。该公司对该事项在会计报表附注中做了相关披露，并调整了会计报表相关项目的金额。（　　）

6. 资产负债表日后发生的调整事项如涉及现金收支项目的，均不调整报告年度资产负债表的货币资金项目和现金流量表正表各项目数字。（　　）

7. 资产负债表日后事项期间发生的“已证实资产发生减损”，可能是调整事项，也可能是非调整事项。（　　）

8. 资产负债表日后事项中的调整事项，涉及损益调整的事项，直接在“利润分配——未分配利润”账户核算。（　　）

9. 资产负债表日后事项期间发生的调整事项，应当如同资产负债表所属期间发生的事

项一样，做出相关账务处理，并对资产负债表日已编制的财务报表做相应的调整。（　　）

10. 资产负债表日后事项期间发生企业合并或处置子公司，属于非调整事项。（　　）

四、计算分析与账务处理题

鑫润公司为一般纳税企业，适用的增值税税率为13%，所得税采用资产负债表债务法核算，适用的所得税税率为25%，鑫润公司按净利润的10%提取法定盈余公积，假定该企业计提的各种资产减值准备和因或有事项确认的负债均作为暂时性差异处理。鑫润公司20×3年度的财务会计报告于20×4年4月30日批准报出，汇算清缴日为4月30日。自20×4年1月1日至4月30日财务报表公布日前发生如下事项：

1. 1月30日接到通知，债务企业乙公司宣告破产，其所欠应收账款200万元确定只能收回60%。鑫润公司在20×8年12月31日以前已被告知该债务企业资不抵债，面临破产，并已经计提坏账准备20万元。

2. 3月4日收到丙公司一批200万元退货的产品，以及退回的增值税发票联、抵扣联，该产品系鑫润公司20×3年12月销售给丙公司的产品，成本160万元，丙公司验收货物时发现不符合合同要求需要退货。鑫润公司收到丙公司的通知后希望再与丙公司协商，因此鑫润公司编制20×3年12月31日资产负债表时，仍确认了收入，将此应收账款234万元（含增值税）列入资产负债应收账款科目，对此项未到期应收账款年末没有计提坏账准备。

3. 3月20日，鑫润公司发现在20×3年12月31日计算B库存产品的可变现净值时发生差错，该库存产品的成本为3 000万元，预计可变现净值应为2 400万元。20×3年12月31日，鑫润公司误将B库存产品的可变现净值预计为2 000万元。

4. 鑫润公司与丁公司签订供销合同，合同规定鑫润公司在20×3年11月供应给丁公司一批货物，由于鑫润公司未能按照合同发货，致使丁公司发生重大经济损失。丁公司通过法律要求鑫润公司赔偿经济损失200万元，该诉讼案在12月31日尚未判决，鑫润公司已确认预计负债80万元。

20×4年3月25日，经法院一审判决，鑫润公司需要赔偿丁公司经济损失120万元，鑫润公司不再上诉，并且赔偿款已经支付。假定此项支出可以在计算应纳税所得额时扣除。

5. 3月31日因自然灾害导致资产发生重大损失2 000万元。

6. 20×3年2月，鑫润公司与乙公司签订一项为期3年、价值1 000万元的劳务合同，预计合同总成本800万元，鑫润公司用完工百分比法（按已完工作的测量确定完工百分比）核算长期合同的收入和成本。至20×3年12月31日，鑫润公司估计完成劳务总量的20%，并按此确认了损益。20×4年4月5日，鑫润公司经修订的进度报表表明原估计有误，20×3年已完成合同30%，款项未结算。

【要求】

1. 指出上述事项中哪些属于资产负债表日后调整事项，哪些属于非调整事项，注明序号即可。

2. 对资产负债表日后调整事项，编制鑫润公司相关调整会计分录。

第十一章

每股收益

学习目标

□ 理解每股收益的概念及其分子项、分母项的具体内容

□ 明确潜在普通股、稀释性潜在普通股的含义

□ 熟练掌握在各种条件下基本每股收益和稀释每股收益的计算

□ 了解企业会计准则对每股收益在计算、列报方面的要求

学习指导

本章主要阐述每股收益的概念及基本每股收益的计算等问题。通过本章学习，学生应理解每股收益的概念及其分子项、分母项的具体内容；理解潜在普通股、稀释性潜在普通股的含义；掌握每股收益的计算方法；了解企业会计对每股收益在计算和列报方面的要求。

学习重点

每股收益的概念；潜在普通股、稀释性潜在普通股的含义；每股收益在计算、列报方面的具体要求。

学习难点

存在多项潜在普通股情况下稀释每股收益的计算。

第一节　每股收益概述

一、每股收益的构成内容

每股收益（EPS），又称每股盈余、每股税后利润等，是股份有限公司某一时期净利润与股份数的比率。它是综合反映公司获利能力的关键指标，该指标反映了每一股份创造的税后利润，数值越高，表明公司所创造的利润就越多。我国《企业会计准则第 34 号——每股收益》将其作为企业利润表中必须填列的项目，或者说直接表现在财务报表中的唯一财务指标。

从计算指标的角度分析，每股收益的最原始表现形式为：

每股收益 = 期末净利润 ÷ 总股本数

需要注意的是，式中的总股本数只代表普通股。即每股收益主要是针对普通股的指标，或者是说，这里的股份只指普通股，不包括普通股之外的股份数。普通股之外的股份主要是

指公司的优先股，即股份公司发行的在分配红利和剩余财产时比普通股具有优先权的股份。

相比较而言，普通股的基本特点是其投资收益（股息和分红）不是在购买时约定，而是事后根据股票发行公司的经营业绩来确定。公司的经营业绩好，普通股的收益就高；经营业绩差，普通股的收益就低。因此，普通股既是股份公司资本构成中最重要、最基本的股份，也是风险最大的一种股份。普通股股东享受的权利一般为：选举表决权，也称参与经营权；剩余资产分配权；优先认股权和收益分配权。优先股的权利主要为：优先获得固定股息；优先分配公司剩余财产和有限的股东权益。优先股股东一般在股东大会上没有投票选举权，不享有公司公积金和权益，因而也没有优先认股权。由于优先股一般有固定的股息，每股收益对于优先股没有实际意义，因此，一般认为优先股不会影响每股收益，也不用计算每股收益，只有普通股才计算每股收益。

（一）每股收益中的普通股

由于普通股的上述特征，普通股是公司股票中最基本、最常见的一种。也由于普通股在股份公司整体股份中的重要性，在每股收益中的股份只有普通股而不包括优先股等。具体来说，如果公司的股份不仅仅是普通股，还有优先股，那么优先股不仅不包括在公式中的股份里，而且还要将分派给优先股股东的利息从期末净利润中扣除。

由于普通股在不同的角度上还要进一步的划分，如按照普通股的存在状况将普通股分为发行在外的普通股、公司库存股和潜在的普通股；按照普通股在某一时间段的存在状况将其划分为期初发行在外的普通股、当期新发行普通股和当期回购普通股等。因此，每股收益对普通股的计算还有特定要求，即不同的普通股类型又可形成不同的每股收益概念：如果分母项的普通股只是公司发行在外的普通股，计算的每股收益即为基本每股收益；若分母项的普通股是发行在外的普通股与假定稀释性潜在普通股转换为已发行普通股之和，则计算的每股收益就是稀释每股收益。由于公司库存股没有投票权和利润分配权，所以无论是基本每股收益还是稀释每股收益，均不包括公司库存股在内。受普通股发行时间及其计算每股收益的时间要求，每股收益的分母项要计算每股收益的加权平均数。

（二）每股收益中的收益额

从字面上解释，每股收益中的收益额就是公司的净利润。但是，相对于公司的财务报表会有合并财务报表和母公司个别财务报表之分，因此，每股收益中的收益额也有不同的含义。

在合并财务报表之中，每股收益中的净利润应当是归属于母公司普通股股东的当期合并净利润，即合并财务报表中的净利润总额减去少数股东损益后的净利润；在母公司个别的财务报表中，每股收益中的净利润则应是母公司个别财务报表中归属于母公司全部普通股股东的当期净利润。

二、每股收益的作用

每股收益是股份公司最重要的财务指标。它反映了企业某会计年度内平均每一普通股所获得的收益，是衡量普通股持有者获得报酬水平的重要依据。通过对上市公司每股收益的计算，有助于引导投资者正确运用该指标对上市公司的收益情况和盈利能力进行评价，进而使投资者做出正确的投资决策。

在社会实践中，每股收益经常被用来进行公司之间的比较。最常用的形式就是采用每股收益指标进行公司的排序，通过排序的前后来确定什么样的公司股票属于“绩优股”，什么样的公司股票属于“垃圾股”，并按照行业内的横向比较确定行业的龙头企业，按照不同发展期间的纵向比较对公司的成长性进行判断等。

第二节　基本每股收益

如果公司只有普通股，没有优先股等，那么公司将当期取得的税后净利润与全部发行在外的股份数相比的相对数指标，就是基本每股收益。按照我国《企业会计准则第 34 号——每股收益》的要求，企业应当按照归属于普通股股东的当期净利润，除以发行在外普通股的加权平均数计算每股收益。基本每股收益的计算公式即可简单地表述为：

基本每股收益 = 普通股股东的报告期净利润 ÷ 发行在外普通股加权平均数

根据这一公式，我们可将基本每股收益的特点描述为：它只包括发行在外的普通股股数，不考虑潜在普通股的影响；它只限于本报告期普通股股东应享有的净利润，不考虑少数股东的情况。为了更深入地理解每股收益的具体内容，我们将上述算式的分子项、分母项内容分别展开说明。

一、基本每股收益分子项内容

每股收益分子项的内容是企业的净利润，是指归属于公司普通股股东的净利润或扣除非经常性损益后归属于普通股股东的净利润。但是不同报表状况下的净利润数额在每股收益的计算中也会有不同的表现形式。

如果发布每股收益的公司是一个只有单一普通股、没有其他股份的公司，那么，分子项的内容就是利润表中的净利润额。如果发布每股收益的公司除占控股地位的普通股股东外，还有优先股股东，那么，分子项的内容就是利润表中的净利润额减去优先股应享受的股息额之差。如果发布每股收益的财务报表为合并财务报表，分子项的内容就是合并利润表“归属于母公司所有者的净利润”中普通股股东应享有的部分。如果发布每股收益的公司本年的经营结果为亏损，那么每股收益的分子项反映的就是普通股股东应分担的净亏损额。

二、基本每股收益分母项内容

每股收益中的股份只是普通股，不包括优先股；这里的普通股不包括公司库存股，并且还要将当年增加或减少的股份（含新发行、新回购等）按照发行或回购的时间采用加权平均的方式折合计算，即按照加权平均法计算出“发行在外普通股加权平均数”。

一般来说，上述计算可以由下面的公式表示：

发行在外普通股加权平均数 = 期初发行在外普通股股数 + 当期新发行普通股股数 × 已发行时间 ÷ 报告期时间 − 当期回购普通股股数 × 已购回时间 ÷ 报告期时间

式中，报告期时间一般是指年度的天数，或者是简化为 12 个月；已发行时间和已回购时间，是指发行或回购后的实际天数，或者是简化为月份数。

按照普通股股数计算的具体要求，新发行普通股股数应当根据发行合同的具体条款，从应收对价之日（一般为股票发行日）起计算确定。通常包括下列情况：（1）为收取现金而发行的普通股股数，从应收现金之日起计算。（2）因债务转资本而发行的普通股股数，从停计债务利息之日或结算日起计算。（3）非同一控制下的企业合并，作为对价发行的普通股股数，从购买日起计算；同一控制下的企业合并，作为对价发行的普通股股数，应当计入各列报期间普通股的加权平均数。（4）为收购非现金资产而发行的普通股股数，从确认收购之日起计算。

【例 11-1】 盛恒公司当年归属于普通股股东的净利润为 50 000 万元。该公司年初发行在外的普通股股数为 80 000 万股，7 月 31 日新发行普通股 30 000 万股，10 月 1 日回购普通股股份 6 000 万股（准备用于股票期权）。当年的基本每股收益计算如下：

当年的净利润数额 = 50 000（万元）

发行在外普通股加权平均数 = 80 000 × 12/12 + 30 000 × 5/12 - 6 000 × 3/12

= 91 000（万股）

或 = 80 000 × 7/12 + 110 000 × 2/12 + 104 000 × 3/12

= 91 000（万股）

基本每股收益 = 50 000 ÷ 91 000 = 0.55（元/股）

计算结果表明，某公司每股面值 1 元的普通股每股可得到的当期净利润数额为 0.55 元。

第三节　稀释每股收益

如果公司既有一般的普通股，又有潜在的普通股，且潜在的普通股具有稀释性，按照《企业会计准则》的要求，公司应计算和披露稀释每股收益。

潜在普通股是指赋予其持有者在报告期或以后期间享有取得普通股权利的一种金融工具或其他合同，包括可转换公司债券、认股权证、股份期权等；稀释性潜在普通股是指假设当期转换为普通股会减少每股收益的潜在普通股。按照这样的解释，若存在当期转换为普通股时不会减少每股收益的潜在普通股，这样的潜在普通股就不具有稀释性。计算稀释每股收益时只考虑稀释性潜在普通股的影响，而不考虑不具有稀释性的潜在普通股。

具体来说，稀释每股收益是以基本每股收益为基础：假设企业所有发行在外的稀释性潜在普通股均已转换为普通股，从而分别调整归属于普通股股东的当期净利润以及发行在外普通股的加权平均数，计算得到稀释每股收益。可以说，稀释每股收益是建立在稀释性潜在普通股基础之上的。一般来说，稀释每股收益的算式在内容上与基本每股收益是一致的，即当期的净利润除以普通股的加权平均数。但是，在进行稀释每股收益的计算时，应同时对其分子项和分母项进行调整。

对分子项的调整，应当根据下列事项对归属于普通股股东的当期净利润进行调整：（1）当期已确认为费用的稀释性潜在普通股的利息；（2）稀释性潜在普通股转换时产生的收益或费用。在调整时还要注意两点：一是要考虑相关的所得税影响；二是对于包含负债和权益成分的金融工具，仅需要调整属于金融负债部分的相关利息、利得或损失。如可转换公司债券在没有转换为公司股票时，要按照票面利率来计算应当支付的利息并计入成本费用等；若可转换公司债券已转换为公司股份，就要将支付的债券利息等从原来计算的利润总额中扣除；若进行了转换还会有其他方面的收益或费用，也要考虑对净利润额的调整。

对于分母项的调整，主要考虑的内容也是两点：（1）当期发行在外普通股的加权平均数应为计算基本每股收益时普通股的加权平均数与假定稀释性潜在普通股转换为已发行普通股而增加的普通股股数的加权平均数之和。（2）假定稀释性潜在普通股转换为已发行普通股时，以前期间发行的稀释性潜在普通股，应当假定在当期期初转换；当期发行的稀释性潜在普通股，应当假设在发行日转换。如计算可转换公司债券，其分母项就应当按照上述要求计算普通股股数的加权平均数。另外，当发行在外普通股存在不同的转换基础时，应当从持有者的角度考虑而采用最有利的转换率和执行价格。

一、认股权证和股份期权

认股权证，是指股票上市公司增发股票时可凭以认购股份的一种凭证，它表示的是持有者可以在一定期限内购买发行公司新发行股票的权利，通常指的是普通股认股权证。股份期权，是指股份公司授予持有人在未来一定期限内以预先约定的价格和一定的约束条件购买一定数量股份的权利。

认股权证和股份期权在衍生金融工具中都属于金融期权的组成部分，其特征为：买方在向卖方支付一定的费用后，取得了在一定时期内按照一定价格买入或卖出约定数量金融工具的权利，而卖方在收取了一定的费用（即权利金或期权价格）后承担了按照一定价格卖出或买入约定数量金融工具的责任；如果买方决定放弃执行期权，卖方不能要求其执行。

如果公平市场上的价格对期权持有者不利，期权持有者可放弃行权，即只有在行权时股票市场的价格对期权持有者有利时，他们才将持有的期权转换为约定的股份。这样，认股权证和股份期权的持有者就要在潜在普通股是否具有稀释性方面进行判断。因此，我国《企业会计准则第34号——每股收益》指出：认股权证和股份期权等的行权价格低于当期普通股平均市场价格时，应考虑其稀释性。

行使认股权证和股份期权一般不会有净利润的变动额，不需要进行分子项的调整。因此，认股权证和股份期权在进行转换时主要是进行分母项的调整。计算公式为：

增加的普通股股数＝拟行权时转换的普通股股数－行权价格×拟行权时转换的普通股股数÷当期普通股平均市场价格

【例11－2】 盛恒公司20×4年归属于普通股股东的净利润为80 000万元。该公司年初发行在外的普通股股数为160 000万股，该普通股平均每股市场价格为22元。年内普通股股数未发生其他变化。该公司20×3年1月1日发行24 000万份认股权证，该认股权证允许持有者于20×5年7月1日按20元的价格认购该公司1股新发行的普通股。基本每股收益和稀释每股收益计算如下：

基本每股收益＝80 000÷160 000＝0.5（元/股）

调整增加的普通股股数＝24 000－20×24 000÷22＝2 181.82（万股）

稀释每股收益＝80 000÷（160 000＋2 181.52）＝0.49（元/股）

二、可转换公司债券

由于可转换公司债券转为公司的普通股之后，会使普通股的股数增多，从而相对降低已有的每股收益；另一方面，若进行了这样的转换，就不会为债券支付利息，从而使当期的净利润额增加。因此，这样的潜在普通股为稀释性潜在普通股，应当包括在稀释每股收益的计算范围内。

对于可转换公司债券，计算稀释每股收益时，分子的调整项目为可转换公司债券当期已确认为费用的利息等的税后影响额；分母的调整项目为假定可转换公司债券当期期初或发行日转换为普通股的股数加权平均数。

在实际计算时，一般做法是：先计算出基本每股收益，然后再计算出增加的净利润和增加的净股数，再用增加的净利润除以增加的净股数，得出的结果即为增量股的每股收益。在此基础上将增量股的每股收益与基本每股收益进行比较，如果增量股的每股收益小于基本每股收益，我们就可以判定可转换公司债券具有稀释作用，应当计入稀释每股收益的计算中。从实际情况看，可转换公司债券的票面利率一般是较大地小于市场实际利率（而这一利率差恰是作为期权的可转换公司债券的权利金），因此，在计算可转换公司债券形成的稀释每股收益时，也要将这类因素考虑在内。

【例 11－3】 盛恒公司当年归属于普通股股东的净利润为 80 000 万元。该公司年初发行在外的普通股股数为 160 000 万股，年内普通股股数未发生其他变化。该公司 7 月 1 日按面值发行 120 000 万元的 3 年期可转换公司债券，每张债券的面值为 2 000 元，固定票面利率为 1.5%，每半年支付利息一次，自发行日结束 6 个月后即可转换为公司股票，即转股期为发行 6 个月后至债权到期日。转换价格为每股 10 元。该债券的利息支付计入当期财务费用，该公司的所得税税率为 25%。基本每股收益和稀释每股收益计算如下：

基本每股收益＝80 000÷160 000＝0.5（元/股）

转换增加的净利润＝120 000×1.5%×（1－25%）＝1 350（万元）

转换增加的普通股股数＝120 000÷10＝12 000（万股）

增量股的每股收益＝1 350÷12 000＝0.11（元/股）

增量股的每股收益小于基本每股收益，可转换公司债券具有稀释作用。

稀释每股收益＝(80 000＋1 350)÷(160 000＋12 000)＝0.47（元/股）

【例 11－4】 沿用例 11－3，假设市场上其他债券的利率为 3%，该公司在发行债券时将可转换公司债券中的负债和权益成分进行了分拆。按照上述条件，基本每股收益和稀释每股收益计算如下：

基本每股收益＝80 000÷160 000＝0.5（元/股）

债券每年应支付的利息＝120 000×1.5%＝1 800（万元）

债券中负债成分的公允价值＝1 800×（P/A，3%，3）＋120 000×（P/F，3%，3）
＝114 908.3（万元）

债券中权益成分的公允价值＝120 000－114 908.3＝5 091.7（万元）

转换增加的净利润＝114 908.3×3%×（1－25%）＝2 585.44（万元）

转换增加的普通股股数＝120 000÷10＝12 000（万股）

增量股的每股收益＝2 585.44÷12 000＝0.22（元/股）

增量股的每股收益小于基本每股收益，可转换公司债券具有稀释作用。

稀释每股收益 =（80 000 +2 585.44）÷（160 000 +12 000）=0.48（元/股）

三、多项潜在普通股

如果企业具有多项潜在普通股，即既有认股权证、股份期权，又有可转换公司债券等，在计算稀释每股收益时就会有一个孰先孰后的排序问题。先解决它们之间的排序问题，再按照各种潜在普通股前述的各自的特点进行相应的计算。

按照《企业会计准则第 34 号——每股收益》的要求，稀释性潜在普通股应当按照其稀释程度从大到小的顺序计入稀释每股收益，直至稀释每股收益达到最小值。也就是说，稀释程度大的潜在普通股放在前面，稀释程度小的潜在普通股放在后面，依次排序，直至将所有潜在普通股的稀释每股收益都计算出来为止。需要说明的是，此处的“稀释程度”应根据不同潜在普通股转换的增量股的每股收益大小进行衡量，即假定稀释性潜在普通股转换为普通股时，将增加的归属于普通股股东的当期净利润除以增加的普通股股数加权平均数所确定的金额。一般来说，在确定计入稀释每股收益的顺序时，通常应首先考虑股份期权和认股权证的影响。每次发行的潜在普通股应当视为不同的潜在普通股，分别判断其稀释性，而不能将其作为一个总体考虑。

一般来说，应当按照下面的程序来计算对外发行多项潜在普通股的稀释每股收益：

（1）将企业发行在外的各种潜在普通股全部列示。

（2）计算分子项的数据变化情况。即按照可转换公司债券一般会增加当期净利润金额，而股份期权和认股权证一般不影响当期净利润的习惯方式，假设各潜在普通股已于当期期初或发行日转换为普通股，并计算转换股份对归属于普通股股东当期净利润的影响金额。

（3）计算分母项的数据变化情况。即假定各潜在普通股都已经转换为普通股，计算出转换后将增加的普通股股数。需要注意的是，此处的计算应假设稀释性股份期权和认股权证行权后并不能全部形成普通股，普通股股数应是其中无对价发行部分的普通股股数。

（4）计算各潜在普通股的增量股每股收益。即在上面的分子项变化额、分母项变化额被确定之后，为了判断稀释性而进行二者比较的计算。

（5）分步骤计算稀释每股收益。具体来说，就是将上述增量每股收益按照稀释程度的大小排序，分步计算。在计算中经常有这样的情况，即下一步骤计算出的每股收益可能小于上一步骤，也可能不小于上一步骤。处理的原则是，如果计算结果小于上一步骤，计入稀释每股收益，反之，则表明计算结果具有反稀释作用，不计入稀释每股收益。

按上述步骤计算的最后结果，即为多项潜在普通股的稀释每股收益。

【例 11 -5】 盛恒公司当年归属于普通股股东的净利润为 20 000 万元。该公司年初发行在外的普通股股数为 40 000 万股，年内发行的潜在普通股情况为：（1）发行认股权证 5 000万份，每份认股权证可以在行权日按照每股 8 元的价格认购本公司新发行的股票。（2）按面值发行 3 年期可转换公司债券 10 000 万元，债券面值为 1 000 元，票面年利率为 2%，每张债券可转换为 125 股面值为 1 元的普通股，即转股价格为每股 8 元。（3）按面值发行 5 年期可转换公司债券 20 000 万元，债券面值为 1 000 元，票面利率为 1.5%，每张债券可转换为 100 股面值为 1 元的普通股，即转股价格为每股 10 元。当期普通股平均市场价格为每股 12 元，所得税税率为 25%，债券票面利率等于市场利率，年内的普通股没有发生其他变动。基本每股收益和稀释每股收益计算如下：

（1）基本每股收益 =20 000 ÷40 000 =0.5（元/股）

（2）增量股每股收益排序：

认股权证股份增加数 =5 000 －5 000 ×8/12 =1 667（万股）

3 年期债券：

转换增加净利润 =10 000 ×2% ×（1 －25%）=150（万元）

转换增加的普通股数 =10 000 ÷8 =1 250（万股）

增量股的每股收益 =150 ÷1 250 =0.12（元/股），小于 0.5 元，具有稀释作用。

5 年期债券：

转换增加净利润 =20 000 ×1.5% ×（1 －25%）=225（万元）

转换增加的普通股数 =20 000 ÷10 =2 000（万股）

增量股的每股收益 =225 ÷2 000 =0.112 5（元/股），小于 0.5 元，具有稀释作用。

根据增量每股收益大小的比较，排序为先 5 年期债券，后 3 年期债券。

（3）稀释每股收益：

考虑认股权证的稀释每股收益 =20 000 ÷（40 000 +1 667）=0.48（元/股）

考虑 5 年期债券稀释每股收益 =（20 000 +225）÷（40 000 +1 667 +2 000）
=0.46（元/股）

考虑 3 年期债券稀释每股收益 =（20 000 +225 +150）÷（40 000 +1 667 +2 000 +1 250）
=0.45（元/股）

第四节 每股收益列报

我国《企业会计准则》对每股收益的列报有着较为具体的要求。既有计算方面的要求，又有披露的格式体例、文字说明与每股收益的相关资料等要求。

一、会计准则对每股收益计算方面的要求

（一）对于派发股票股利、公积金转增股本、拆股和并股的重新计算要求

在具体实施过程中，企业派发股票股利、公积金转增股本、拆股或并股等，会增加或减少其发行在外普通股或潜在普通股的数量，但不影响所有者权益总额，也不改变企业的盈利能力。企业应当在相关报批手续全部完成后，按调整后的股数重新计算各列报期间的每股收益。上述变化发生于资产负债表日至财务报告批准报出日之间的，应当以调整后的股数重新计算各列报期间的每股收益。

【例 11 －6】 盛恒公司 20 ×3 年和 20 ×4 年归属于普通股股东的净利润分别是 26 000 万元和 30 000 万元，该公司 20 ×3 年年初发行在外的普通股为 80 000 万股，20 ×3 年 6 月 1 日按市价新发行普通股 24 000 万股。20 ×4 年 5 月 1 日派发股票股利，以 20 ×3 年年底的 100 000万股为基数，每 10 股送 3 股，没有其他变动因素。在 20 ×4 年年末的利润表中，每股收益指标计算如下：

20×3 年发行在外普通股加权平均数＝80 000＋240 000×7/12＝94 000（万股）

20×3 年的基本每股收益＝26 000÷94 000＝0.28（元/股）

20×4 年发行在外普通股加权平均数＝104 000＋30 000×8/12＝124 000（万股）

20×4 年的基本每股收益＝30 000÷124 000＝0.24（元/股）

（二）对于配股的重新计算要求

企业当期发生配股的情况下，计算基本每股收益时，应当考虑配股中包含的送股因素，据以调整各列报期间发行在外普通股的加权平均数。存在非流通股的企业可以采用简化的计算方法，不考虑配股中内含的送股因素，而将配股视为发行新股处理。计算公式如下：

$$\text{每股理论除权价格}=\frac{\text{行权前发行在外普通股的公允价值}+\text{配股收到的款项}}{\text{行权后发行在外的普通股股数}}$$

调整系数＝行权前每股公允价值÷每股理论除权价格

因配股重新计算的上年度基本每股收益＝上年度基本每股收益÷调整系数

本年度基本每股收益＝归属于普通股股东的当期净利润÷（配股前发行在外普通股股数×调整×配股前普通股发行在外的时间权重＋配股后发行在外普通股加权平均数）

【例 11－7】 盛恒公司 20×4 年归属于普通股股东的净利润为 30 000 万元，该公司在年初发行在外的普通股为 80 000 万股。当年 5 月 12 日发布增资配股公告，向截至 5 月 31 日（股权登记日）所有登记在册的老股东配股，配股比例为 10 股配 3 股，配股价格为每股 8 元，除权交易基准日为 7 月 1 日。行权前一日的市价为每股 10 元。20×3 年的基本每股收益为 0.45 元/股。在 20×4 年年末的利润表中，每股收益指标计算如下：

每股理论除权价格＝(10×80 000＋8×24 000)÷(80 000＋24 000)
＝9.54（元/股）

调整系数＝10÷9.54＝1.05

因配股重新计算的上年度基本每股收益＝0.45×1.05＝0.47（元/股）

年末基本每股收益＝30 000÷（80 000×1.05×5/12＋104 000×7/12）
＝0.31（元/股）

（三）以前年度损益的追溯调整、重述

按照《企业会计准则》的要求，如果企业对以前年度损益进行过追溯调整或追溯重述，并且有净利润或者普通股数额的变动等，应当及时重新计算各列报期间的每股收益。

二、会计准则对每股收益披露与解释方面的要求

（一）每股收益在利润表中的列示

按照会计准则对每股收益的列报要求，企业的每股收益成为了利润表中最后一项的构成内容。

由于有的公司存在稀释性潜在普通股，有的公司则不存在，所以前者披露的每股收益包括稀释每股收益，后者的则不包括。

一般情况下，包括稀释每股收益的公司直接列示出基本每股收益和稀释每股收益。不包

括稀释每股收益的公司则在两个栏目中填列同样的数据，即都填列基本每股收益；或者是只填列基本每股收益栏目，不填列稀释每股收益栏目。

（二）每股收益在财务报表附录中的解释

企业应当在附注中披露与每股收益有关的下列信息：

1. 基本每股收益和稀释每股收益分子、分母的计算过程；
2. 列报期间不具有稀释性但以后期间很可能具有稀释性的潜在普通股；
3. 在资产负债表日至财务报告批准报出日之间，企业发行在外普通股或潜在普通股股数发生重大变化的情况。

应予说明的是，相对于既提供合并财务报表，又提供母公司个别报表的企业来说，一般仅要求以合并财务报表为基础计算、列报每股收益，与合并财务报表一同提供母公司财务报表的则不要求计算和列报每股收益。

思考与练习

一、单项选择题

1. 甲公司20×4年年初发行在外的普通股为10 000万股，2月27日新发行普通股5 400万股，12月1日回购普通股2 400万股，该公司当年实现净利润3 250万元，则该公司20×4年度的基本每股收益为（　　）元。

A. 0.25　　B. 0.23

C. 0.325　　D. 0.26

2. 甲公司20×4年1月1日发行票面利率为2%的可转换债券，面值500万元，规定每100元债券可转换为1元面值的普通股20股。该公司20×4年度净利润2 600万元，发行在外的普通股2 000万股，公司适用的所得税税率为25%，票面利率与市场利率相同，则公司当年的稀释每股收益为（　　）元。

A. 1.3　　B. 0.15

C. 1.24　　D. 0.75

3. 乙公司20×4年度归属于普通股股东的净利润为250万元，发行在外的普通股加权平均数为500万股，该普通股的平均每股市场价格为6元。20×4年1月1日，该公司对外发行210万份认股权证，行权日为20×5年5月1日，每份认股权证可以在行权日以5元的价格认购该公司1股股份。则该公司20×4年度的每股收益为（　　）元。

A. 0.47　　B. 0.5

C. 1.19　　D. 0.97

4. 远大公司20×4年与20×5年度归属于普通股股东的净利润分别为980万元和1 250万元，发行在外的普通股加权平均数为600万股。20×4年4月1日，该公司新对外发行股数100万股。该公司于20×5年5月1日宣告分派股票股利，以20×4总股本为基数每10股送2股。假定不考虑其他因素，20×5年的基本每股收益为（　　）元。

A. 1.79　　B. 1.21

C. 1.49　　D. 1.17

5. 下列不具有股份稀释作用的是（　　）。

A. 股票股利　　B. 期限为3年的债券

C. 可转换债券　　D. 股份期权

二、多项选择题

1. 潜在普通股是指赋予其持有者在报告期或以后期间享有取得普通股权利的一种金融工具或其他合同，包括（　　）。

A. 可转换债券　　B. 股票期权

C. 认股权证　　D. 回购股份

E. 现金股利

2. 上市公司对每股收益披露与解释方面的要求应该包括（　　）。

A. 基本每股收益分子、分母的计算过程

B. 稀释每股收益分子、分母的计算过程

C. 列报期间不具有稀释性但以后期间很可能具有稀释性的潜在普通股

D. 在资产负债表日至财务报告批准报出日之间，企业发行在外普通股或潜在普通股股数发生重大变化的情况

E. 对以前年度损益进行过追溯调整或追溯重述，应当即时重新计算各列报期间的每股收益

3. 如果企业具有多项潜在普通股，一般来说，在确定计入稀释每股收益的从大到小的顺序时，下列顺序正确的有（　　）。

A. 可转换债券、股票期权　　B. 股票期权、可转换债券

C. 认股权证、可转换债券　　D. 可转换债券、认股权证

E. 股份回购、股票期权

4. 以下属于潜在普通股的有（　　）。

A. 税后每股利息高于普通股每股收益的可转换债券

B. 税后每股利息低于普通股每股收益的可转换债券

C. 行权价高于股票平均市价的认股权证

D. 行权价低于股票平均市价的认股权证

E. 行权价低于股票平均市价的股票期权

5. 公司在计算稀释性每股收益时，对归属于普通股股东的当期净利润进行调整的项目有（　　）。

A. 当期已确认为费用的稀释性潜在普通股的利息

B. 稀释性潜在普通股转换时将产生的收益或费用

C. 可转换债券与利息相关的所得税影响

D. 与稀释性潜在普通股转换时将产生的收益或费用相关的所得税影响

E. 可转换公司债券转换为股份时可能支付的现金

三、判断题

1. 如果公司的股份除了普通股还有优先股，那么公司的优先股股份数也应包括在计算每股收益公式中的股份数中。（　　）

2. 计算稀释每股收益时，对归属于普通股股东的当期净利润进行调整不需要考虑相关的所得税影响。（　　）

3. 发行可转换公司债券时，应将增量股的每股收益与基本每股收益进行比较，如果增量股的每股收益大于基本每股收益，可判定可转换债券具有稀释作用，应当计入稀释每股收益的计算中。（　　）

4. 如果企业具有多项潜在普通股，按照其稀释程度从大到小的顺序计入稀释每股收益，直至稀释每股收益达到最小值。（　　）

5. 公司因派发股票股利、公积金转增资本、拆股而增加股份，或因并股而减少股份，但不影响所有者权益金额的，不用按调整后的股数重新计算各列报期间的每股收益。（　　）

四、计算分析与账务处理题

1. 某公司当年归属于普通股股东的净利润为 40 000 万元。该公司年初发行在外的普通股股数为 80 000 万股，7 月 31 日新发行普通股 20 000 万元，10 月 1 日回购普通股股份 10 000万股（准备用于股票期权）。

【要求】计算该公司当年的基本每股收益。

2. 某公司当年归属于普通股股东的净利润为 40 000 万元。该公司年初发行在外的普通股股数为 80 000 万股，年内普通股股数未发生其他变化。该公司 7 月 1 日按面值发行 40 000 万元的 3 年期可转换公司债券，每张债券的面值为 2 000 元，固定票面利率为 2%，每年年末支付利息一次，自发行日结束 6 个月后即可转换为公司股票，即转股期为发行 6 个月后至债权到期日。转换价格为每股 16 元，即每张债券可转换为 125 股面值为 1 元的普通股。该债券的利息支付计入当期财务费用，该公司的所得税税率为 25%。

【要求】计算该公司当年的稀释每股收益。

3. 某公司 20×4 年归属于普通股股东的净利润为 40 000 万元。该公司年初发行在外的普通股股数为 80 000 万股，该普通股平均每股市场价格为每股 20 元。年内普通股股数未发生其他变化。该公司 20×3 年 1 月 1 日发行 10 000 万份认股权证，将于 20×5 年 7 月 1 日按每股 16 元的价格认购本公司新发行的普通股。

【要求】计算该公司 20×4 年的基本每股收益和稀释每股收益。

参考资料

1. 中华人民共和国财政部．企业会计准则［M］．北京：经济科学出版社，2006

2. 中华人民共和国财政部．企业会计准则——应用指南［M］．北京：中国财政经济出版社，2006

3. 财政部会计司编写组．企业会计准则讲解［M］．北京：人民出版社，2008

4. 财政部会计司编写组．企业会计准则讲解［M］．北京：人民出版社，2010

5. 中国注册会计师协会．2012 年度注册会计师全国统一考试辅导教材：会计［M］．北京：中国财政经济出版社，2012

6. 财政部会计资格评价中心．全国会计专业技术资格考试辅导教材：中级会计实务［M］．北京：经济科学出版社，2013

7. 财政部会计资格评价中心．全国会计专业技术资格考试辅导教材：高级会计实务［M］．北京：经济科学出版社，2013

8. 中华人民共和国企业所得税法（2007 年 3 月 16 日第十届全国人民代表大会第五次会议通过，2007 年 3 月 16 日中华人民共和国主席令第 63 号公布，自 2008 年 1 月 1 日起施行）

9. 中华人民共和国企业所得税法实施条例（2007 年 11 月 28 日国务院第 197 次常务会议通过，自 2008 年 1 月 1 日起施行）

10. 戴德明．财务会计学（第五版）［M］．北京：中国人民大学出版社，2009

11. 耿建新．高级财务会计学（第五版）［M］．北京：中国人民大学出版社，2010

12. 耿建新．高级财务会计学学习指导书（第五版）［M］．北京：中国人民大学出版社，2010

13. 戴德明．财务会计学（第六版）［M］．北京：中国人民大学出版社，2013

14. 耿建新．高级财务会计学（第六版）［M］．北京：中国人民大学出版社，2014

15. 李琳．高级财务会计［M］．天津：天津大学出版社，2012

16. 刘永泽，傅荣．高级财务会计（第三版）［M］．大连：东北财经大学出版社，2012

17. 傅荣，孙国光．高级财务会计习题与案例（第三版）［M］．大连：东北财经大学出版社，2013

18. 张晓岚．高级财务会计［M］．上海：上海财经大学出版社，2011

19. 罗勇．高级财务会计［M］．上海：立信会计出版社，2012

20. 李学峰，杨会朴［M］．北京：科学出版社，2009

21. 高晓林．高级财务会计［M］．上海：立信会计出版社，2011

22. 王琪．高级财务会计［M］．北京：机械工业出版社，2011